本书受安徽财经大学著作出版基金资助

Research on the choice of Chinese enterprises' OFDI model:
From the perspective of Non-Equity arrangement

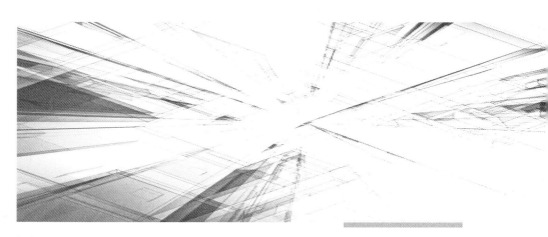

周 经◎著

中国企业对外投资模式选择研究：基于非股权安排视角

Research on the choice of Chinese enterprises' OFDI model: From the perspective of Non-Equity arrangement

中国财经出版传媒集团

经济科学出版社
Economic Science Press

图书在版编目（CIP）数据

中国企业对外投资模式选择研究：基于非股权安排视角/
周经著 . —北京：经济科学出版社，2017.6

ISBN 978 – 7 – 5141 – 8228 – 6

Ⅰ. ①中… Ⅱ. ①周… Ⅲ. ①企业 – 对外投资 – 投资
模式 – 研究 – 中国 Ⅳ. ①F279. 23

中国版本图书馆 CIP 数据核字（2017）第 169242 号

责任编辑：李 雪
责任校对：靳玉环
责任印制：邱 天

中国企业对外投资模式选择研究：基于非股权安排视角

周 经 著

经济科学出版社出版、发行 新华书店经销

社址：北京市海淀区阜成路甲 28 号 邮编：100142

总编部电话：010 – 88191217 发行部电话：010 – 88191522

网址：www. esp. com. cn

电子邮件：esp@ esp. com. cn

天猫网店：经济科学出版社旗舰店

网址：http://jjkxcbs. tmall. com

固安华明印业有限公司印装

710 × 1000 16 开 15.5 印张 240000 字

2018 年 2 月第 1 版 2018 年 2 月第 1 次印刷

ISBN 978 – 7 – 5141 – 8228 – 6 定价：56. 00 元

（图书出现印装问题，本社负责调换。电话：010 – 88191510）

（版权所有 侵权必究 举报电话：010 – 88191586

电子邮箱：dbts@ esp. com. cn）

前　　言

当前中国企业海外投资屡创新高，对外投资流量跃居全球第二，同时对外投资流量超过吸收外资，成为资本净输出国，投资者关注的焦点也转向拥有科技创新和成熟市场的发达经济体。尽管在后金融危机时期中国对外直接投资出现逆势增长，但这种增长是否具有可持续性，特别是在当前世界经济形势不确定的情况下，企业如何选择合适的对外投资模式，如何进一步完成从被动接受国际分工地位到主动打造国际分工体系的模式转变；如何防范各种市场与非市场风险，怎样规避制度距离的影响从而合理利用非股权安排选择多样化、灵活性的海外投资方式，如何选择将股权投资与非股权安排相结合的方式，趋利避害，形成各类型企业采取"因地制宜"和"柔性进入"的多样化海外投资战略格局。本书正是基于上述问题的回答而展开具体研究。

随着中国企业"走出去"步伐的加快，遇到的挑战可能愈发密集，各种风险日益突出，为了保障合法投资收益，真正做到精准发力，重塑投资环境，提高中小企业海外生存的能力，更好地开拓国际市场，多从非股权视角去思考投资方式显得尤为重要。针对投资目的国和投资行业的不同，中国企业可以组合运用合约制造、特许经营、许可经营、服务外包等非股权投资模式，协调利用股权投资和非股权投资，突出各自优势，实现差异化、错位化发展，避免对外投资方式单一化对企业声誉及项目推进造成不利影响。政府也要做好出台有针对性的政策措施，在顶层设计上确保非股权安排在实际运行中的优势和潜力得以发挥。具体来说，要对接投资目的国的发展规划，吸引外资的诉求，努力挖掘利益交汇点，寻求双方合作的最大公约数。从股权安排角度来看，可能体现的是投资母国对东道国一步到位的强烈控制欲望，单纯追求强化"一国获利"和"母公司获利"，而非股权投资方式的运用在某种程度上重在"两国互利"和"两公司互利"。

本书基于非股权安排视角，立足中国不断融入产品内分工这一新的国际分工体系的现实，研究中国对外直接投资模式如何从"个体转移"转向"集群式转移"，如何从"政策驱动型"对外直接投资模式向"内生自发型"投资模式的转变。以期为我国对外直接投资的可持续发展提供新的理论分析框架，拓展发展中国家对外直接投资理论的内涵，为新形势下加快实施我国对外直接投资战略提供一定的理论依据。

在政策建议上，我们不提倡为转变而转变的思路，而要从重塑国家价值链的高度，在资源整合上，如何培育我国海外投资从被整合的被动地位积极转化为主动出击，全面提升融入全球价值链各环节的能力。对外直接投资未来更多的是体现企业内生发展的结果，尽量减少外生的政策性引导。要继续维持对外直接投资的可持续发展地位，必须从产品内分工的国际大环境出发，探索如何从制造业对外直接投资逐步转向与生产性服务业同步转移的合适路径。鉴于分工的不断细化，衍生出了新的生产性服务环节，我国对外直接投资企业应努力从制造业环节派生出具有更多附加值的服务环节，主要目的是提升我国海外投资的水平和可持续性，这也正是当前我国对外直接投资模式亟须转变的原因所在。

本书是在博士论文的基础上进行修改和完善而成，由于博士论文完成时间为2012年12月，所以书中很多数据略显陈旧，但这不影响读者对于书中提出的相关问题进行深入思考。鉴于中国对外投资长期存在的一些共性问题，目前仍然需要继续思考，本书只是抛砖引玉，以期引起更多的火花碰撞。由于水平有限，书中出现的错误和纰漏在所难免，敬请读者谅解和批评指正。

目　录
CONTENTS

第一章　绪　论

第一节　问题提出及研究意义

一、问题提出

对外投资模式（也称为市场进入模式）是企业战略研究领域的一大核心主题。在国家"走出去"战略的引导和支持下，国际化逐步成为中国企业追求竞争优势的战略选择。随着中国经济的发展加之外贸盈余和外汇储备的增加，使得中国企业开始了大规模与高速的以对外投资为主导的国际化进程，因而对外投资模式选择成为企业国际化扩展过程中必须面对的重要战略问题。在复杂的国际投资环境下，如何选择最优的海外投资模式，是对外投资企业不得不面临的一个现实问题。

加入世界贸易组织十余年后，我国已经发展成为世界第二经济大国，对外开放水平再次进入了一个新时期，与此同时，在当前世界经济形势复杂多变的大背景下，国外投资风险激增。近年来特别是国际金融危机发生以来，国际社会比较密集地出现了针对中国企业对外投资行为的争议，有的是基于经济和商业利益的考虑，有的属于对政治和军事因素的关注，有的反映了对中国大规模对外投资战略动机的不安心态，也有的则折射了中国企业自身存在的诸多问题（赵昌文、张政军等，2012）。荣鼎集团（2017）指出，中国投资者的另一个中期风险，是美国对中国投资所带来的潜在安全和经济风险的担忧。徐绍史（2016）认为在境外投资、对外投资快速增长的同时也出现了一些不够理性的倾向。对大额非主业的投资和一些不规范的投资行为，要进行真实性、合规性的审核，引导企业审慎决策、精准投资、理性投资。这些争议和担忧的出现倒逼中国企业在拓展海外市场中尤其要注意如何优化对外投资模式组合，把海外投资模式的选择问题作为一个重要的战略选择加以认真研究。

当前我国对外直接投资已开始进入高速增长轨道，对外投资大国的地位正在形成。根据《2011 年度中国对外直接投资统计公报》的数据显示，2002 ~

2011 年近十年间，我国对外直接投资流量规模增长了 27.6 倍，对外直接投资年均增速高达 45%，2011 年流量 745.6 亿美元，是 2002 年的 27.6 倍，全球排位从第 26 位上升至第 6 位，创下中国对外直接投资十年连续增长的纪录。2012 年，在"走出去"战略的指导下，中国企业在对外直接投资方面又向前迈出了坚实了一步。2012 年，中国境内投资者共对全球 141 个国家和地区的 4425 家境外企业进行了直接投资，累计实现非金融类直接投资 772.2 亿美元，同比增长 28.6%。跨国并购作为主要的对外投资的模式成为中国企业海外投资新亮点，2008 ~ 2011 年期间，跨国并购对外投资合计金额 1063 亿美元，年均增长 44%，2011 年以跨国并购方式实现的直接投资 272 亿美元，占当年投资总额的 37%（杜建芳，2013）。

尽管在后金融危机时期中国对外直接投资出现逆势增长，但这种增长是否具有可持续性，特别是在当前世界经济形势不确定的情况下，企业如何选择合适的对外投资模式，如何进一步完成从被动接受国际分工地位到主动打造国际分工体系的模式转变；如何防范各种市场与非市场风险，怎样规避制度距离的影响从而合理利用非股权安排选择多样化、灵活性的海外投资方式，如何选择将股权投资与非股权安排相结合的方式，趋利避害，形成各类型企业采取"因地制宜"和"柔性进入"的多样化海外投资战略格局。这些问题是"十三五"时期加快实施"走出去"战略亟须研究和解决的问题。

本书主要研究中国对外投资模式如何最优化选择以及模式转变的理论和现实可行性，立足中国不断融入产品内分工这一新型国际分工体系的现实，研究中国对外投资模式如何从"被动融合"转向"主动出击"，如何从"政策驱动型"向"内生自发型"投资模式的转变。本书研究的重点是中国企业对外投资模式选择问题，因此需突破传统的对外直接投资的研究范式，以价值链升级为突破口，分析新形势下中国企业对外投资的驱动力、对外投资模式选择的影响因素、制度距离影响对外投资模式选择的理论与实证分析、对外投资各种模式的互动机制及非股权模式的提出。具体来说主要关注的问题有：

1. 企业对外投资模式的类型有哪些？东道国的宏观和微观等外部经济变量是如何影响中国企业对外投资模式的选择，其影响机理是什么？

2. 中国企业对外投资驱动力的不同如何影响对外投资模式的选择？企业

对外投资模式选择的影响因素有哪些？企业的微观特征与东道国因素如何影响中国企业对外投资模式的选择？

3."走出去"的中国企业在面临东道国在市场准入、国家安全、反垄断等方面的重重审查，加之中国与东道国在政治、经济、法律、文化、劳工、环保等诸多方面的差异，这些制度距离对中国企业对外投资模式的选择产生多大程度的影响？中国企业如何做足功课，调整和优化现有对外投资模式格局进而从容应对因为制度距离可能带来的风险和障碍？

4.中国企业海外投资面临着一系列的制度障碍，特别是国际新贸易和投资保护主义的影响，在面临各种制度距离引致的投资风险日益剧增的背景下，如何根据企业的异质性、利用非股权安排的独特优势来保证企业海外投资利益？

二、研究意义

胡锦涛（2011）在中国加入世界贸易组织 10 周年高层论坛上提出，中国将加快实施"走出去"战略，按照市场导向和企业自主决策原则，引导企业有序开展境外投资合作，重视开展有利于不发达国家改善民生和增强自主发展能力的合作，承担社会责任，造福当地人民。党的十八大报告提出，为了适应经济全球化新形势，必须实行更加积极主动的开放战略，加快"走出去"步伐，增强企业国际化经营能力，培育一批世界水平的跨国公司。截至2013 年 1 月底，中国企业累计非金融类对外直接投资的存量达到 4395 亿美元，居全球第 13 位，如果按照流量测算的话，2012 年全年中国企业对外直接投资达 772 亿美元，在全球排名第 5 位（中国对外投资和经济合作，2013）。而伴随着中国企业"走出去"的热潮，海外投资面临的风险也在累积。

中国企业海外投资的风险虽然有来自外部环境的影响，但大多数还是来自企业自身存在的问题使然，外部环境是外因，企业内部环境是内因，外因是通过内因才能起作用的。因此，解决中国企业对外投资面临的种种弊端，还是要靠企业自身战略的调整，特别是在优化对外投资模式上，企业应立足产品内分工，从价值链、国家特定优势、股权与非股权模式的组合、集群化投资等视角努力提升对外投资可持续发展的能力，构建包容性、多元化对外投资模式新格局。因此研究中国企业对外投资模式的转变问题有着重要的理论价值和现实意义。本书的研究将为我国对外直接投资的可持续发展提供了新的理论分析框架，拓展了发展中国家对外直接投资理论的内涵，为新形势下加快实施我国对外直接投资战略提供一定的理论依据。同时本书拟从国际分工发展的新特点出发，从全球化演进的新趋势出发，从全球生产和贸易格局发生的根本性变化的角度，来看待和研究中国对外直接投资模式选择问题，因而具有重要的现实意义。

第二节　相关概念的界定

研究任何一个经济问题，对其涉及的基本概念的内涵应该有个明晰的判断。只有这样，我们才能够专注所研究问题的总体方向和广度，不至于在概念理解和测度上发生曲解和一些不应该出现的分析错误。本书所涉及的主要基本概念包括对外投资和对外投资模式等，以下将逐一对本书所涉及的这些重要概念作明晰的界定。

一、对外投资

对外投资又称跨国投资，是指企业为了使自身某种利益最大化，利用所拥有的产业资本或货币资本以及有形资产或无形资产等要素的组合，以实现稀缺资源在世界范围内的最优配置为主要目的。企业对外投资主要以现金、实物、无形资产方式，或者以债券、购买股票等有价债券方式向境外的其他经营实体进行投资的活动，主要目的是寻求在未来获得投资收益的经济活动。对外投资的类型一般分为直接投资和间接投资。本书采用薛荣久（2011）有关企业对外投资的定义，对外直接投资是指一个国家的投资者输出有形资产或无形资产直接在另一个国家的企业进行投资，并有投资者直接干预该企业的日常经营和管理活动。对外间接投资包括借贷资本输出和证券投资，与直接投资的主要区别是不直接参与投资企业的日常经营和管理。

按照国际货币基金组织《国际收支和国际投资头寸手册》的定义，直接投资是指对所投资实体的管理和长期投资关系有重要影响的跨境资金流动，起点为至少有10%的投票股权。外国直接投资流量包括三部分：股权投资、收益再投资和其他资本流动。一项外国直接投资关系通常起始于向海外分支机构注入资本，形式是建立新的海外分支（新建投资），或是在已有公司中获得控股（多于10%，即兼并收购）。直接投资关系形成后，母公司向海外分支机构的资本流动被视为直接投资。除可能的额外资金注入外，直接投资也包括未汇回国内又投资于子公司的利润（收益再投资）和两个公司之间的其他资本流动，例如，母公司借钱给海外子公司，或反之。通俗地说，实际上就是一个10%以上和10%以下的区别，10%以上称为对外直接投资，10%以下称为证券投资。在每年发布的对外直接投资公报里反映的对外直接投资数据是指股权占比达10%以上的对外投资。对外直接投资的统计方式在国际上又分为两种，一种是非统一体系，另一种是统一体系，中国现在实行的是非统一体系，实际上绝大部分国家实行的是非统一体系，只有美国、意大利等少数国家实行统一体系。非统一体系是指从一个国家内部之间的投资，比如中国内地企业投资到香港；非统一体系反映的被投资国家（地区）是诸如香港等一些避税港，通过香港又可能转移到欧洲或者东南亚其他的国家，一直追踪到最终的目的地。

综上所述，本书认为，对外直接投资是一个经济体系的投资者在另一经济体系的企业所做的投资，在统计上，若一投资者拥有某一企业10%或以上的股权，则意味着拥有股权的投资者对另一企业具有长期有效的直接管理权利，并对所投资企业经营管理具有长期实质性影响。直接投资可以采取在国外直接建成分支企业的形式，也可以采用购买国外企业一定比例股权的形式。本书采用商务部、国家统计局、国家外汇管理局对对外直接投资所下的定义。具体来说，本书探讨中国企业的对外投资活动既包括对外直接投资即股权投资也包括非股权投资（也可以称为"拓展的间接投资"）。

二、对外投资模式

本书对外投资模式包括对外直接投资模式和非股权投资模式，在大多数文献中把对外投资模式定义为只包括股权投资的直接投资模式，没有包括本书所涉及的非股权模式。对外投资模式也可以称为对外投资进入方式，如图1-1所示。对外直接投资安排包括选择收购还是绿地投资的方式建立海外子公司，以及选择采用合资还是全资的方式开展经营。

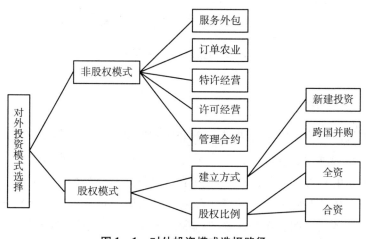

图1-1 对外投资模式选择路径

（一）股权模式

股权模式也就是对外直接投资模式。对外直接投资方式的选择作为影响母公司海外投资经营绩效的关键因素之一，其决策过程包括两个阶段：首先，确定海外直接投资的建立方式即海外子公司的建立方式（新建投资还是跨国并购的方式）；其次，根据母公司和东道国宏观和微观环境确定海外子公司的股权比例（合资还是全资的方式）。

根据股权比例的不同，母国企业对海外子公司不同建立方式的控制模式也会有所不同。如果是全资拥有的话，则海外子公司的建立方式有两种形式，即新建投资和完全并购；如果是占有部分股权的话，则建立方式为合资和部分并购两种形式，如图1-2所示。

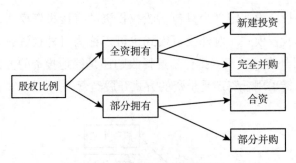

图 1 - 2　股权比例的决策路径

（二）非股权模式

根据《2011 年世界投资报告》对非股权安排的定义，非股权安排包括服务外包、合约制造、特许经营、许可经营、订单农业、管理合约及其他类型的合约关系的总称。非股权战略联盟是一种非资本参与的合作经营方式，契约是双方合作的基础。契约性是非股权战略联盟最重要的特征。跨国企业通过这些契约关系协调其在全球价值链的活动并影响东道国公司的管理，间接对合约伙伴进行控制，而并不拥有其股权。非股权形式的一个关键优势在于母公司与合约伙伴之间是一种灵活的制度安排，是一种战略性的合作行为，主要目的不是追求绝对持有对方的股权，而是以充分利用合约伙伴在价值链某一环节的比较优势为突破口，循序渐进地引导非股权形式伙伴关系和外国子公司融入非股权合约发起方的全球价值链体系中，以一种更为柔和的方式达到进入对方市场的目的，是当今跨国公司进入国际市场的变通战略。

第三节　研究内容、研究方法与可能的创新

一、研究内容

本书围绕中国企业对外投资模式的类型、"战略三支柱理论"框架、影响因素、政策响应展开。研究目的是结合中国企业对外投资实践，在理论模

型的基础上，探讨"战略三支柱理论"框架对中国企业海外投资的影响机理，在分析中国企业微观特征与东道国因素的基础上，深入研究正式制度与非正式制度对中国企业对外投资模式选择的影响及互动关系，据此提出了未来中国企业对外投资"差异化同时并进"的具体策略选择，并提出具有针对性的政策建议。

根据本书的选题、研究目标与研究构想，共分为八章，其基本内容如下：

第一章绪论。主要包括本书的研究意义、对外投资和对外投资模式的概念界定、股权安排与非股权安排两种投资模式之间的关系、本书的研究内容、研究方法、可能的创新点与不足。

第二章文献综述。本章首先对垄断优势理论、国际生产折衷理论等传统跨国公司理论与企业对外投资模式之间关系的相关文献进行梳理评述；其次对制度因素对企业对外投资模式选择的影响进行文献回顾，具体包括东道国制度环境、母国制度环境、母国与东道国的制度距离对企业对外投资模式选择影响的作用机制进行述评；最后回顾了企业对外投资股权与非股权模式的相关文献，同时对企业海外投资模式与投资绩效之间关系的文献也进行了总结回顾。

第三章企业对外投资模式选择的理论分析。本章按如下步骤展开研究：第一，研究东道国企业设定的对外直接投资政策对外国企业对外投资模式的影响；第二，主要探讨在面临股权与非股权模式选择的情况下，外商投资企业如何选择最优的投资模式，以及如果以并购方式进入时，由于东道国企业生产效率的不同，外国企业面临如何选择最佳兼并目标企业的问题；第三，主要探讨外商投资企业与东道国企业的制度质量以及外商投资企业的异质性对跨国企业海外投资模式的影响机制。

第四章非股权安排的内涵及影响因素。本章以"战略三支柱理论"框架为视角分析中国企业对外投资模式选择的影响因素。首先，分析了中国企业对外投资模式选择的现状，从股权比例和建立方式两个方面进行阐述；其次，从"战略三支柱理论"框架出发，探寻适合解释中国跨国企业对外投资实践的理论框架与假设；最后，针对前面提出的假设条件，选择中国70家对外投资企业作为样本，时间跨度为2002年1月至2011年12月，共401个对外投资数据进行实证检验。

第五章企业微观特征与中国企业对外投资模式选择。本章分析企业的微观特征与东道国因素对中国企业投资模式选择的影响。首先，建立反映企业微观特征的不同变量以及东道国的实际 GDP、东道国资本管制、知识产权、东道国腐败、基础设施水平、经济关联度与中国企业对外投资模式选择相互关系的理论假说。其次，模型设定与数据。最后，实证检验结果及分析。

第六章制度距离与中国企业对外投资模式选择。本章分析制度距离与中国企业海外投资模式选择之间的关系。从前面的有关制度距离的文献综述可以看出，目前有关研究企业对外投资的文献大多只是从母国或东道国因素的单边影响视角研究其制度与企业海外投资之间的关联性，而较少考虑东道国与母国在制度环境上的差异性对于中国企业海外投资的影响机制。本章的安排如下：第一节考察母国与东道国在制度层面存在差异的情况下，中国企业海外投资是否具有制度层面的偏向性，即中国对外投资是偏向比本国制度差的国家，还是好的国家呢；第二节研究"强效制度环境"对制度距离影响企业对外投资模式选择的调节作用；第三节从人力资本的角度研究制度距离与人力资源距离的互补关系如何影响中国企业对外投资模式的选择。

第七章中国企业对外投资模式选择的非股权安排。本章分析中国企业对外投资模式的"柔性安排"：非股权模式。首先，分析了非股权模式的特征，接着主要从创造就业机会和工作条件、本地增值与贸易、技术溢出与东道国生产能力建设三个方面阐述非股权安排对东道国产生的影响；其次，分析了非股权安排对中国企业海外投资的影响；最后，鉴于海外投资面临的风险日益多元化的现实，中国企业不一定要寻求股权上的控股或者收购，有时候换一种交易模式，比如非股权安排，也许能够达到更好的效果。

第八章投资风险与非股权安排选择——以中国投资非洲为例。首先，分析了中国对非洲投资面临的各种投资风险；其次，分析了中国对非洲直接投资动机；最后，进行实证研究设计，提出化解投资风险的思路。

第九章政策建议。通过前面章节的分析，可知中国企业海外投资模式的选择主要受到母国与东道国制度因素差异、企业本身因素、市场与非市场因素、全球化战略等变量的影响，本章提出的政策建议主要围绕上述影响中国企业对外投资模式选择的各种制约因素而展开。首先，分析了利用非股权安排保障企业投资利益的路径；其次，分析了中国企业选择非股权模式的战略保障；最后，提出促进企业理性选择对外投资模式的措施。

二、研究方法与技术路线

本书针对不同的研究内容对研究方法的不同需要采用了不同的研究方法（具体技术路线见图1-3）。本书以产品内分工为视角，以价值链攀升为导向，分析、探析目前我国对外直接投资模式的影响因素以及母国与东道国因为在制度层面出现的距离等问题。本书研究除采用实证分析与规范分析相结合、定性分析与定量分析相结合、比较制度分析与局部均衡分析相结合、文献梳理与追踪调查相结合的方法外，还将努力借鉴和运用国外企业管理界研究企业管理绩效和产品内国际分工的经验研究方法。在回顾和总结以往文献的章节中主要采用了文献梳理和述评相结合的研究方法；在理论模型的构建和推导中，主要采用了博弈论相关知识、比较静态分析以及逻辑推理等研究方法；在实证研究中，主要采用数量统计和EViews、Stata等统计计量软件相结合的研究方法。具体方法归纳如下：

（1）文献研究。广泛搜集国内外有关的跨国公司理论、直接投资、制度距离等领域的文献资料与最新前沿动态，分析中国企业对外投资模式选择的理论依据。然后进行文献梳理并进行评述，并结合中国对外投资方面的最新研究文献，以此作为开展本章后续各项研究的基础，为构建基于中国新形势下对外投资模式新格局提供基础性条件。

（2）理论分析与实证研究相结合。通过理论分析与实地调研，探讨中国企业对外投资模式选择的理论依据和影响因素。通过数理建模方法可以明确经济变量间的精确函数关系，使经济研究的逻辑性更强，实证的研究基础更加扎实。本书基于古诺竞争模型、企业异质性模型、子博弈完美均衡的相关知识建立了相应的理论分析模型。通过实地考察、网上搜索、购买国家贸易促进会和国外相关网站搜集的最新数据等多种方式收集数据，获得我国企业对外直接投资所采取的各种方式、绩效和产业整合等原始资料，并对资料进行整理，将数理模型得出的结论、推论与计量回归的结果进行参照，探寻影响我国对外投资模式选择的因素，并据此寻找优化对外投资模式组合的路径。

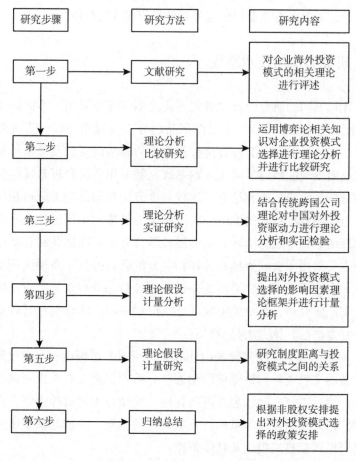

图1-3 本书研究的技术路线

（3）归纳分析。根据理论演绎和实证研究等方法，总结归纳影响我国对外直接投资模式转变的关键影响因素，结合全球价值链和国家价值链构建的相关理论知识，提出我国对外直接投资模式选择的合适路径，并从"内生性"模式转变和可持续发展角度提出政策建议。

三、研究的重难点、可能的创新与不足

（一）研究的重难点

企业对外投资模式的选择类型主要有股权模式与非股权模式。当前中国

企业海外投资主要以股权安排为主，利用股权安排的优势，中国企业已经取得了在资源、组织能力、公司战略、产业结构优化等方面的竞争优势，但与之相伴的是现有投资模式带来的负面影响与日俱增。那么在现有条件下，中国企业如何在发挥股权模式优势的基础上，识别现有模式的影响因素和制约因素，拓展海外投资新的发展模式是本书研究的重点和难点问题。本书的重点和难点归纳如下：

（1）对现有对外投资模式选择机理的识别问题。现有的跨国公司理论及其理论补充和新兴经济体对外直接投资理论在解释中国企业海外投资的实践过程中具有多大的解释力是一个值得深入思考的难题。中国企业国际化实践的独特性是延续了传统跨国理论的理论框架还是需要在现有基础上进行理论层面的拓展深化，两种研究范式是融合还是"交锋"，至今仍很难界定。

（2）对"财大气粗"的中国投资者如何摒弃好大喜功的心态或"控股情结"等行为提出具有针对性、可操作性的建议，是一个难题。本书提出了一些建议，例如，不妨先尝试收购目标公司少数股权，从小股东做起（当然这个要建立在设定合理增持机制的前提下），学习经验技术并逐步适应和掌控东道国投资环境及目标公司各方面情况，适时再决定是否增加持股比例。但这些建议对不同驱动力的中国企业是否具有战略意义，也是本书的一个难点。

（3）关于中国企业对外投资模式选择影响因素的分析方面。本书把影响因素分为宏观因素、中观因素和微观因素。具体来说影响进入模式选择或股权水平的变量包括东道国因素（如政治环境、国家风险、文化距离等）、企业特定因素（如企业规模、跨国经验、组织能力、学习能力等）、母国因素、交易成本和产业特征因素。由于本书运用的理论分析主要是基于西方跨国公司的实践而展开的，这些理论能否适用于中国跨国企业的对外投资实践，以及这些因素多大程度上影响中国对外投资的运行效率等问题是本书的难点问题。

（二）可能的创新

本书的创新点主要在以下几个方面：

（1）大多数研究对外投资模式的文献主要从两个维度展开：一是选择企业海外投资的建立方式，即采用跨国并购的方式还是新建投资的方式；二是在海外子公司中选择何种股权比例，即采用合资还是全资的方式。现有文献都是将以上两个维度割裂开来进行研究，实际上这两个维度是企业对外投资统一决策的两个方面，应该结合起来进行研究，且这两种维度在程序上存在递进关系即先决定采用何种途径在海外建立子公司，然后再选择子公司的股权比例。本书不但分析对外投资的股权模式，还包括非股权模式的相关研究。

（2）本书在分析对外投资模式影响因素的基础上，把制度因素单独列出来进行重点研究可能是本书的一个创新。在构建了一个解释东道国制度距离和市场经济运行效率对跨国企业海外投资建立方式和股权比例影响机制的框架之后，通过企业层面的样本数据验证正式制度距离和非正式制度距离对中国跨国企业海外投资建立方式和股权比例的影响机制。

（3）研究非股权安排对我国企业海外投资的影响，是研究内容和视角的创新。非股权安排对我国各类型企业成为真正在全球具有影响力的跨国企业带来机遇和挑战，总体来说机遇大于挑战。以往对非股权安排的研究较多从非股权合约接受方的能力构建或者对发展中和转型经济体如何承接非股权合约以及取得利益多寡等方面进行研究，将非股权安排与中国企业海外投资问题相结合的研究不多，因此，本书的研究是对现有研究的拓展和深化。

（三）不足之处

本书的不足之处，主要表现在以下几个方面：

（1）模型构建方面无法真正体现出中国企业的特征。由于现有的模型构建大多数针对发达国家的跨国企业，所以在东道国选择上，通常以发展中国家或不发达国家作为样本，因而提出的假设条件不一定符合转型期中国企业对外投资的真实状况。本书试图把中国企业在不同发展阶段国家对外投资的真实因素考虑进来，但由于因素太多，所以在变量选择和参数设定上显然存在不足。

（2）有关中国企业对外投资模式选择的影响因素分析方面忽视了中国因素的独特性。由于影响因素繁杂，本书只是按照传统理论所提出的关键影响变量进行实证研究。尽管在控制变量中加入了中国独特因素，诸如国家特定优势和产业集群等变量，但研究不够深入。如何依托国家特定优势培育中国企业的微观竞争优势，以及中国独有的大国综合优势如何促进中国企业海外投资的经营绩效的提升，这些问题将是学术界面临的紧迫性命题。

（3）由于受到统计数据的限制，对中国海外投资企业样本的选择只能随机选择，没有针对不同产业、不同规模和不同所有制类型的企业进行专门的研究，从而影响到实证结果的准确性。

第二章 文献综述

企业国际化最重要的一个决策是如何选择其合适的对外投资模式（Quer et al，2012），采取何种模式对企业的绩效和未来发展具有重要而深远的影响（Brouthers & Hennart，2007）。跨国企业通常采取许可、交钥匙工程、战略联盟、绿地投资、并购和拥有部分所有权的形式进入海外市场（Hennart & Park，1993）。Pan 和 Tse（2000）把企业对外投资模式划分为股权与非股权两种，并从资源承诺、企业面临的机遇与风险、所有权控制程度等方面解释了两种模式的不同。一般来说，非股权模式采取合约的方式，对合约伙伴控制力较为松散且在不拥有东道国企业股权的情况下间接控制企业的生产经营活动，当前越来越多的跨国企业采用这种非股权经营模式。相比非股权模式，股权安排则需要来自跨国企业母公司较多的控制权和管理权（Pan & Tse，2000），股权安排的主要形式是以新建和并购方式进入海外市场（Jung et al，2008）。

本章主要从跨国公司相关理论、制度因素与股权、非股权模式三个方面与企业对外投资模式之间关系的相关文献进行综述，力求探寻该领域研究的具体脉络，为本书的后续研究奠定基础。

第一节　跨国公司理论与企业对外投资模式选择

跨国企业对外投资模式选择一直以来是国际商务领域研究的重点和热点问题，现有文献既有理论分析也有实证研究，主要是从以下几个方面进行研究。

第一，从跨国企业海外投资的进入方式进行探讨，即如何在新建投资、出口、跨国并购等模式中进行选择。现有文献主要以 Krugman 的新贸易理论为基础，侧重于出口、新建投资与跨国并购三种模式之间的比较分析。具有深远影响的文献以 Markusen（1996）、Mattoo 等（2004）为代表。这些文献以来自发达国家的企业为研究对象，强调其独特的所有权和内部化优势。Nocke 和 Yeaple（2007）研究新建投资和跨国并购两种海外市场进入模式的异同，作者构建了一个异质性企业对外投资模式选择的模型。研究发现，如果企业拥有先进的技术条件则可能选择以并购方式进入，从而获取东道国企业的特定资产。在均衡条件下，只要知识资产能够跨国转移，生产率最高的企业将选择并购模式；如果资产不能转移，则生产率居于中等地位的企业将选择以新建投资方式进入，而生产效率最低的企业将选择并购模式。同样Slangen 和 Hennart（2008）也对跨国企业在新建与并购方式中的选择问题进行了研究。Zhao（2011）不仅研究了在企业异质性与内部一体化能力存在的情况下，外国企业的投资模式选择问题，而且分析了在并购模式下如何选择最佳并购目标的方法，作者把东道国被并购企业按技术水平进行分类。

第二，研究跨国企业的所有权结构安排，即如何在全资还是合资中进行选择。代表性的文献为 Yiu 和 Makino（2002），主要关注跨国企业所有权的选择问题，即是选择合资还是全资模式。跨国企业在海外投资的设立方式和所有权方面的选择是基于企业在控制权与风险承担之间权衡的结果。早期文献对投资模式与目标企业控制度之间的关系进行了深入研究（Pan & Tse，2000），外国企业采取多种模式实现其国际化经营目标（Wright et al，2005）。Taylor 等（2000）指出跨国企业拥有子公司更高的股权份额将导致对子公司经营活动更大的控制权，与此同时，更大的控制权意味着跨国企业在海外投资承担的风险将增加。Wei 等（2001）认为企业选择何种投资模式取决于投资风险与收益之间的权衡，可能受到资源的可获取性与控制程度的影响。一般来说，企业对外投资的资源越多，则选择分享股权的概率越低。

第三，研究市场结构、竞争程度等变量对企业对外投资模式选择的影响。这部分文献主要以理论分析为主。Buckley 和 Casson（1998）研究发现，市场结构以及市场竞争强度对企业海外投资模式选择有重要影响。部分学者对技术差距与海外投资模式选择的研究同样具有启发意义，正如 Muller（2007）的一项研究，认为只有在竞争对手技术差距充分大的条件下，企业选择新建投资才是最优的投资模式，而在一个拥有相对较大国内市场的东道国，并购是最优的投资模式，同时也发现，市场竞争强度对企业海外投资模式有显著影响。Mattoo 等（2004）建立了一个三阶段博弈模型。具体分析如下：首先外国企业在选择具体进入模式之后决定其研发投资水平，然后外国企业与东道国企业进行产量竞争，发现在技术转移与市场竞争之间的取舍是进入模式选择的关键影响因素。Wang 等（2011）在 Mattoo 等（2004）研究的基础上，详细阐述了投资模式、股权份额限制与产生技术溢出的研发投资三者之间的关系。Qiu 和 Wang（2011）研究外国企业在面临东道国不同对外直接投资政策时，其投资模式的选择问题。构建的理论模型表明，东道国政府采取不同的对外直接投资政策会影响和改变外国企业的进入模式选择。

以下结合垄断优势理论、国际生产折衷理论与企业海外投资模式之间关系的相关文献进行梳理评述。

一、垄断优势理论与对外投资模式选择

海默（1976）在一篇著名的研究中提出了垄断优势理论，后来由 Kindle-berger（1969）拓展深化。他们认为新古典理论无法解释对外直接投资的流向，因为新古典理论的完全竞争假设无法解释对外直接投资的现象，为此提出垄断优势学说，以此来解释为什么企业要从事对外直接投资并进入海外市场。根据其理论，对外投资母公司需具备所有权优势，如产品的差异化、管理才能、新技术、内外部规模经济等优势，从而弥补进入陌生环境所面临的成本。因此跨国企业选择何种对外投资策略是由其具有何种垄断优势所决定的。跨国企业进入海外市场面临诸多"陌生的负担"，为了顺利克服这些外来者的劣势，企业需充分利用在母国建立起来的垄断优势。一些早期的实证文献证实了企业对外投资模式与垄断优势之间的关系，特别是母公司对子公司控制程度高的投资模式（全资新建或完全并购）与企业核心竞争力具有显著的正相关关系（Kogut & Chang，1991）。

二、邓宁的国际生产折衷理论与对外投资模式选择

Dunning 的国际生产折衷理论是实证研究对外直接投资决定因素具有影响力的理论框架。该理论认为，企业进行国际化生产需具备三个条件即所有权优势、区位优势和内部化优势。

（一）所有权优势

Dunning（2009）指出跨国企业必须拥有独特的特定资产从而能够弥补在东道国经营引致的成本。那么企业究竟具有哪些独特的有形资产和无形资产？

这些资产又如何影响跨国企业对外投资模式的选择呢？学者从不同视角展开讨论与研究。一般来说，企业拥有的所有权优势包括无形资产与有形资产两种形式。无形资产包括企业能力、企业特定资产、国际经验、技术知识密集型资产、管理知识等形式，而有形资产主要包括私有财产、人力资源、企业规模等形式。企业规模被认为是一个重要的战略优势来源（Tan et al，2011），企业规模与对外投资模式之间的相关性已经被一些学者研究证实。Dunning 和 Lundan（2008）认为传统的所有权优势应包括来自制度方面的优势。Utter（2011）提出所谓政治所有权优势的概念，这种优势不同于邓宁所提出的所有权优势。认为优势主要来源于独特的政府资产而不是市场导向型的竞争资产。包括四种优势：政治管理优势、获取政治信息优势、政治杠杆优势和获取政府融资支持优势。在一个技术动态化的竞争性市场且跨国企业具有较强的市场联系能力的情况下，相比采取合资方式来说，全资方式是企业进入海外市场的最佳选择（Tseng & Lee，2010）。具体来说，对于企业特定资产（Sreenivas et al，2000），如技术、知识密集型资源（Chen，2010）和研发密集型活动（Bhaumik & Gelb，2005），最适合的对外投资模式是通过新建或并购的全资方式。若采取合资方式，则企业特定资产容易溢出，使企业利益受损（Chiao et al，2010）。除了上述所描述的企业所有权优势外，在东道国投资经验也被认为是所有权优势之一。具有投资经验的跨国企业通常会采取对子公司控制程度较高的方式进入，如采取新建或以独资方式安排股权比例。

（二）区位优势

区位优势是指东道国固有的，不可移动的要素禀赋优势，这些优势都会直接影响跨国公司投资项目的选址及跨国经营战略部署。早期的文献以东道国市场潜力衡量区位优势，研究发现市场潜力与跨国企业投资具有显著的正相关关系。Dunning（2004）研究发现，东道国市场潜力巨大可以吸引外资的大量流入。Tse 等（1997）认为海外跨国企业通常选择与中国当地合作伙伴合资的方式来捕捉中国快速增长的市场。部分文献基于区位优势视角，从东道国区位优势的不同表现形式出发，探讨区位优势与跨国企业投资模式选择之间的关系。

一部分学者从特定区位优势、市场规模与进入第三国市场的便利性方面展开研究。特定区位优势尤其是作为进入第三国市场独特的"跳板"功能时，跨国企业会充分利用这个良好的平台而选择采取对外直接投资的方式进入此市场（Javalgi et al，2010）。一般来说，当东道国发展水平较低且市场巨大时，采取直接投资的方式是大多数跨国企业的战略选择（Lehner，2009）。

（三）内部化优势

所谓内部化优势是指跨国公司把核心知识资产安排在同一所有权的企业内部进行交换，按企业的共同战略目标配置技术资源，同时也是为了规避外部市场的高交易成本（Peng，2009）。文化距离作为产生交易成本的一个因素，对跨国企业海外投资的建立模式有着显著影响，在新建和并购两种建立方式中，对于文化距离越大的国家，跨国企业采取新建方式并购方式更加有利（Larimo，2003）。内部化影响跨国企业所有权模式决策的主要原因是合资是一种联合的内部化方式，而全资则代表了一种单一的内部化活动（Brouthers & Hennart，2007）。关于内部化优势对跨国企业进入模式选择的影响机理，学者们从直接成本与间接成本视角进行分析。从直接成本进行研究的代表性文献有：Madok（1998）在研究所有权模式选择时发现，跨国企业为了避免进入新市场而产生高昂的交易成本，倾向于选择与当地企业合资而不是全资方式，同时，企业在选择海外市场进入模式时，最终是选择新建还是并购模式取决于进入东道国的成本。Fatica（2010）研究发现，如果进入特定东道国成本过高，跨国企业会选择采取并购现有企业的方式而不是通过新建方式进入。Eicher 和 Kang（2005）从间接成本方面分析，以贸易壁垒衡量间接成本的高低，指出如果对外直接投资的进入成本不是太高，在贸易壁垒增加的情况下，通过对外直接投资方式而非出口是较为合适的进入模式。

三、研究述评

由于传统的跨国公司理论大多立足于发达国家的企业样本进行归纳而成，对中国企业海外投资的借鉴作用有限，但其包含的思想仍然对当前中国企业海外投资的宏观战略的制定和微观模式选择上具有启迪作用。总体来说，上述的传统跨国公司理论有以下重要观点：一是企业在进行海外投资之前应该具备一些独特优势，这些优势能够克服在东道国经营所面临的种种不利因素；二是企业通过对外直接投资的方式来发挥其绝对优势，提升在全球配置资源的能力，运用形成于母国的特定优质资产，在全球获取超额利润或租金。在有关对外直接投资的文献中，中国的学者倾向于把直接投资的理论分为发达国家的对外投资理论和发展中国家的投资理论。发达国家的对外投资理论即是本书所归纳的传统的跨国公司理论，而对于发展中国家的对外投资理论则是从 20 世纪 70 年代晚期开始的，主要是为了呼应发展中国家对外直接投资的兴起，特别是随着新兴工业化国家跨国公司的兴起。研究的思路一种是从国家层次和产业层次等宏观视角对发展中国家企业的海外投资行为进行考察；另一种则是通过对发展中国家跨国公司的微观层面进行考察，研究其优势的来源。尽管针对发展中国家的跨国公司理论有了一定程度的创新，但这些理论大部分还是继承了传统发达国家的对外投资理论。为此本书认为，不论跨国公司理论如何发展，中国企业在选择具体的海外投资战略和模式上，仍然可以立足邓宁所强调的三种优势即对外投资的所有权优势、内部化优势和区位优势，特别是在对外投资模式的选择上，应从培养企业垄断竞争优势的角度结合企业面临的国际投资新环境适时调整自身战略，探寻一条可持续的、共赢的、包容性强的对外投资新模式。

第二节　制度因素与企业对外投资模式选择

制度理论是研究企业对外投资进入模式的常用理论之一（Brouthers & Hennart，2007）。制度背景包括正式与非正式两个方面（North，1990）。一方面，非正式制度距离表现为母国与东道国在文化、意识形态等方面的差异对企业海外投资模式选择的影响（Cuervo & Gen，2011）；另一方面，正式制度风险表现为跨国企业面临来自东道国欠发达的市场机制、不稳定的政治、经济与司法体制（Meyer et al，2009）。目前有大量文献关注制度变量对跨国企业对外投资模式选择的影响，认为东道国稳定宽松的制度环境有利于吸引跨国企业进入，并在分析制度环境时，区分了正式制度与非正式制度对跨国企业海外市场建立方式与所有权比例选择的不同影响（Peng，2003）。尽管跨国企业对外投资的决策受到多种微观因素的影响和制约，但不容忽视的是外部宏观环境即制度因素对跨国企业海外投资的模式选择同样产生作用（Deeg & Jackson，2008）。这些外部因素有时超越企业所能控制的范围，尤其是根植于特定东道国的差异化规章制度与商业惯例，这些具有不同特色的国家特征即制度环境，特定的制度因素对跨国企业对外投资模式选择有着重要的影响。学者们从东道国制度质量、母国制度环境、母国与东道国制度距离等视角对制度因素如何影响企业海外投资模式的选择展开了一系列尝试性研究。以下就相关文献进行综述。

一、东道国制度环境

东道国制度环境究竟如何影响企业海外投资模式的选择，对此问题的研究较多，但观点存在分歧。一种观点认为，当企业面临来自东道国制度不完善的约束时，会选择以非股权的方式进入而非股权方式；另一种观点认为二者根本不存在显著的相关性（Burgel & Murray，2000）。最新的研究除了考察市场和资源等传统因素外，重点考察了东道国制度对中国海外投资的影响。蒋冠宏和蒋殿春（2012）研究发现，东道国制度对中国海外投资有显著影响。主要表现在以下几个方面：东道国法制中国海外投资的规模有负面影响，但不影响其是否进入；东道国制度对资源寻求型投资有负面影响；双边制度的绝对差异对中国海外投资有正向影响。政治风险与文化距离作为衡量东道国制度环境的重要指标，是发达国家跨国企业选择投资目的地通常需要考虑的因素（Quer et al，2007）。而 Quer 和 Rienda（2011）针对中国大型企业对外直接投资的区位选择的影响因素进行分析，却发现东道国政治风险和文化差异性对中国对外投资的区位选择没有影响。

Henisz（2000）研究发现，在东道国可以感知的政治风险存在的情况下，跨国企业选择以全资方式进入的主要目的是保护自己免受合资伙伴的控制。在进入高风险的市场，中小企业倾向于采取股权模式进入（Rasheed，2005）。如果企业感知到在东道国投资存在风险时，则通常会选择控制程度高的所有权安排（Taylor et al，2000）。但也有学者研究发现在高风险存在的情况下，跨国企业应选择低水平的所有权控制比例即合资方式（Brouthers，2002）。同时针对跨国企业在高风险国家投资究竟选择何种建立方式，也是存在争议的。Caves（1982）指出，并购是跨国企业在高风险国家投资的最佳选择，然而也有学者持不同观点，认为采取新建投资是规避风险最好的方式（Ahmed et al，2002）。Tevino 和 Mixon（2004）运用拉美国家吸收外资的数据，研究发现，跨国企业倾向于在拉美国家中市场经济体制改革成功的国家投资。Hayakawa等（2012）综合研究了东道国各种政治风险与金融风险对外商直接投资流入的影响。研究发现：只有政治风险与对外直接投资流入具有相关性，且初始政治风险水平对对外直接投资流入没有影响，随着政治风险水平的降低，一国可以吸引更多的对外直接投资流入，特别是对发展中国家来说，诸如付款延迟、合约征用以及腐败等政治风险与对外直接投资流入负相关，但是随着这些风险显著性地降低，将会吸引对外直接投资流入量的增加。关于对外投资风险问题的研究。从宏观背景分析我国对外投资风险问题。当前世界经济不稳定、不确定性增加的大环境下，中国企业"走出去"面临多种挑战。

二、母国制度环境

母国制度环境是影响跨国企业海外投资模式选择的重要因素（Cui & Jiang，2012；Luo et al，2011；Peng，2012）。对于不同制度背景下，母国对企业的资源支持力度是不同的，例如对特定资产或产业在信息分享与银行贷款优惠等方面的支持（Luo et al，2010），但 Meyer（2007）认为母国制度环境也可能对企业海外投资战略产生阻碍作用。总之，不同的母国制度环境对跨国企业海外投资模式选择的影响是不确定的，有积极的一面也有消极的一面。

最新的关于中国跨国企业对外投资模式的研究，以中国国有企业海外投资的模式选择为视角，结论认为国有企业倾向于在政治风险高且拥有丰富自然资源的国家投资，选择跨国并购模式反映了中国宏观战略意图（Chen & Young，2010；Ramaswamy & Yeung，2012）。张为付（2008）研究发现，中国目前的对外直接投资方式主要表现为：以国有或国有控股企业为主体；以资源能源寻求和市场扩展为主要方式；以进入东亚和国际避税区为主要目标区；具有政治收益高于经济收益的价值取向。

三、母国与东道国的制度距离

母国与东道国在制度方面的差异对跨国企业对外投资模式的选择同样产生影响。母国与东道国的制度距离越近，则跨国企业越有动力向东道国投入更多的资源，采取独资方式而不是合作方式进入（Estrin et al, 2009）。Li 和 Rugman（2007）指出，在两国制度存在差异的情况下，外部环境的不确定性增加，那么为了尽量减少这种不确定性，跨国企业将选择以独资方式进入东道国。Chiao 等（2010）的研究也支持上述观点。也有学者持相反观点，例如，Acta（2011）研究发现跨国企业在正式制度差异较大的国家倾向于选择新建投资模式，在所有权份额上采取合资方式，以减少经营的不确定性。

梳理有关制度距离的文献，既有理论研究也有实证方面的数据论证，其中以实证研究为主。学者们基于不同视角选择不同变量来衡量两国的制度距离，因而在结论上存在分歧。Meyer（2001）以心理距离衡量制度差异，认为母国与东道国如果存在心理距离，彼此缺乏亲近感，那么跨国企业将选择以合资方式进入，依靠当地合作伙伴支持来降低这种心理距离所产生的额外运营成本。Bianchi 和 Ostale（2006）从母国与东道国的政治制度的差异性入手进行分析，认为在面临巨大的政治制度差异时，跨国企业通常会考虑以合资而不是独资的方式进入东道国。Slangen 和 Hennart（2008）研究发现，母国与东道国之间在价值观上的巨大分歧将增加跨国企业选择采用新建投资方式进入东道国的可能性。Estrin 等（2009）通过实证研究发现，母国与东道国在正式制度与资源禀赋方面距离越大，初次投资者选择新建投资方式的概率就越大。

关于制度距离的理论性文章以 Kostova 和 Zaheer（1999）为代表，他们在 Scott（1995）的制度三角框架下分析母国与东道国在管制、认知与规范方面的异同，结论认为制度距离增加了跨国企业成功从母国转移组织经验和相关资源到东道国的难度。Xu 和 Shenkar（2002）同样在 Scott（1995）的研究基础上拓展制度三角理论，指出制度距离不仅影响跨国企业选择海外市场进入模式，而且对其母公司国际化战略与组织结构都有显著的影响。Ramsey

（2005）构建的理论框架侧重于从管制、规范与文化认知方面分析其对跨国企业海外投资模式选择的影响，结论基本上与上述理论性文献一致。

实证研究的文章主要是用来检验理论模型的适用性，通过选取不同国家跨国企业相关数据，验证制度距离对母国企业海外投资模式的影响路径。Xu（2001）以日本跨国企业为研究样本，基于 Scott（1995）的制度三角理论进行实证分析，其研究结论与 Xu 等（2004）一致，即都认同制度距离对日本跨国企业在海外投资的控股比例呈负相关关系。而 Gaur 和 Lu（2007）同样使用日本跨国企业的数据进行实证研究，其结论为：在制度距离存在的情况下，跨国企业选择拥有高的控股比例，主要目的是增加子公司在海外的生存机会。母国与东道国存在制度距离同样对子公司经营绩效也有显著的影响。Pattnaik 和 Choe（2007）对韩国 89 家跨国企业的经营绩效进行研究，发现东道国低质量的制度环境和较大的制度距离对子公司经营绩效有副作用。Chao 和 Kumar（2010）运用 2004 年的世界 500 强企业进行实证研究，认为母国与东道国的规制距离不利于子公司的经营活动，而规范距离对其影响不显著。而 Arslan 和 Larimo（2010）的一项研究却发现，规范距离促进了芬兰跨国企业采取高控股比例的投资模式，而规制制度距离对其海外投资模式的影响不显著。

四、研究述评

关于制度距离与企业海外投资模式选择的文献比较丰富，并且在某些方面取得了一些共识，但存在的问题和不足也是明显的。综合国内外研究来看，还存在以下问题：第一，没有深化和细化制度因素对中国企业海外投资模式选择的影响。大多数研究只关注了制度因素对企业海外投资的区位分布、企业宏观战略的影响，但忽视了与中国跨国企业的实践相结合，未来的研究应考虑中国海外投资企业的异质性，例如，企业战略的不同、所有权结构的不同以及对外投资驱动力的不同对企业海外投资模式选择的影响机制。第二，没有考虑到制度距离对企业海外投资的建立方式和所有权比例选择的影响。

第三节 股权控制与企业对外投资模式选择

对外投资模式的文献大多关注来自发达国家企业，随着新兴经济体跨国企业的发展壮大，一些学者开始关注来自新兴经济体跨国企业的对外投资模式选择情况，尤其关注是哪些因素影响跨国企业在新建与并购两种模式当中的选择（Kamal，2009）。Zhang 等（2011）对中国企业在欧洲投资的模式进行研究，发现大约 3/5 的中国企业在欧洲采用独资方式进入，如果采取合资的话，其合资伙伴大多来自中国和海外华侨，主要目的是减少沟通的成本。Guillen 等（2009）认为与发达国家跨国企业循序渐进的海外投资模式不同，发展中国家企业对外投资速度快、力度大，经常通过多种进入模式同时到多个国家进行投资活动，呈现出加速增长的态势。Xue 等（2012）基于 Helpman 等（2004）的理论模型，以企业异质性与制度质量为研究视角，构建了一个综合分析来自发达国家与发展中国家企业对外投资模式选择的理论框架。结果表明，企业最终选择何种投资模式实质上是制度引致的生存力效应与相对综合成本优势之间的权衡。最新的国内研究以赵晶和王根蓓（2013）为代表，作者关注企业微观因素与东道国宏观因素对中国企业对外投资模式选择的影响，结论认为创新能力强与国际化经验丰富的中国企业选择新建投资模式的可能性较大；规模经济突出且所有权优势明显的企业选择并购模式的可能性较大。

一、对外投资的股权模式

关于企业对外投资模式的选择一直以来是国际商务领域研究的热点问题。Brouthers 和 Hennart（2007）对有关外投资模式选择的文献进行归纳，研究认为，大多数学者从交易成本、资源基础、制度理论和战略行为等角度展开研究。针对中国企业对外投资模式选择战略的相关文献，诸多学者研究视角各异，但大多数学者认同中国企业的国际化之路具有独特性。Child 和 Rodrigues（2005）指出，相对于西方跨国企业主导的传统对外直接投资模式，中国企业对外投资主要目的不是利用现有的竞争优势，而是为了获取资源用来弥补其竞争劣势（Cui & Jiang, 2010）。中国企业国际化道路的选择，尤其是对外直接投资，较少依据传统理论所阐述的充分利用企业特定资产优势，而是较多地受母国产业特征和相关制度因素的影响。来自新兴市场国家的企业在决定是否对外投资时应更多地评估母国的产业特征与制度环境，而不是考虑其拥有资源的多寡为主要选择依据，因为企业拥有的技术、管理、品牌等优势不是对外直接投资的先决条件（Wang et al, 2010）。

部分学者从企业对外投资具体模式的比较方面进行研究。Pan 和 Tse（2000）研究发现，通常企业进入国外市场的模式选择有两个阶段组成，首先涉及企业是选择股权模式还是非股权模式的问题，如果选择股权模式，接下来就应该选择是采取独资模式（绿地投资或完全并购），还是股权分享模式（合资或部分并购）。Amighini 等（2009）研究发现，最新的对外直接投资企业主要采用并购方式，焦点集中在发达国家，而不是采用以前常用的合资形式。采用并购和合资的形式对获得外国战略资产有利，而采用独资方式则对保存公司内部资源有利（Nicolas, 2009）。Liang 和 Musteen（2009）基于交易成本、战略能力与战略认知视角研究企业战略导向影响其海外投资模式选择的机制和原理。结果表明，开拓者企业易选择股权投资模式，而且倾向于独资控制方式，比如采取绿地投资与完全并购方式。Quer 等（2012）基于制度、交易成本与资源基础理论，对中国企业在全资与合资两种所有权选择的影响因素进行分析。结果表明，与以往研究不同的是，中国企业的所有权模式安排与东道国政治风险与文化距离没有相关性，与产业的技术密集度正相关。其中产业特性与企业战略目的是影响中国企业选择海外投资模式决策的关键因素。

二、对外投资的非股权模式

现代国际生产已不再仅仅涉及直接投资和贸易这两个方面，跨国公司可在不拥有东道国企业股权的情况下掌控这些企业的生产经营活动，越来越多的跨国公司采用非股权经营模式。合约制造作为非股权安排的重要模式，跨国企业通过合约方式把非核心环节外包出去从而占据价值链核心位置（Gereffi et al, 2010）。在一个充分融入价值链的公司中，在价值链的所有环节，跨国公司都可以选择以各种非股权形式将活动外部化（Berger et al，2010），拥有特定优势的企业通常采取特许经营的非股权方式进行跨国投资（Reid，2008）。如果东道国对外资采取歧视政策以及对股权等方面加以限制时，非股权安排则可以绕开这些政策方面的障碍（Barrett et al，2010）。非股权安排对发展中和转型期经济体长期的工业发展和生产能力建设（Narula et al，2010）、创造就业机会（MKG Hospitality，2011）、就业环境（McNamara，2008）、就业周期波动（Blecker et al，2010）、企业社会责任与环境影响（Starmanns & Mark，2010）、合约伙伴的本地增值和联系（Moran & Theodore，2011）、创造出口（Rocha et al，2010）、技术溢出与吸收能力（Navas – Aleman，2011）等均有不同程度的影响。非股权安排为发展中国家企业融入全球价值链提供了契机，但风险依然存在，应该防止合约安排弱势一方被锁定在价值链低端，同时对政策制定者提出严格要求（Bain & Company，2011）。

三、投资动机与投资风险

基于投资动机划分方法的局限性，学术界关于不同投资动机下投资面临风险的研究较少。或是通过引入交叉项，规避对投资主体投资动机的划分（黎轲，2014）；或是利用 Heckman 两阶段模型，并结合制度条件研究投资区位选择问题（刘敏、刘金山、李雨培，2016）；或是基于微观企业投资特点对投资动机进行划分，并结合投资风险项，研究二者交叉作用（徐莉，2012）。刘敏等（2016）基于 Heckman 两阶段模型和投资引力模型，研究了制度因素与投资动机的关系。研究结果表明，政治制度对投资进入选择与投资规模的影响在统计意义上不显著，且不同投资动机表现出差异化的路径依赖与制度偏好。资源寻求型投资偏向经济制度优良的东道国，即表现出经济风险规避特征；技术寻求型投资偏向经济、政治和文化制度优良的东道国，即表现出经济风险规避、政治风险规避和文化风险规避特征；市场寻求型投资偏向经济和文化制度良好的东道国，且文化制度正向作用于投资规模，即表现出经济风险规避和文化风险规避特征。胡兵、邓富华（2014）运用 Heckman 两阶段模型研究了投资动机作用下，腐败距离对投资进入选择和投资规模的作用。结果表明，腐败距离与中国投资进入选择间存在显著的相关关系，区分了投资动机后，统计结果无显著变化。王恕立、向姣姣（2015）认为中国对外直接投资动机是综合型的，主要可划分为市场寻求型、技术寻求型和资源寻求型。技术寻求型投资对东道国良好的制度环境偏好较弱，反而更多依赖于制度环境质量较差的国家。市场寻求型和资源寻求型投资多偏好于制度环境质量较高的东道国。肖文、周君芝（2014）认为中国自然资源寻求型投资对东道国经济风险表现出强偏好，效率寻求型投资偏好于地理距离较近的国家，战略性资源寻求型投资对东道国国际化经验呈现出较强依赖。黎轲（2014）通过引入投资动机与制度因素的交叉项，研究投资动机对于投资风险的调节作用。结果表明，在高制度距离国家投资，中国资源寻求型投资和市场寻求型投资偏好政治风险低的国家；在低制度距离国家投资，政治风险对资源寻求型投资影响不显著，而市场寻求型投资则表现出强政治风险偏好。

四、文献评述

现有文献关于对外直接投资的理论和实证研究历经了四个发展阶段。第一阶段，主要是基于投资动机视角研究对外直接投资动因，即研究对外直接投资主体需要具备什么内因优势。第二阶段，主要是基于东道国区位差异研究吸引对外直接投资的外部因素，即研究投资的区位选择问题。第三阶段，主要是基于制度因素研究对外直接投资风险，即研究投资风险构成和各类型风险的引力和阻力问题（田祖海、杨文俊，2016）。第四阶段，基于细化投资对象的投资动机、投资风险和制度因素的研究，即顺向投资、逆向投资和新兴经济体投资动机、风险和引力因素的比较分析。

现有文献对本书的贡献主要表现在以下三个方面。一是，为本书实证变量的选取提供参考依据，本书投资动机和投资风险及控制变量的选择均是在综合前人研究的基础上进行的。二是，为投资对象的选择提供参考，已有文献表明顺向投资和逆向投资的投资动机存在一定差异，对制度因素的态度也存在区别。本书选择非洲国家作为研究对象的其中一个原因即为避免顺向投资和逆向投资差异对研究科学性的影响。三是，现有文献为本书投资影响因素的理论推导假定提供了参考依据。

但已有文献存在两个方面的不足。一是，对外直接投资的研究角度比较单一，多视角的联动研究较少。当前文献对投资动机的研究主要集中于投资动机分类及基于投资动机视角研究投资的区位选择，对投资风险的研究主要集中于风险影响因素和投资风险对企业投资区位选择的影响，鲜有文献将投资动机与投资面临的风险联合起来研究。仅有少数文献通过引入投资动机与投资风险的交叉项，研究投资动机对投资风险的调节作用。而经验证据表明，对外直接投资动机与投资面临的风险息息相关，较为典型的案例表现为中国对非洲资源型投资被冠以"殖民非洲"的名号，形成不利的国际舆论氛围，阻碍了中国对非洲直接投资的发展。投资动机差异使得投资面临的风险程度和类别存在较大差别。二是，当前关于投资动机的划分方法大多是基于微观和宏观视角。微观视角上，利用商务部发布的企业名录数据，根据企业的业务类型进行划分。宏观视角上，基于东道国区位条件进行简单区分。这两种划分方法主观性较强，并且无法验证分类的准确性和科学性。

　　本书尝试从以下两方面进行改造。一是，研究不同投资动机下投资面临的风险状况，并选取投资动机存在争议和投资风险突出的非洲地区作为本书的研究对象。这不仅为明晰对非投资动机、平息争议提供依据，而且区分不同投资动机下投资面临风险的差异，为降低风险对症下药提供依据。二是，选取聚类分析法划分不同投资动机，排除主观划分投资动机的分类误差。同时，针对分类后的投资动机进行回归检验，验证聚类分析方法的可靠性和准确性，增加研究的严谨性。

　　关于对外投资具体模式的选择方面，国外学者对非股权安排的研究更多是从发展中和转型期经济体本身出发进行研究，以发展中国家作为非股权合约的接受方为视角而较少考虑非股权安排对新兴经济体跨国企业对外投资和贸易的影响；国内学者对于非股权安排问题，特别是对"走出去"企业的非股权安排问题研究较为零散，有关非股权安排与企业海外投资模式转变的系统研究非常薄弱。国内关于非股权经营模式的相关研究，特别是对我国企业海外投资的影响的研究尚不多见。作为直接投资与贸易之间的"中间道路"即国际生产的非股权模式，非股权安排究竟对中国企业海外投资模式选择有何影响？非股权安排会如何影响"走出去"的企业以及我国企业以何种路径逐步发展成为真正的全球性跨国企业？我国政府和企业应如何应对？这些问题将是对外直接投资方面未来研究的方向。

第三章　企业对外投资模式选择的理论分析

本书把对外投资模式分为两大类即股权模式和非股权模式。股权模式主要包括新建投资和并购两种形式；非股权模式主要包括服务外包、订单农业、特许经营、许可经营、管理合约等方式。二者的主要区别是对企业股权的控制程度的不同，股权模式主要指外国企业对东道国企业的股权有一定的控制，直接参与企业的日常管理；而非股权模式则主要通过合约方式，间接影响东道国企业的日常运营。本章主要研究东道国投资政策对企业对外投资模式选择的影响、东道国企业生产率异质性对企业选择股权还是非股权模式的影响、制度距离对企业对外投资模式选择的影响机理。

第一节　东道国投资政策与企业对外投资模式选择

本节主要探讨东道国企业设定的 FDI 政策对外国企业对外投资模式的影响。东道国对外资的态度既有积极方面也有消极方面，在制度不健全，外资政策不透明的情况下，外资企业面临不同程度的不确定性，以下主要分析东道国外资政策对外国企业投资模式影响的机制。模型 1 主要探讨外国企业采取股权投资方式时，东道国 FDI 政策如何影响外国企业在新建和并购两种模式中的选择问题。

模型 1：一个外国企业、东道国企业生产率同质的情况

假定有两个国家，外国和东道国。外国企业（F）、n 个同质的东道国企业（H_i，$i=1$，…，n）。东道国所有企业的边际成本是相同的，为 c；外国企业的边际成本为 c_f。所有企业生产相似产品，在东道国市场按照古诺模型的方式进行产量竞争。如果选择新建投资，在建立新的工厂时需要投入固定成本 f；选择并购方式则可以利用被并购企业现有的生产设施，可以节约相应的固定成本 f；如果选择通过非股权方式进入，则在签订合约时需要花费一定的成本 t。东道国对外直接投资政策对外国并购企业的利润有显著影响，假定东道国对外资企业在进行跨国并购时，对并购方股权有一定的限制，设 β 表示外国企业获得的最大利润份额。π^C 表示选择新建投资的利润；π^M 表示并购的利润；π^C 表示利用非股权方式的利润。

借鉴 Qiu 和 Wang（2011）[①] 的思路，假设外国企业与东道国企业按以下方式进行古诺竞争：第一阶段，东道国宣布利用外资的政策。第二阶段，外国企业选择进入模式，可以选择新建和并购两种模式，新建投资（用 G 表示）和并购（用 M 表示）。在并购的情况下，外国企业提出并购要约，国内企业决定是接受还是拒绝，如果要约被接受，则并购成功，如果要约被拒绝，则外国企业只有通过新建或非股权方式进入东道国。第三阶段，所有剩下的企业进行古诺产量竞争。

假定逆需求函数为：$P = a - Q$，其中 $Q = q_f + \sum_{i=1}^{n} q_i$，$Q$ 表示总需求，q_f 表示外国企业的产量，q_i 表示国内企业的产量。

以下采取逆向归纳法，推导子博弈完美均衡解。

一、第一阶段：求解企业的利润

（一）新建投资

如果在第二个阶段外国企业选择以新建投资方式进入东道国，那么在东道国市场此时共有 $n+1$ 个企业，每个企业在假定对方产量既定的情况下，选择能够给自己带来最大利润的产量，以下为外国企业和东道国企业的利润函数。

外国企业的利润函数：假定外国企业拥有先进的技术，所以其边际成本为零，即 $c_f = 0$，$\pi_f^G = (P^G - c_f) q_f^G - f$。

东道国企业的利润函数：$\pi_j^G = (P^G - c) q_j^G$，$j = 1$，$\cdots$，$n$。

令企业利润最大化的一阶条件为零，可以得出以下均衡产量和均衡利润。

东道国企业的均衡产量为：$q_h^G = \dfrac{1}{n+2}(a - 2c)$，均衡利润为：

$$\pi_h^G = \frac{1}{(n+2)^2}(a - 2c)^2，\quad H_1，\cdots，H_n \tag{3.1}$$

外国企业的均衡产量为：$q_f^G = \dfrac{1}{n+2}(a + nc)$，均衡利润为：

[①] Qiu Larry D, Wang Sheng zu. FDI Policy Greenfield Investment and Cross-border Mergers.

$$\pi_f^G = \frac{1}{(n+2)^2}(a+nc)^2 - f \qquad (3.2)$$

市场的均衡价格为：$P^G = \frac{1}{n+2}(a+nc)$

（二）跨国并购

如果在第二个阶段外国企业选择以跨国并购方式进入东道国，假设外国企业并购 H_1，由于企业生产的产品是同质的，并购以后的产量不变，为 q_f（由于 H_1 被并购，因此东道国市场只剩下 $n-1$ 个企业与外国企业竞争），因此并购后企业（M）利润与东道国剩下企业的利润函数分别为：

$$\pi_{MH_1}^M = (a - q_f - \sum_{i=2}^{n} q_i) q_f \qquad (3.3)$$

$$\pi_j^M = (a - q_f - \sum_{i=2}^{n} q_i) q_j - cq_j, \quad j = 2, \cdots, n \qquad (3.4)$$

令企业利润最大化的一阶条件为零，可以得出以下均衡产量和均衡利润。

东道国企业的均衡产量为：$q_h^M = \frac{1}{n+1}(a-2c)$；均衡利润为：

$$\pi_h^M = \frac{1}{(n+1)^2}(a-2c)^2, \quad H_2, \cdots, H_n \qquad (3.5)$$

并购后企业的均衡产量为：$q_{MH_1}^M = \frac{1}{n+1}(a+nc-c)$；均衡利润为：

$$\pi_{MH_1}^M = \frac{1}{(n+1)^2}(a+nc-c)^2 \qquad (3.6)$$

此时市场的均衡价格为：

$$P^M = \frac{1}{n+1}(a+nc-c) \qquad (3.7)$$

二、第二阶段：外国企业选择最佳投资模式

假定外国企业提出并购要约，东道国企业有权力选择接受或拒绝，若东道国规定并购企业只能获取的利润份额为 β，则东道国企业可以获取的最大利润为 $(1-\beta)\pi^M$。在外国企业发出并购要约时，东道国企业能够接受的条

件是：并购要约的报价不低于在新建投资模式下的利润，即满足 $(1-\beta)\pi^M \geq \pi_h^G$，简单整理得：

$$\beta \leq \frac{\pi^M - \pi_h^G}{\pi^M} \equiv \beta_{max} \qquad (3.8)$$

把式（3.1）和式（3.6）代入式（3.8），得

$$\beta \leq 1 - \frac{(n+1)^2(a-2c)^2}{(n+2)^2(a+nc-c)^2} \qquad (3.9)$$

如果式（3.9）的条件不满足，则东道国企业接受外国企业并购要约的报价至少为新建投资模式下的利润即 π_h^G，因此，在东道国政府设定外资政策 β 的情况下，如果外国企业选择以并购方式进入企业 H_1，则并购的要约应满足 $\pi_h^G \leq \pi_1 \leq (1-\beta)\pi^M$。以上探讨了外国企业如果以并购方式进入东道国至少应该采取的要约价格范围，只有在这个范围之内，才有可能让并购企业接受，那么外国企业选择并购模式的依据是什么呢？

首先假定 $\beta < \beta_{max}$，则东道国企业 H_1 的利润 $\pi_1 = (1-\beta)\pi^M$，至少应该保证外国企业在选择并购模式时能够获得的利润不低于选择新建投资获取的利润，即在东道国规定的外资政策 β 的情况下，外国企业为保证利润最大化，应满足以下条件：

$$\beta\pi^M \geq \pi_f^G \qquad (3.10)$$

把式（3.2）和式（3.6）代入式（3.10），得

$$\beta \geq \beta_{min} \equiv \frac{(n+1)^2[(a+nc)^2-(n+2)^2 f]}{(n+2)^2(a+nc-c)^2} \qquad (3.11)$$

如果式（3.11）右边大于零，则须 $(a+nc)^2-(n+2)^2 f$ 大于零，求解得，$f < f_{max} \equiv \frac{(a+nc)^2}{(n+2)^2}$。当 $f \geq \frac{(a+nc)^2}{(n+2)^2}$ 时，$\pi_f^G \leq 0$，此时，对于任何正的 β，外国企业选择采取并购模式优于新建模式。

如果 $\beta \in [\beta_{min}, \beta_{max}]$，那么外国企业选择并购的要约为 $\pi_1 = (1-\beta)\pi^M$，H_1 接受要约。现在假定 $\beta > \beta_{max}$，那么 H_1 不接受外国企业的并购要约，只能取得利润 $\pi_1 = \pi_h^G$，

综上所述，可以得出以下命题：

外国企业在东道国新建投资成本充分小的情况下选择以新建方式进入，在新建投资成本充分大的情况下选择以并购方式进入。在新建投资成本居中

的情况下，分以下两种情况：如果东道国给予外国企业的股权份额 β 较低，则外国企业选择以新建投资方式进入；如果东道国给予外国企业的股权份额 β 较高，则外国企业选择以跨国并购方式进入。

外国企业对投资模式的选择主要基于两种模式的成本—收益分析，选择新建投资时，要考虑新建企业的固定成本，选择并购模式尽管可以节约新建企业的固定成本，但面临东道国企业的种种限制政策，为此，企业在确定采取何种投资模式时通常是采取折中权衡的方法。以下通过比较静态的分析方法阐述企业的内在选择机制。

第一种情况：如果新建成本 f 较高，外国企业在选择通过新建投资方式时，主要关注的是在东道国市场获取的利润能否弥补新建成本。如果在市场规模 a 较小、东道国企业成本 c 低、市场竞争者 n 多的情况下，新建投资方式很少被选择。因此在新建成本 f 较高时，新建投资不会被选择。

第二种情况：如果新建成本 f 较低时，外国企业主要关心的是通过并购获取利润的大小。如果在市场需求 a 较小、东道国企业成本 c 高、市场竞争者 n 多的情况下，新建投资方式很少被选择。原因是：并购减少在东道国市场的竞争程度，但与此同时，并购方必须与被并购企业分享一部分利润，因此，并购方式能否被选择取决于并购减少的竞争程度是否足够大、市场规模是否（a）大、竞争是否充分等条件。

通过分析上述两种情况，可以得出，不管 f 的大小，如果在东道国竞争者数量足够大的情况下，外国企业选择跨国并购的可能性最大。为此提出以下假设：

假设1：如果东道国是发达国家，且市场竞争程度充分，外国企业倾向于选择以并购方式进入；如果东道国是发展中国家或转型经济体，缺乏充分市场竞争，外国企业采取新建投资方式更为常见。

模型2：在模型1的基础上把外国企业拓展为2个，其他保持不变。主要目的是检验模型1相关结论的稳健性。

在模型2中，假定两个外国企业（F_1、F_2）是同质的，边际成本 $c_{f_1} = c_{f_2} = 0$，为了分析的简化，假定两个外国企业采取相同的 FDI 进入模式，同时为了保持和模型1分析的一致性，假定东道国有 $n-1$ 个国内企业，东道国市场总共有潜在的企业仍然为 $n+1$ 个，具体分析按照模型1的思路。

第一，当 F_1 和 F_2 以新建投资方式进入东道国时，东道国企业和外国企业的均衡产量和利润分别为：

东道国企业的产量和利润：$q_{h_2}^G = \dfrac{a-3c}{n+2}$，$\pi_{h_2}^G = \dfrac{(a-3c)^2}{(n+2)^2}$，$H_1$，$\cdots$，$H_{n-1}$

外国企业的产量和利润：$q_{f_2}^G = \dfrac{a+nc-c}{n+2}$，$\pi_{f_2}^G = \dfrac{(a+nc-c)^2}{(n+2)^2} - f$

对 F_1 和 F_2，此时市场的均衡价格为：$p^G = \dfrac{(a+nc-c)}{n+2}$

第二，当 F_1 和 F_2 以并购方式进入东道国时，F_1 并购 H_1，F_2 并购 H_2，那么东道国企业和外国企业的均衡产量和利润分别为：

东道国企业的产量和利润：$q_{h_2}^M = \dfrac{a-3c}{n}$，$\pi_{h_2}^M = \dfrac{(a-3c)^2}{n^2}$，$H_3$，$\cdots$，$H_{n-1}$

外国企业的产量和利润：$q_{f_2}^M = \dfrac{a+nc-3c}{n}$，$\pi_2^M = \dfrac{(a+nc-3c)^2}{n^2}$

对 F_1 和 F_2，此时市场的均衡价格为：$p^M = \dfrac{(a+nc-3c)}{n}$

第三，假定外国企业提出并购要约，东道国企业有权力选择接受或拒绝，若东道国规定并购企业只能获取的利润份额为 β，则东道国企业可以获取的最大利润为 $(1-\beta)\pi_2^M$。在外国企业发出并购要约时，东道国企业能够接受的条件是：并购要约的报价不低于在新建投资模式下的利润，即满足 $(1-\beta)\pi_2^M > \pi_2^G$，简单整理得：$\beta \leqslant \beta_{\max} \equiv 1 - \dfrac{n^2(a-3c)^2}{(n+2)^2(a+nc-3c)^2}$；同理按照式（3.10），$\beta\pi_2^M > \pi_{f_2}^G$，经整理可得：$\beta \geqslant \beta_{\min} \equiv \dfrac{n^2[(a+nc-c)^2-(n+2)^2 f]}{(n+2)^2(a+nc-3c)^2}$。

综上所述，当存在两个外国企业时，结论与假设 1 相似，说明模型 1 结论的稳健性，只是当外国企业不止一个时，并购的案例数比只有一个外国企业时发生的要多。

第二节　非股权安排与企业对外投资模式选择

本节主要探讨的是在面临股权模式与非股权模式选择的情况下，外国企业如何选择最优的投资模式，以及如果以并购方式进入时，由于东道国企业生产效率的不同，外国企业面临如何选择最佳兼并目标企业的问题。本节的模型在模型1和模型2的基础上引入了非股权进入模式。基本假设条件与模型1相同，不同的是假设1个国外企业和2个国内企业的边际成本不同，外国企业的边际成本为 c_F，东道国企业分为高生产效率企业 H_1，边际成本为 c_{h1}；低生产效率企业 H_2，边际成本为 c_{h2}。企业之间生产技术的差距用 g 表示，即 $g = c_{h1} - c_F = c_{h2} - c_{h1}$，当企业以并购方式进入时，有两种可能性，并购以购买价格 μ_{H_1} 并购企业 H_1；以购买价格 μ_{H_2} 并购企业 H_2。

模型3：在模型1的基础上，假设东道国企业生产率异质性的情况。

参照 Zhao（2011）[①]，博弈基本按照模型1的思路展开，首先外国企业提出并购要约，如果东道国两个国内企业都不接受，则外国企业选择以非股权和新建投资方式进入；如果东道国有一个企业接受要约，则外国企业需要支付兼并费用；如果东道国两个企业同时接受此要约，则外国企业将选择能够带来高利润的企业进行并购。假定外国企业首先提出并购提案，不会限制再选择其他投资模式的机会，例如，如果提出并购提案没有成功，也同样可以自由选择以其他投资模式进入。

假设外国企业的边际成本为 c，B = a − c > 0，因此每个企业的初始边际成本为 $c_M = c$，$c_{h_1} = c + g$，$c_{h_2} = c + 2g$。外国企业以跨国并购方式进入东道国会面临许多"陌生的负担"，其先进技术并不能完全被东道国企业所吸收，因此引进一个外生参数 $\theta(\theta \in [0, 1])$ 用来衡量技术转移程度，并购后新企业 M 边际成本为：$c_M = \theta c_F + (1 - \theta)c_i$，且 $c_i = \{c_{h1}, c_{h2}\}$。

以下按照模型1的方法采取逆向归纳法，推导子博弈完美均衡解。与模型1不同的是增加了非股权的进入模式。

一、非股权模式

非股权模式和股权模式都能使东道国融入全球价值链，非股权模式的一个关键优势在于这是与东道国企业之间的灵活制度安排，在一些敏感的情况

---

① Zhao Kai. Entry Mode Choice and Target Firm Selection：Private and Collective Incentive Analysis [R]. Working Paper，2011.

下，非股权模式可能比直接投资更为适宜①。选择通过非股权方式进入，用 N
表示，则在签订合约时需要花费一定的成本 t（每单位产量增加的成本）。三
个企业的利润函数定义如下：

外国企业的利润函数：$\pi_F^N = (P^N - c_F - t) q_F^N$

高生产效率企业 H_1 的利润函数：$\pi_{H_1}^N = (P^N - c_{H_1} + t) q_{H_1}^N$

低生产效率企业 H_2 的利润函数：$\pi_{H_2}^N = (P^N - c_{H_2} + t) q_{H_2}^N$

令企业利润最大化的一阶条件为零，可以得出以下均衡产量和均衡利润。

外国企业的均衡产量：$q_F^N = \dfrac{a - 3c_F + c_{H_1} + c_{H_2} - 3t}{4}$，利用 $c_{h_1} = c + g$ 和 $c_{h_2} =$

$c + 2g$ 两式代入整理得 $q_F^N = \dfrac{B + 3g - 3t}{4}$，均衡利润为：$\pi_F^N = \dfrac{(B + 3g - 3t)^2}{16}$。高

生产效率企业 H_1 的均衡产量：$q_{H_1}^N = \dfrac{a + c_F - 3c_{H_1} + c_{H_2} + t}{4} = \dfrac{B - g + t}{4}$，均衡利

润为：$\pi_{H_1}^N = \dfrac{(B - g + t)^2}{16}$。

低生产效率企业 H_2 的均衡产量：$q_{H_2}^N = \dfrac{a + c_F - 3c_{H_2} + c_{H_1} + t}{4} = \dfrac{B - 5g + t}{4}$，

均衡利润为：$\pi_{H2}^N = \dfrac{(B - 5g + t)^2}{16}$。只有满足 $\hat{t} = \dfrac{B}{3} - g$、$0 < t \le \hat{t}$ 时，才能确保
外国企业通过非股权模式产生非负的利润。

二、新建投资

外国企业通过在东道国建立工厂，当地生产和销售，外国企业此时总成
本为 $c_F q_F + f$，假定子公司的边际成本反映了母公司的边际成本 c_F，q_F 代表
外国企业在东道国销售的产量。因此三个企业的利润函数如下：

$$\pi_F^G = (P^G - c_F) q_F^G - f$$
$$\pi_{H_1}^G = (P^G - c_{H_1}) q_{H_1}^G$$
$$\pi_{H_2}^G = (P^G - c_{H_2}) q_{H_2}^G$$

---

① 参见《2011 年世界投资报告》有关非股权模式的定义。

令企业利润最大化的一阶条件为零，可以得出以下均衡产量和均衡利润。

外国企业的均衡产量：$q_F^G = \dfrac{a - 3c_F + c_{H_1} + c_{H_2}}{4} = \dfrac{B + 3g}{4}$，均衡利润为：$\pi_F^G = \dfrac{(B + 3g)^2}{16} - f$。高生产效率企业 H_1 的均衡产量：$q_{H_1}^G = \dfrac{a + c_F - 3c_{H_1} + c_{H_2}}{4} = \dfrac{B - g}{4}$，均衡利润为：$\pi_{H_1}^G = \dfrac{(B - g)^2}{16}$。低生产效率企业 H_2 的均衡产量：$q_{H_2}^G = \dfrac{a + c_F + c_{H_1} - 3c_{H_2}}{4} = \dfrac{B - 5g}{4}$，均衡利润为：$\pi_{H_2}^G = \dfrac{(B - 5g)^2}{16}$。

三、跨国并购

外国企业通过并购方式进入东道国，此时在市场上竞争的企业只有两个，外国企业的并购成本为购买目标企业的价格，这个价格应该不小于东道国企业在新建投资和非股权模式下的利润水平。此时外国企业的成本函数为并购后新企业 M 边际成本 $c_M = \theta c_F + (1 - \theta)c_i$ 乘以产量 q_M 与为了并购企业的要约价格 μ_{H_1} 或 μ_{H_2} 之和。外国企业有两种可能性，并购 H_1 或 H_2，新并购的企业记为"M"。

第一种情况：若外国企业首先并购高生产效率企业 H_1，市场只剩下并购后的企业和低效率企业，MH_1 表示购买 H_1 后的新企业，其产量和利润水平分别为：

并购后企业的均衡产量：

$$q_{MH_1}^M = \frac{a - 2c_{H_1} + c_{H_2} + 2\theta(c_{H_1} - c_F)}{3} = \frac{B + 2\theta g}{3}$$

低生产效率企业 H_2 的均衡产量：

$$q_{H_2}^M = \frac{a - 2c_{H_2} + c_{H_1} + \theta(c_F - c_{H_1})}{3} = \frac{B - \theta g - 3g}{3}$$

并购后企业的利润：

$$\pi_{MH_1}^M = \frac{(B + 2\theta g)^2}{9} - \mu_{H_1}$$

低生产效率企业 H_2 的利润：

$$\pi_{H_2}^M = \frac{(B - \theta g - 3g)^2}{9}$$

第二种情况：若外国企业首先并购低生产效率企业 H_2，市场只剩下并购后的企业和高效率企业，MH_2 表示购买 H_2 后的新企业，其产量和利润水平分别为：

并购后企业的均衡产量：

$$q_{MH_2}^M = \frac{a - 2c_{H_2} + c_{H_1} + 2\theta(c_{H_2} - c_F)}{3} = \frac{B - g(3 - 4\theta)}{3}$$

高生产效率企业 H_1 的均衡产量：

$$q_{H_1}^M = \frac{a - 2c_{H_1} + c_{H_2} + \theta(c_F - c_{H_2})}{3} = \frac{B - 2\theta g}{3}$$

并购后企业的利润：

$$\pi_{MH_2}^M = \frac{\left[B - g(3 - 4\theta)\right]^2}{9} - \mu_{H_2}$$

高生产效率企业 H_1 的利润：

$$\pi_{H_1}^M = \frac{(B - 2\theta g)^2}{9}$$

以下通过比较外国企业在各种进入模式下的利润，来分析最佳投资模式选择的条件和动力。

第一，新建投资与非股权模式的比较。外国企业在新建投资与非股权模式中的选择受采取非股权安排中合约签订和执行的一系列成本影响，当新建投资成本 f 相对较高时，对于外国企业来说就没有动力去选择以新建投资方式进入。通过比较 π_F^N 与 π_F^G，推导出可置信威胁的条件。

令 $\pi_F^N = \pi_F^G$，即 $\pi_F^N = \frac{(B + 3g - 3t)^2}{16} = \pi_F^G = \frac{(B + 3g)^2}{16} - f$，求解得：

$$f^* = \frac{3t(2B + 6g - 3t)}{16}$$

如果新建投资成本 f 小于 f^*，则外国企业的最优选择是以新建投资方式进入东道国，反之，如果 $f > f^*$，则会选择以非股权方式间接进入。

第二，在 $f < f^*$ 时，外国企业会选择以新建投资方式进入，在这个可置信威胁的条件下，探讨外国企业是否有动力去并购当地企业，如果有兴趣的话，应该并购哪种类型的企业？

对于潜在被并购企业 H_1 来说，外国企业的并购价格应不低于其保留价格，即应该满足如下条件：$\mu_{H_1} \geq \pi_{H_1}^G = \dfrac{(B-g)^2}{16}$，相应地，对于企业 H_2 来说，同样应该满足条件：$\mu_{H_2} \geq \pi_{H_2}^G = \dfrac{(B-5g)^2}{16}$。

推论1：在新建投资可置信威胁的条件下，外国企业有动力选择以并购方式进入东道国。

如果并购高生产效率企业 H_1，则并购后新企业在新建投资威胁的条件下，只要其并购利润为正，则并购的动力就是存在的。即保证 $\pi_{MH_1}^M > 0$，简单整理可得：

$$\pi_{MH_1}^M = \frac{(B+2\theta g)^2}{9} - \mu_{H_1} = \frac{(B+2\theta g)^2}{9} - \frac{(B-g)^2}{16} > 0 \tag{3.12}$$

同理，如果并购低生产效率企业 H_2，则并购后的利润为：

$$\pi_{MH_2}^M = \frac{\left[B-g(3-4\theta)\right]^2}{9} - \mu_{H_2} = \frac{\left[B-g(3-4\theta)\right]^2}{9} - \frac{(B-5g)^2}{16} > 0 \tag{3.13}$$

既然在上述条件下，外国企业并购后的利润都为正，那么外国企业究竟并购何种类型的企业呢？

如果式（3.12）大于式（3.13），则外国企业并购 H_1 的利润大于并购 H_2，令 Δ 表示 $\pi_{MH_2}^M$ 和 $\pi_{MH_1}^M$ 之差，为简化模型计算，假定 $B=1$，则有：$\Delta = \pi_{MH_1}^M - \pi_{MH_2}^M$，把式（3.12）、式（3.13）代入整理得：

$$\Delta = \pi_{MH_1}^M - \pi_{MH_2}^M = \frac{g\left[3-8\theta+3g(3+16\theta-8\theta^2)\right]}{18} \tag{3.14}$$

若式（3.14）大于零，则外国企业并购高效率企业 H_1 的利润大于并购低效率企业 H_2，反之，则选择并购 H_2 利润大于 H_1。

若 $\Delta > 0$，即 $\dfrac{g\left[3-8\theta+3g(3+16\theta-8\theta^2)\right]}{18} > 0$，如果 $0 \leq \theta \leq \dfrac{3}{8}$，$0 < g < \bar{g}$；

$\dfrac{3}{8} \leq \theta \leq 1$，$\dfrac{3-8\theta}{3(8\theta^2-16\theta-3)} < g < \bar{g}$。

若 $\Delta < 0$，即 $\dfrac{g\left[3-8\theta+3g(3+16\theta-8\theta^2)\right]}{18} < 0$，如果 $\dfrac{3}{8} \leq \theta \leq 1$，$0 < g <$

$$\frac{3-8\theta}{3(8\theta^2-16\theta-3)}。$$

综上所述可以得出，外国企业在 θ 较大（外生参数 $\theta(\theta \in [0, 1])$ 用来衡量技术转移程度），彼此技术差距（g）充分小的情况下，选择并购低效率企业 H_2 收益最大。一方面，因为 θ 较大，意味着技术转移程度较高，并购后的新企业 M 的边际成本大大降低，接近外国企业的技术水平。另一方面，并购低效率企业 H_2 的价格比高效率企业 H_1 低，因此在这种情况下，并购 H_2 对外国企业来说更为理性；反之，外国企业在 θ 较小，技术差距（g）充分大的情况下，更有动力去并购高效率企业 H_1。因为并购高效率企业的收益能够弥补较高的购买价格，因此并购 H_1 对外国企业来说更为有利。

第三，在非股权威胁的情况下，潜在并购企业 H_1 和 H_2 的并购价格分别为：

高效率企业 H_1 被并购的价格为：$\mu_{H_1} \geq \pi_{H_1}^{N} = \dfrac{(B-g+t)^2}{16}$

低效率企业 H_2 被并购的价格为：$\mu_{H_2} \geq \pi_{H_2}^{N} = \dfrac{(B-5g+t)^2}{16}$

推论2：在非股权模式可置信威胁的条件下，外国企业有动力选择以并购方式进入东道国。

如果并购高生产效率企业 H_1，则并购后新企业在非股权模式威胁的条件下，只要其并购利润为正，则并购的动力就是存在的。即保证 $\pi_{MH_1}^{M} > 0$，简单整理可得：

$$\pi_{MH_1}^{M} = \frac{(B+2\theta g)^2}{9} - \mu_{H_1} = \frac{(B+2\theta g)^2}{9} - \frac{(B-g+t)^2}{16} > 0 \quad (3.15)$$

同理，如果并购低生产效率企业 H_2，则并购后的利润为：

$$\pi_{MH_2}^{M} = \frac{[B-g(3-4\theta)]^2}{9} - \mu_{H_2} = \frac{[B-g(3-4\theta)]^2}{9} - \frac{(B-5g+t)^2}{16} > 0$$

$$(3.16)$$

如果式（3.15）大于式（3.16），则外国企业并购 H_1 的利润大于并购 H_2，令 Δ 表示 $\pi_{MH_2}^{M}$ 和 $\pi_{MH_1}^{M}$ 之差，为简化模型计算，假定 $B=1$，则有：$\Delta = \pi_{MH_1}^{M} - \pi_{MH_2}^{M}$，把式（3.15）、式（3.16）代入整理得：

$$\Delta = \pi_{MH_1}^{M} - \pi_{MH_2}^{M} = \frac{g[3-8\theta+3g(3+16\theta-8\theta^2-9t)]}{18} \quad (3.17)$$

若式（3.17）大于零，则外国企业并购高效率企业 H_1 的利润大于并购低效率企业 H_2，反之，则选择并购 H_2 利润大于 H_1。

若 $\Delta > 0$，即 $\dfrac{g[3 - 8\theta + 3g(3 + 16\theta - 8\theta^2 - 9t)]}{18} > 0$，满足如下条件：

$$\theta = 0$$

$$0 < \theta < \frac{1}{3}$$

$$0 < g \leqslant \frac{1}{6 - 3\theta} \text{ 且 } 0 < t < \bar{t}$$

$$\frac{1}{6 - 3\theta} < g < \bar{g}$$

$$\frac{1}{3} \leqslant \theta \leqslant \frac{3}{8}$$

$$\frac{3}{8} \leqslant \theta \leqslant 1 \text{ 且 } \frac{3 - 8\theta}{3(8\theta^2 - 16\theta - 3)} < g < \bar{g}$$

否则，$\dfrac{g[3 - 8\theta + 3g(3 + 16\theta - 8\theta^2 - 9t)]}{18} < 0$，此时，$\hat{t} = \dfrac{3 + 9g - 8\theta + 48g\theta - 24g\theta^2}{9}$。

综上可以得出，随着非股权合约执行成本（t）的提高，对外国企业选择以跨国并购方式进入东道国的成本提高，但对高效率企业与低效率企业的影响幅度是有差异的。因为：$\dfrac{\partial \mu_{H_1}}{\partial t} = \dfrac{\partial \pi_{H_1}^N}{\partial t} > \dfrac{\partial \pi_{H_2}^N}{\partial t} = \dfrac{\partial \mu_{H_2}}{\partial t} > 0$，此时，并购高效率企业的成本更高。

第三节　制度距离与企业对外投资模式选择

本节主要探讨外国企业与东道国企业的制度质量以及外国企业的异质性对跨国企业海外投资模式的影响机制。为了简化，假设世界只有两个国家，国内和国外，劳动为唯一的生产要素。参照 Helpman 等（2004）[1]、Xue（2011）[2]

---

[1] Helpman, E., Melitz, M. J. and Yeaple, S. R. "Export versus FDI with Heterogeneous Firms." American Economic Review, 2004.

[2] Xue G L. JCER and IWEP. Heterogeneity, Institutional Quality and the Entry Mode of Outward FDI, Working Paper, 2011.

的研究思路，代表性消费者具有相同偏好的函数设定为：

$$X_j = \left[\int_{i \in \Omega_i} q(i)^{\frac{\sigma_i-1}{\sigma_i}} di \right]^{\frac{\sigma_i \beta}{\sigma_i-1}} q_0^{1-\beta}, \quad \sigma_i > 1$$

其中 $q(i)$ 表示差异化产品 i 的消费量，q_0 表示相似产品的消费量，差异化产品的总的消费量是一个不变替代弹性函数，任何两个差异化产品的替代弹性为 σ_i。根据 $C-D$ 生产函数的特征，β 表示总收入 $E_l (l \in (d, f))$ 中差异化产品的支出份额。

差异化产品的效用函数为：$\left[\int_{i \in \Omega_i} q(i)^{\frac{\sigma_i-1}{\sigma_i}} di \right]^{\frac{\sigma_i}{\sigma_i-1}}$，预算约束为：$\sum_{v=1}^{n} p(i) q(i) = \beta E$。在预算约束下，由效用函数最大化原理，求解得差异化产品的逆需求函数为：$q(i) = \frac{\beta E p_i^{-\sigma_i}}{P^{1-\sigma_i}}$，其中 $P = \left[\int_{i \in \Omega_i} P(i)^{1-\sigma_i} di \right]^{\frac{1}{1-\sigma_i}}$ 表示总价格指数。

第一种情况：在国家层面上考察。企业生产差异化产品可以在国内（d）也可以在外国（f）生产，国内外生产区位在工资与制度环境方面存在显著的差异。w_1，$l \in (d, f)$ 表示工资率；γ_1，$l \in (d, f)$ 表示制度水平。因此，$w = \frac{w_f}{w_d}$ 表示相对工资；$\gamma = \frac{\gamma_f}{\gamma_d}$ 表示相对制度差异。知识存量是影响生产率的重要因素。根据 Leamer 和 Storper（2001），知识一般以两种形式存在，即显性知识和隐性知识，显性知识可以自由流动、自由传播；而隐性知识通常内化在特定环境中，必须通常面对面的交流和学习才能取得，在制度水平和文化差异存在的情况下，各国知识存量具有显著的不同。以 A_1，$l \in (d, f)$ 表示知识存量，$A = \frac{A_f}{A_d}$ 定义为外国相对知识存量。

第二种情况：在产业层面上考察。潜在进入者需要支付固定的进入成本 f_e，这部分成本基本上是沉没成本。固定成本的大小取决于制度质量的高低。除了固定进入成本以外，企业还面临对外投资不同模式的组织成本。非股权模式、并购模式和新建投资模式的固定组织成本定义为：f_n、f_m 和 f_g。如果企业选择非股权合约方式，在合约签订和执行等一系列操作中面临不同的成本，如果签订 $\tau > 1$ 单位的产品合约，因为在合约完成前后，需要长途运输，正如在出口贸易中一样，会面临 $\tau - 1$ 单位的产品损耗。

第三种情况：在企业层面上考察。在同一产业和相同制度水平的背景下，因为企业特定能力的差异而导致企业生产率的不同。企业特定能力（用ς表示）包括各个方面，诸如企业战略、管理才能、对东道国制度的适应能力等。

基于上述三种情况的分析，企业在进入东道国之前的潜在生产率定义如下：

$\theta = \varsigma_l f_e^{\gamma_l} A_l^{\phi}$，$l \in (d, f)$，其中ς、$\phi$、$\gamma_l$，$l \in (d, f)$ 为不变参数，$0 < \gamma_l < 1$，γ_l 越大表示制度水平越高。至于具体的对外投资模式，假定企业以非股权模式和新建投资模式进入海外市场时，利用企业原有的生产率水平；而在并购方式下，企业生产率水平取决于两个并购企业整合后新的生产效率水平，但此时会面临两个并购企业的整合协调成本，假定成本为 z。

考虑到不同投资模式下的特殊性，可以把非股权模式、并购模式和新建投资模式下的生产率水平定义如下：

非股权模式下的生产率水平：$\theta_n = \varsigma_d f_e^{\gamma_d} A_d^{\phi}$　　　　　　　　(3.18)

并购模式下的生产率水平：$\theta_m = z \varsigma_f f_e^{\gamma_f} A_f^{\phi}$　　　　　　　(3.19)

新建投资模式下的生产率水平：$\theta_g = \varsigma_d f_e^{\gamma_f} A_d^{\phi}$　　　　(3.20)

由于假设劳动是唯一的要素投入，并购与新建投资的边际成本为：$\theta = \dfrac{w_f}{c}$

即 $c = \dfrac{w_f}{\theta}$，非股权安排的边际成本为：$c = \dfrac{\tau w_d}{\theta}$。当企业对外直接投资时采取并购和新建投资时其差异化产品的价格为：$p_i = \dfrac{w_f}{\alpha_i \theta}$；非股权安排的价格为：

$p_i = \dfrac{\tau w_d}{\alpha_i \theta}$。根据需求函数与差异化产品的边际成本，可以得出其一般利润函数：

$$\pi = (p_i - MC) q_i = \frac{1}{\sigma_i} \frac{\beta E(p_i)^{1-\sigma_i}}{P^{1-\sigma_i}} = \frac{\beta E P^{\sigma_i - 1}}{\sigma_i \alpha_i^{1-\sigma_i}} \left(\frac{\theta}{w_l}\right)^{\sigma_i - 1} = N \left(\frac{\theta}{w_l}\right)^{\sigma_i - 1} \quad (3.21)$$

令 $N = \dfrac{\beta E P^{\sigma_i - 1}}{\sigma_i \alpha_i^{1-\sigma_i}}$ 代表差异化产品的残余需求。把式（3.18）、式（3.19）、式（3.20）三式分别代入式（3.21），得出新建投资、并购和非股权安排的利润函数：

新建投资的利润函数：$\prod_g = N\left(\dfrac{\varsigma_d f_e^{\gamma f} A_d^{\phi}}{w_f}\right)^{\sigma_i-1} - w_f(f_e + f_g)$ （3.22）

并购的利润函数：$\prod_m = N\left(\dfrac{z\,\varsigma_f f_e^{\gamma f} A_f^{\phi}}{w_f}\right)^{\sigma_i-1} - w_f(f_e + f_m)$ （3.23）

非股权安排的利润函数：$\prod_n = N\left(\dfrac{\varsigma_d f_e^{\gamma d} A_d^{\phi}}{w_d \tau}\right)^{\sigma_i-1} - w_f(f_e + f_x)$ （3.24）

在式（3.22）、式（3.23）、式（3.24）的基础上，可以计算出企业在不同投资模式下的制度质量的"门槛"水平：

$$f_e^{\gamma g(\sigma_i-1)} = \frac{w_f(f_e + f_g)}{N\left(\dfrac{\varsigma_d A_d^{\phi}}{w_f}\right)^{\sigma_i-1}}$$ （3.25）

$$f_e^{\gamma m(\sigma_i-1)} = \frac{w_f(f_e + f_m)}{N\left(\dfrac{z\,\varsigma_f A_f^{\phi}}{w_f}\right)^{\sigma_i-1}}$$ （3.26）

$$f_e^{\gamma n(\sigma_i-1)} = \frac{w_f(f_e + f_x)}{N\left(\dfrac{\varsigma_d A_d^{\phi}}{w_d \tau}\right)^{\sigma_i-1}}$$ （3.27）

以下比较三种模式下的利润函数，令新建投资利润等于并购利润，并购利润等于非股权安排利润；新建投资利润等于非股权安排利润，从而得出其临界值。由式（3.22）、式（3.23）和式（3.24），令其任意两式相等，结果如下：

非股权与并购利润相等时：

$$f_e^{\gamma nm(\sigma_i-1)} = \frac{w_f(f_m - f_x)}{N\left[\left(\dfrac{z\,\varsigma_f A_f^{\phi}}{w_f}\right)^{\sigma_i-1} - \left(\dfrac{\varsigma_d A_d^{\phi}}{w_d \tau}\right)^{\sigma_i-1}\right]}$$ （3.28）

非股权与新建投资利润相等时：

$$f_e^{\gamma ng(\sigma_i-1)} = \frac{w_f(f_g - f_x)}{N\left[\left(\dfrac{\varsigma_d A_d^{\phi}}{w_f}\right)^{\sigma_i-1} - \left(\dfrac{\varsigma_d A_d^{\phi}}{w_d \tau}\right)^{\sigma_i-1}\right]}$$ （3.29）

并购与新建投资利润相等时：

$$f_e^{\gamma mg(\sigma_i-1)} = \frac{w_f(f_g - f_m)}{N\left[\left(\dfrac{\varsigma_d A_d^{\phi}}{w_f}\right)^{\sigma_i-1} - \left(\dfrac{z\,\varsigma_f A_f^{\phi}}{w_f}\right)^{\sigma_i-1}\right]}$$ （3.30）

一国制度水平高低可以影响企业的进入成本和组织成本，进而影响企业的生产效率，正如 Melitz（2003）研究的结论一样，即生产效率的高低决定着企业进入海外市场的模式选择。通过式（3.25）～式（3.30）计算的制度门槛水平和临界值，判断企业最佳投资模式的选择。

当前中国的对外直接投资，一方面，利用传统发达国家的 FDI 理论指导实践，即对外直接投资时先投向经济发展水平和中国相当甚至比中国还要差的国家，符合邓宁的折衷理论；另一方面，利用资源获取型相关理论，诸如 Mathen（2006）提出的 LLL 分析框架，分析发展中国家向发达国家进行逆向投资的动机和条件。正如王凤彬、杨阳（2010）[①] 的观点：当企业涉足多个不相关或若相关的多元文化领域时，需要为其不同类型或行业群的海外投资活动设计出相应的具体可行的 FDI 模式。

以下根据上述门槛水平和临界值具体分析企业的最佳投资模式的选择条件和适用范围。

第一种情况：顺向投资，即投向比中国经济发展水平低的东道国，假设 $\frac{w}{\tau} < z \varsigma A^{\phi} < 1$。$z \varsigma A^{\phi} < 1$ 表示在并购模式下，东道国生产效率比母国低；$\frac{w}{\tau} < 1$ 表示东道国要素成本比母国低。总体来说，东道国在要素成本方面的优势不足以弥补在生产效率上的劣势。如果非股权模式、并购与新建投资的固定组织成本满足：

$$\frac{f_e + f_n}{\left(\frac{w}{\tau}\right)^{\sigma_i - 1}} < \frac{f_e + f_m}{(z \varsigma A^{\phi})^{\sigma_i - 1}} < \frac{f_g - f_m}{1 - (z \varsigma A^{\phi})^{\sigma_i - 1}}$$

如果 $\gamma_f < \gamma_d < \gamma_n$，则企业推出国内市场；如果 $\gamma_n < \gamma_f < \gamma_d < \gamma_{mn}$，则非股权安排是最优的投资模式；如果 $\gamma_{mn} < \gamma_d < \gamma_f < \gamma_{mg}$，则并购是最优的投资模式；如果 $\gamma_{mg} < \gamma_d < \gamma_f$，则新建投资是最优的投资模式。

第二种情况：逆向投资，即投向比中国经济发展水平高的东道国，假设 $1 < \frac{w}{\tau} < z \varsigma A^{\phi}$。$1 < z \varsigma A^{\phi}$ 表示在并购模式下，东道国生产效率比母国高；

---

① 王凤彬，杨阳. 我国企业 FDI 路径选择与"差异化的同时并进"模式 [J]. 中国工业经济，2010（2）.

$1 < \dfrac{w}{\tau}$ 表示东道国要素成本比母国高。总体来说，东道国在生产效率上的优势大于在要素成本方面的劣势。如果非股权模式、并购与新建投资的固定组织成本满足：

$$\frac{f_m - f_x}{\left(z \varsigma A^{\phi} \right)^{\sigma_i - 1} - \left(\dfrac{w}{\tau} \right)^{\sigma_i - 1}} < \frac{f_e + f_m}{\left(z \varsigma A^{\phi} \right)^{\sigma_i - 1}} < \frac{f_e + f_n}{\left(\dfrac{w}{\tau} \right)^{\sigma_i - 1}} < f_e + f_g$$

如果 $\gamma_d < \gamma_f < \gamma_m$，则企业退出国内市场；如果 $\gamma_m < \gamma_f < \gamma_d < \gamma_n$，则并购是最优的投资模式；当 γ_d 与 γ_f 满足 $f_e^{\gamma_f(\sigma - 1)} < \dfrac{w_f (f_m - f_x)(w_d \tau)^{\sigma - 1} + N (\varsigma_d f_e^{\gamma_d} A_d^{\phi})^{\sigma - 1}}{N \left[\left(\dfrac{z \varsigma_f A_f^{\phi} \tau}{w} \right) \right]^{\sigma_i - 1}}$，非

股权安排是最优的投资模式。

第四章 非股权安排的内涵及影响因素

对外投资模式选择是企业进入海外市场的第一步，究竟选择何种投资模式取决于众多因素的相互权衡，选择的好坏关系企业未来的经营绩效和长期战略能否实现等一系列重大问题。本书遵循 Pan 和 Tse（2000）[①] 分类方法，即把企业对外投资模式的选择分为两个阶段：第一阶段，在股权安排和非股权两种模式中进行选择。股权安排包括合资、全资、并购和新建四种方式；非股权安排主要采用合约方式，不直接持有股权，主要包括服务外包、订单农业、特许经营、许可经营、管理合约等方式。在这种安排下，企业与东道国市场的关系是建立在合约基础之上，资源承诺程度较低，且风险较小（Peng，2009）。第二阶段，在第一阶段选择股权安排的基础上，再确定海外子公司的股权比例（采用合资还是全资的方式）。企业可能选择全资的股权模式，例如，在东道国市场新建一个企业（新建投资）或完全并购现有企业，这种形式要求企业资源投入的规模较大，且承担的风险增大（Razin & Sadka，2007）；企业也可能选择分享的股权模式，比如合资或部分并购形式。

本章首先分析了中国企业对外投资模式选择的现状，从股权比例和建立方式两个方面进行阐述；其次从 Peng 等（2009）提出的"战略三支柱理论"框架出发[②]，探寻适合解释中国跨国企业对外投资实践的理论框架与假设；最后针对第二节提出的 11 个假设条件，选择中国对外投资企业 70 家作为样本，时间跨度为 2002 年 1 月至 2011 年 12 月之间，共 401 个对外投资数据进行实证检验。

第一节　中国企业对外投资非股权安排的内涵

对外投资模式的选择是企业国际化战略一个重要的组成部分，通常认为来自发展中国家的大部分跨国企业倾向选择合资模式，因为这种模式有助于降低风险和成本，同时增加向国外合作伙伴学习的机会（Kumar，1984）。而

---

① Pan Y. , Li S. , Tse D. The impact of order and mode of market entry on profitability and market share [J]. Journal of International Business Studies，2000.

② 所谓"战略三支柱理论"框架是 Peng 等（2009）提出，旨在用来解释企业战略选择的影响因素，企业采取何种战略受制度因素、企业资源和公司战略导向的多重因素的影响。

Yeung（1994）研究发现，来自亚洲的发展中国家的跨国企业通常选择以全资和占股权份额较高的合资形式为主。企业选择以较高的股权模式似乎与母国经济发展阶段有显著正相关关系。随着母国国际化经验的累积和管理能力的提升，特别是企业竞争力的提高等因素都会使得企业有强烈动机选择以高的股权安排来保护其拥有的所有权优势。企业最终选择以何种方式进入东道国，是选择股权安排还是非股权安排，产业特征效应也是影响因素之一。Tallman 和 Shenkar（1994）的一项研究揭示了韩国中小企业在技术密集型产业的对外投资模式选择问题。研究发现，在高技术密集型行业，企业偏好选择非股权模式，而在低技术密集型行业，企业倾向选择股权安排的合资方式。

企业的国际化能否成功取决于其海外市场的投资模式选择。对外投资模式可以认为是母公司在国外市场所选择的一种制度安排，对外投资模式选择是影响未来企业运营的最关键因素之一（Kumar & Subramaniam，1997）。

一、中国对外投资的总体特征

（一）对外投资总量

1978 年改革开放以来，中国作为一个开放的吸引 FDI 的大国形象已为世界所熟知，这部分解释了中国经济的快速稳步发展和整体经济上的崛起。随着中国经济的突飞猛进，一个崭新的趋势渐渐显现，过去 FDI 主要是从所谓发达国家流向发展中国家，尽管目前这种态势仍在持续，但不容忽视的是中国开始通过兼并、收购和新建投资在全球对外直接投资中的份额逐步增大。具体如图 4 - 1 所示。

中国对外直接投资保持了快速增长趋势和活力。即使在 2009 年全球金融危机影响下，中国经济依旧保持快速增长，2009 年随着中国企业国际投资合作的增加，带动对外直接投资流出额达到 565.3 亿美元，2011 年中国对外直接投资流量为 746.5 亿美元，较 2010 年增长 8.5%。2002 ~ 2011 年，我国对外直接投资年均增速高达 45%，2011 年流量 745.6 亿美元，是 2002 年的27.6 倍，全球排位从第 26 位上升至第 6 位，创下中国对外直接投资十年连续增长的纪录（石资明，2012）。

图 4 - 1　中国 1990 ~ 2011 年对外直接投资流量

资料来源：中国商务部和各年对外直接投资公报。

　　未来全球对外投资形势依然充满了不确定性，根据 2012 年《世界投资报告》的数据，2012 年前 5 个月，跨国并购与绿地投资（又称新建投资，是指跨国公司等投资主体在东道国境内依照东道国的法律设置的部分或全部资产所有权归外国投资者所有的企业）数额下跌。并购公告的减少也表明 FDI 流量在本年余下几个月将持续疲软。长期展望显示全球 FDI 增势稳健，如果不发生宏观经济动荡，全球 FDI 将在 2013 年达到 1.8 万亿美元，2014 年达到 1.9 万亿美元。当前和今后一个时期，中国经济将继续保持健康发展势头，对外投资将在现有基础上保持大幅度增长态势。

　　2009 年，中国成为仅次于美国的第二大外资流入国，共接受外资存量已达近 10000 亿美元。与吸引外资体量相比，中国在对外投资方面一直是个微不足道的配角，如表 4 - 1 所示，由于历史原因，中国对外直接投资存量依然较低，但近期流量的增速十分突出。从 2007 年仅占世界流量 1% 左右，增加到 2009 年的 4.8% 和 2011 年的 4.4%，中国在世界对外直接投资存量的排名直线上升。联合国贸发会议（UNCTAD）《2012 年世界投资报告》显示，2011 年全球外国直接投资流出流量 1.69 万亿美元，年末存量 21.17 万亿美元，以此为基期进行计算，2011 年中国对外直接投资分别占全球当年流量、存量的 4.4% 和 2%，2011 年中国对外直接投资流量名列按全球国家（地区）排名的第 6 位，存量居第 13 位。中国对外直接投资占比远远大于新兴经济体大国——印度，但大大低于美国。虽然与一些发达国家存在差距，但中国对外投资的增势不容小觑。根据邓宁的投资发展周期理论（IDP 理论），即把一国对外直接投资分为四个阶段，对外投资净额与 GDP 呈正比例关系，即人均 GDP 越高，对外直接投资净额越大。当前外国人均 GDP 已达 5000 美元以上，处于对外直接投资的第四阶段，按照理论，此时的对外直接投资流出量超过流入量，净对外直接投资额为正且呈增大趋势。如果按照荣大聂、韩其洛（2012）① 的预测，到 2020 年中国对外直接投资规模将达到 1 万亿～2 万亿美元。也有学者预测中国在 2020 年直接投资资产将高达 5 万亿美元。

表 4–1　　　2006～2011 年各国对外直接投资占全球对外投资流量的比例　　　单位：%

国家	2006 年	2007 年	2008 年	2009 年	2010 年	2011 年
美国	15.8	17.9	15.7	22.7	21	23.4
日本	3.6	3.3	6.5	6.4	3.9	6.7
英国	6.1	12.4	8.2	3.8	2.7	6.3
法国	7.8	7.5	7.9	9.1	5.3	5.3
印度	1	0.89	0.98	1.4	0.9	0.87
俄罗斯	1.6	2.1	2.8	3.7	3.6	4
中国	1.5	1	2.6	4.8	4.7	4.4

资料来源：2012 年《世界投资报告》，由笔者计算而得。

2002 年，中国对外直接投资仅为 27 亿美元，而 2011 年，这一数字被改写为 746.5 亿美元，同比增长 8.5%，再创年度投资流量的历史新高。其中非金融类投资达到 685.8 亿美元，同比增长 14%。2002～2011 年，中国对外直接投资年均增长速度为 44.6%。投资存量突破 4000 亿美元，但与发达国家仍有较大差距。截至 2011 年年底，中国对外直接投资累计净额（存量）达 4247.8 亿美元，居全球第 13 位，较上年末提升 4 位。但与发达国家相比，由于中国对外直接投资起步较晚，仅相当于美国对外投资存量的 9.4%，英国的 24.5%，德国的 29.5%，法国的 30.9%，日本的 44.1%（中国对外直接投资统计公报，2011）。

─────────────

① 荣大聂，韩其洛. 敞开美国大门，充分利用中国海外直接投资 [R]. 亚洲协会美中关系中心，2012.

（二）中国企业海外投资"龙指数"

2007 年全球金融危机以来，在全球经济一片萧条的背景下，中国经济却表现良好，中国企业海外投资的热情大增，希望利用此次机会，开展大规模的海外并购，以合适的价格购买优质的海外资产。在全球金融危机影响下，海外资产估值较以往偏低，海外"抄底"机会来临，我国进入大规模海外投资阶段。其中，2008 年投资规模比 1980 ~ 2005 年的总和还多。根据"龙指数"① 的测算，在 2001 ~ 2011 年中国对外直接投资占本国 GDP 比例增长了一倍。如图 4 - 2 所示，"龙指数"在 2001 ~ 2003 年间从 1000 点降到 765 点，体现了中国在此期间全球化进程的缓慢。

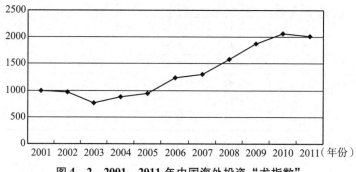

图 4 - 2　2001 ~ 2011 年中国海外投资"龙指数"

中国自从 1999 年提出"走出去"战略以来，特别是在"十一五"期间，中国对外直接投资增长势头迅猛，"龙指数"从 2006 年的 1239 点激增至 2010 年的 2069 点。2011 年由于国际环境不确定性增强，"龙指数"从 2069 点回落至 2015 点。据"龙指数"预测在"十二五"期间于 2016 年达到 4400 点，年增长 16.9%，意味着中国在"十二五"期间的 5 年里对外投资将至少增加 8000 亿美元。

---

① "龙指数"是首只跟踪中国全球海外投资的指数。该指数旨在反映中国对外投资进程的参考指标，主要追踪中国自 2001 年加入世界贸易组织后的全球化进程速度。龙指数具体计算方法为：中国海外投资存量对比本国国民生产总值的增长速度。

二、股权特征

　　研究发展中国家跨国企业国际化的相关文献表明，小股权合资模式是企业偏好的海外投资进入模式（Wells，1983；Yeung，1994）。其原因是企业的技术和特定知识水平较低，没有采取全资控股的必要（Dunning，1993）。这种现象在中国早期对外直接投资活动中也是普遍存在的，根据商务部统计数据显示，在20世纪90年代初，大约70%的中国企业采取合资方式进行跨国经营。Zhang（1995）研究发现，中国企业海外投资偏好的股权安排比例在40%～70%之间，尤其在自然资源和与制造业部门相关的项目中。其原因有很多：一种解释是基于政府的视角。中国政府对企业海外投资有一套严格的审查程序，一般来说政府建议企业采取合资的股权投资模式。当初中国在引进外资时，要求外资采取与中国企业合资的方式进行相关活动，通过与外商合资，中国企业获取了大量技术和管理经验，为此中国企业在进行海外投资时，政府依然认为，采取合资可以减少风险，获取更大的利益（Wang，2002）；另一种解释是基于企业自身视角。由于国内资本市场缺乏效率，且融资成本过高，导致中国企业很难获得充分的资金去购买海外资产，因此选择与海外投资伙伴合资的方式。这种投资模式对东道国企业具有一定的控制力，同时也可以避免来自东道国的政治和商业风险，最大限度地利用合资企业当地化的管理经验、市场的熟悉和成熟的分销渠道（Taylor，2002）。

　　从20世纪90年代中期以后，中国企业海外投资的股权安排开始出现变化，全资模式逐渐取代合资模式，全资比重从1991年的30%提高到2001年的61%。股权比重的变化一方面反映出中国企业所有权优势的逐渐增强，企业的信心大增，面临来自全资模式带来的风险有更好的应对策略，也部分反映出中国企业特定投资项目的战略考虑；另一方面全资模式的广泛采用反映出企业融资渠道的畅通和成本的降低。随着中国政府鼓励企业"走出去"战略实施以来，国家放宽对企业海外投资资金的审批，使一些国有企业融资成本降低，更有实力为了国家战略的需要而选择以全资方式进行海外投资（Whalley，2006），从而减少了对合资方式的依赖。随着企业跨国并购交易量的增加，同样导致在东道国市场采取全资股权模式的增加。2011年中国以并购方式实现的直接投资 272 亿美元，占流量总额的 36.4%，并购领域以采矿业、制造业、电力生产和供应业为主。卢玉彪（2012）[①] 研究发现，全球宏观经济不景气并没有严重影响中国的海外并购交易。2012 年上半年的海外并购交易数量基本与 2011 年处在同一水平。并购以资源和能源领域的交易为主导，占总数量的 44%。这一领域的交易在金额上也占了很高比重，在 2012 年上半年披露的 9 宗交易金额大于 10 亿美元的海外并购交易中，其中 7 宗为资源和能源领域交易。2012 年万达集团与美国第二大院线集团 AMC 签署并购协议，并购金额高达 26 亿美元，包括购买 100% 股权和承担债务两部分，这也是由一家私人控股的中国公司进行的最大规模的海外收购。

海外投资风险增加，虽然造成亏损的原因众多，但从海外投资模式的视角分析，就是要转变目前的对外投资模式，不能单纯追求以全资模式进入，要尽量选用小股权模式循序渐进地进入。在当前世界经济形势不明朗的情况下，及时选择合适的投资模式不失为一个明智之举。龙博望（2012）认为，通过小股权投资走出去，先跟对方建立一个战略性的合作关系，在这种关系的基础上打通各个脉络，才能寻求更好的发展。目前小股权交易正越来越受到中国投资者的青睐，从 2012 年第二季度数据来看，小股权交易首次占据主体，占总交易额的 70%，再次延续了 2011 年第一季度出现的新趋势。对于一些不供出售的优质资产，小股权投资作为有效的进入并同时减少整合及外国合作伙伴抵触风险的方式，正受到越来越多的认可。中国企业海外并购不再一味追求全额股权并购的趋势将越来越明显。根据张钰函（2013）[②] 的研究，中国在制造业领域的 1800 个左右的并购案例表明，2010 年之前大概有 90% 的制造业企业在海外投资活动时寻求全额或多数股权并购，但最近几年这种模式开始发生变化，企业寻求少数股权投资的现象日益明显，特别在清洁能源、石油和其他能源行业的海外投资并购活动中绝大多数都采用少数股权这一趋向理性化的海外投资方式。

---

① 卢玉彪. 中国海外并购逆市上扬 [J]. 中国对外贸易，2012（9）.
② 张钰函. 对中国企业海外并购的建议 [EB/OL]. FT 中文网，2013.

三、建立方式

企业对外投资模式包括股权比例和建立方式。建立方式即指新建投资和跨国并购两种类型。中国企业的跨国并购增长迅猛，虽然新建投资仍是中国企业的主要对外投资方式，但近年来，跨国并购事件不断上升，2009 年，跨国并购投资占中国企业对外投资的 34%，2010 年达到 43.2%，2011 年为44%，而 2003 年仅占 18%。根据国际贸易促进委员会（2012）的一项调查显示，参与调查的企业在"最近设立的海外分支机构"中有 69.6% 为独资新建投资，20.3% 为合资新建投资，而并购项目仅占 10.1%，说明中国企业对外投资的形式仍以新建投资占主导。同时针对不同区域所选择的投资模式也是有差异的。参与调查企业在欧美发达国家采取独资新建投资占比为 72%，兼并收购为 12%，合资新建投资比重为 16%。但是根据 Hanemann（2012）的研究却发现，中国在 2000~2012 年对美国的直接投资在投资金额上主要以并购为主，新建投资微不足道。而在非洲还是以独资新建投资为主，占比为74%，但与欧美发达国家不同的是，其合资新建投资占比提高，达 26%。

针对不同行业的具体特征，其对外投资模式选择也有所不同。根据国际贸易促进委员会（2011）的调查数据显示，就制造业对外投资方式而言，调查显示有 62% 的企业选择以新建投资方式进行对外投资，明显变化的是并购模式在制造业对外投资中的比重提升，占 24%，高于在 2010 年所有受访企业中所占的 15% 的比重，说明制造业企业与其他行业相比，较多地采取并购模式。而对于采矿业来说，使用较多的投资模式为新建和并购，采用并购方式的企业达到 31%，高于受访企业的平均水平。采矿业的典型特征是项目金额较大，建立周期较长，采取并购的方式容易获得当地经营的合法性且能够较快地进入生产阶段，有利于获取东道国资源项目的最大利益。

就新建投资方式而言，中国与主要发达国家相比差距明显，如表 4-2 所示，尽管中国新建投资交易金额逐年有所增加，尤其在 2008 年增幅显著，但相比英国、德国、美国等传统的对外投资大国而言，仍显得微不足道。但针对跨国并购方式而言，中国与传统对外投资强国的差距在缩小。2005 年美国企业跨国并购成交数量是中国的 20 倍，而到了 2011 年仅为中国的 8 倍，同时中国与新加坡之间的差距发生质的改变，在 2009 年中国企业跨国并购成交数量就已经超过新加坡，且这种增加趋势仍将延续，如表 4-3 所示。

表 4-2　　　　　　中国企业海外投资项目交易金额（新建投资）　　　单位：百万美元

国家	2005 年	2006 年	2007 年	2008 年	2009 年	2010 年	2011 年
中国	10009	17490	32765	51477	30512	32880	39718
法国	34215	50280	57751	92633	66125	52956	49747
德国	56251	74440	79609	103347	75729	71884	70841
英国	59901	61290	82586	114598	80018	80461	71865
美国	155324	171089	139821	270977	174079	146165	157714
日本	51635	83141	74110	98536	65798	65888	75551
新加坡	6358	12125	14526	21444	12985	8631	12844

资料来源：根据《2012 年世界投资报告》相关数据整理。

表 4-3　　　　　　　　　　中国企业跨国并购成交数量　　　　　　单位：个

国家	2005 年	2006 年	2007 年	2008 年	2009 年	2010 年	2011 年
中国	45	38	61	69	97	150	143
法国	253	265	404	381	191	226	252
德国	226	229	264	286	196	137	255
英国	544	681	814	600	231	351	456
美国	897	1063	1241	1085	582	891	1147
日本	126	137	161	185	160	198	265
新加坡	134	100	129	78	74	139	124

资料来源：根据《2012 年世界投资报告》相关数据整理。

　　近年来，特别是金融危机之后，中国企业跨国并购数量剧增（如表 4-4 所示），已经引起了世界的强烈关注。根据普华永道（2013）的研究数据，中国企业（不包括香港、澳门、台湾地区）跨国并购交易总金额从 2011 年的 424 亿美元增至 2012 年创纪录的 652 亿美元，增幅达 54%。

表4-4　　　　　　　　　　中国企业新建投资数量　　　　　　　　　　单位：个

国家	2005 年	2006 年	2007 年	2008 年	2009 年	2010 年	2011 年
中国	131	127	223	282	340	357	407
法国	656	736	944	1109	1013	853	806
德国	1053	1299	1347	1541	1384	1420	1465
英国	863	1102	1104	1441	1376	1384	1516
美国	2773	3163	2910	3727	3122	3293	3546
日本	807	851	746	1187	856	963	1020
新加坡	85	114	99	188	124	106	113

资料来源：根据《2012 年世界投资报告》相关数据整理。

中国企业全球化策略因股权性质不同而存在显著差异。国有企业走出去时间较私有企业早，但典型的形式是作为具有国外销售和分销渠道的商品和服务出口商。根据商务部的一项研究发现，仅有 35% 的受访企业在国外拥有完全成熟的运营体系。民营企业主要在 2000 年以后才开始走出去，但在国外拥有成熟的商业运营体系者占受访企业的 60%。目前国有企业海外投资仍主要是为了获取自然资源和资金资源。在投资的区位选择上，亚洲是最重要的目的地，对非洲的投资迅速升温，对欧美国家的投资逐步增加，对拉美地区投资异军突起，在投资方式上，国有企业主要采取兼并收购拓展海外业务，私有企业则是通过新建投资和合资（中国企业发展报告，2012）。但未来这一模式将会改变，国有企业将增加其新建投资方式，私有企业则将减少新建投资和合资，增加其兼并收购。联合国贸易与发展会议《2011 年世界投资报告》显示，至 2011 年中国对外直接投资（包括并购、新建投资、合资）年均增速达到 40.15%，远高于同期亚太地区 13.1% 的增速。2011 年，中国对外绿地投资整体增长超过并购资金的增长（赖易平，2012）。另外，根据 2012 年经济咨询公司荣鼎咨询的一项研究预测，2010～2020 年间，中国对外直接投资将达 1 万亿～2 万亿美元，预计其中约有 1/4 将通过并购或者新建投资方式流向欧洲。

四、中国企业海外投资方式

近年来中国企业在发达国家的投资开始大幅度增加，特别是在并购市场，中国企业"走出去"的主要方式开始转向以并购来自发达国家的战略性资源为主要目的。2002 年，中国在制造业领域的并购数量为 17 宗，平均交易额度为 0.51 亿美元。但是 2011 年并购数量攀升至 109 宗，平均交易额度为 1.29 亿美元。综观全球，虽然中国国有企业在大型制造业并购案例中较活跃，但是私有企业的角色越来越明显（见表 4 - 5）。

表 4 - 5　　　　　　　　2012 年中国企业主要海外投资项目

时间	收购企业	被收购企业
1 月 3 日	中国石油化工集团公司	戴文能源公司（美国）
1 月 20 日	腾讯	新加坡网游公司
1 月 31 日	三一重工	以德国普茨迈斯特公司
2 月 2 日	国家电网	葡萄牙国家能源网公司
2 月 17 日	中国五矿	Anvil 矿业有限公司
2 月 21 日	中海油	图洛石油公司
5 月 21 日	万达集团	美国 AMC 影院公司
6 月 5 日	汉能控股集团	德国 Q - Cells 薄膜的一个子公司
6 月 9 日	华谊兄弟	与美国传奇影业公司建立合资公司
7 月 25 日	中石油	法国苏伊士环能集团
11 月 7 日	中信证券	以 12.52 亿美元收购里昂证券
12 月 8 日	中国海洋石油公司	以 151 亿美元收购加拿大尼克森公司
12 月 11 日	万向集团	收购美国 A123 系统公司

资料来源：根据中国经营报以及公司网站整理而成。

越来越多的证据显示，民营企业将成为企业海外并购活动的重要推动力量，其中民营企业交易活动总额在 2012 年增长了 171%，总额达到 255 亿美元，接近国有企业发起的交易总额 397 亿美元（卢玉彪，2013）。并购案例的增长区域出现在亚非拉地区新兴市场，在这些经济体中，并购交易额度不是很大。从地域来看，交易额度平均值在欧美澳地区偏高，拉美地区较非洲和东南亚地区偏高。根据《商业周刊》的研究数据，2012 年全球十大并购案中，中国有 4 家企业上榜，最大的亮点是中海油以 151 亿美元收购加拿大尼克森公司，这是中国企业迄今在海外获批的最大宗并购案（如表 4 - 6 所示）。

表4-6　　　　　　　　　　2012年全球十大跨国并购案

并购企业	被并购企业	并购金额（亿美元）
三一重工	德国普茨迈斯特	4.2
瑞士嘉能可	矿商超达集团	320
法国天然气	英国国际电力	110
雀巢	辉瑞营养品公司	118.5
大连万达	美国AMC影院公司	26
美国伊顿	库珀工业公司	130
中海油	加拿大尼克森公司	150
日本软银	美国移动运营商斯普林特	201
洲际交易所	纽约证券交易所	82
中国财团	国际飞机租赁公司	52.8

资料来源：根据商业周刊相关数据整理而成。

2012年中国并购市场披露交易规模3077.9亿美元，比2011年增37%，达近6年最高值。从具体完成交易来看，能源及矿业、互联网、金融行业和制造业居前。2007年之后中国并购市场宣布交易规模呈现平稳上升趋势，其中2012年增势较为明显，交易规模由2007年的1034.7亿美元增至2011年的3077.9亿美元，累计增幅达197%。2012年从行业来看，能源、互联网、金融、制造业交易规模居前。2011年中国并购市场交易完成案例中，制造业以450起交易居首，而能源及矿业以335.26亿美元的并购交易规模居首。另外根据普华永道（2013）发布的报告显示，从交易总金额来看，中国（不包含香港、澳门、台湾地区）企业海外并购交易总额从2011年的424亿美元增至2012年的652亿美元，增幅达54%，但从并购交易总量来看，却出现了明显的下降，即从2011年的206宗降至191宗。

1. 中国企业在欧洲的投资。中国在欧美的直接投资总量和宗数也呈指数性上涨，2010年对美国和欧盟投资总额超过85亿美元，交易总数也达到185宗之多。根据吉密欧（2012）的推算，2004~2008年期间，中国对欧洲直接投资年均不到10亿美元，2009年和2010年增长2倍，至30亿美元，而2011年中国对欧洲直接投资猛增2倍，至100亿美元。中国企业正处于全球大规模投资的初期，到2020年对欧洲投资可能在2500亿~5000亿美元之间。

就对外投资方式而言，中国企业在发达国家的投资只是从2008年金融危机和随后的欧洲债务危机出现以后才有了大幅度的增加。直接并购欧洲企业也是近来中国对外投资的一大特点。2011 年中国企业在欧洲的并购金额已超过 700 亿美元，几乎是 2010 年的 10 倍。国际会计师事务所普华永道（Price Waterhouse Coopers）的数据显示，2012 年上半年，中国并购和参股企业的投资高达 239 亿美元，而 2011 年同期只有 79 亿美元。随着欧元区债务危机的不断深化，不少老字号的欧洲企业遭遇财务困境，这为渴望提升品牌、技术、管理的中国企业提供了机会。中国海外投资的结构也在逐渐变化。如果把中国对欧洲的投资从欧盟扩大到包括南欧、东欧等国家的"大欧洲"区域看，以往中国的对外投资有很大一部分是投入到能源与原材料上。如今按照克莱格教授的统计，中国对欧投资中，研发领域吸引的资金所占比例最大，达 42.99%；其次是金融业，为 16.86%；制造业占 15.98% 位居第三；之后是批发零售业吸引了 7.57% 的资金。综观中国在 2000～2011 年期间，在欧盟国家的投资主要集中在法国、英国、德国、瑞典、匈牙利、荷兰等几个国家，交易数最多的国家依次为德国、英国、法国和荷兰（如表 4－7 所示）。

表 4－7　　　　　中国 2000～2011 年期间对欧盟直接投资情况

国家	投资金额（百万美元）	新建投资量（个）	并购交易量（个）	投资总交易量（个）
1 法国	5722	46	24	70
2 英国	3684	69	26	95
3 德国	2543	113	33	146
4 瑞典	2251	14	6	20
5 匈牙利	2065	14	4	18
6 荷兰	1164	32	15	47
7 比利时	847	12	3	15
8 希腊	714	5	0	5
9 意大利	554	31	16	47
10 奥地利	391	6	5	11
11 罗马尼亚	299	13	1	14
12 波兰	190	15	1	16
13 西班牙	187	22	1	23
14 捷克	76	10	1	11

续表

国家	投资金额 （百万美元）	新建投资量 （个）	并购交易量 （个）	投资总交易量 （个）
15 芬兰	48	1	4	5
16 葡萄牙	47	5	0	5
17 保加利亚	47	6	1	7
18 卢森堡	46	1	1	2
19 爱尔兰	44	6	1	7
20 丹麦	30	6	1	7
21 拉脱维亚	3.8	1	0	1
22 塞浦路斯	3	0	1	1

资料来源：根据荣鼎咨询（Rhodium Group）以及世界贸易组织对外直接投资数据整理。

2. 中国企业在美国的投资。2000～2012 年期间，中国企业在美国共有 620 个投资项目，其中新建投资 436 项，并购 184 项，投资总额达 228 亿美元。2000 年中国在美国共有 7 个投资项目，投资金额仅为 1400 万美元，全部采用新建投资方式。中国投资的起飞已很清楚：2003～2008 年，中国在美国直接投资年平均额远低于 5 亿美元，除了 2005 年因联想以 17.5 亿美元收购 IBM 的个人电脑业务而致的凸显上升之外。这一阶段中，交易平平，每年只约有 5 个绿地投资和 10 个收购项目。2007 年之后，投资项目数和交易额价值上均为上升趋势。2009 年在全球金融危机愈演愈烈之际，中国在美国的投资却逆势而上，流量首次超过 10 亿美元，总金额高达 19 亿美元，2010 年增加到 55 亿美元，2011 年因为欧洲债务危机的影响以及国家市场不确定性因素增加，中国在美国投资流量相比 2010 年减少 9 亿美元，而到了 2012 年年底，中国在美国的投资流量突破 60 亿美元，达到破纪录的 65 亿美元。关于中国企业偏好的投资模式，数据显示中国投资主要以新建投资为主，但并购交易量增加明显，且并购金额大大超过新建投资金额，如表 4-8 所示。根据荣大聂、韩其洛（2011）的研究，2003～2010 年，中国公司已在美国 50 州中的至少 35 个州有投资项目。影响中国公司选择投资地点有若干因素，包括现有产业群、特定地区的竞争优势、吸引投资的力度及民族文化因素等。表 4-9 罗列了中国在美国投资前 20 个州的交易情况。随着中国经济规模不断扩大，对外投资也在快速增长，其中对美国投资是重中之重。2016 年中国对美国投资增长 3 倍，超过 500 亿美元，私有企业兼并成为主力。中国对美国投资约占其对外投资总额的 1/3。从行业来看，包括天然气和可替代能源在内的能源投资再度成为中国对外投资的热点，约有 300 亿美元投入。对科技企业的兼并达 250 亿美元，对旅游业，主要是饭店的投资达 200 亿美元，这些成为令人瞩目的新亮点。

表 4 - 8　　　　　　　　　　中国企业在美国的投资概况

年份	存量（亿美元）	流量（亿美元）	新建投资		并购	
			交易量（个）	投资额（亿美元）	交易量（个）	投资额（亿美元）
2000	0.14	0.14	7	0.14	0	0
2001	0.49	0.36	9	0.24	5	0.12
2002	1.3	0.81	14	0.49	4	0.32
2003	2.92	1.62	12	0.16	7	1.46
2004	7.88	4.96	21	0.41	11	4.55
2005	28	20	26	1.49	9	18.15
2006	29	1.29	22	0.78	6	0.5
2007	34	5.6	49	2.04	11	3.56
2008	43	8.79	39	0.91	15	7.88
2009	62	19	59	12.12	18	7.1
2010	118	55	71	2.34	33	52.94
2011	163	46	69	7.67	41	38.08
2012	228	65	38	4.69	24	59.82

资料来源：根据荣鼎咨询（Rhodium Group）各年投资监测数据整理而成。

表 4 - 9　　　中国在美国直接投资位于前 20 位的州（2003 ~ 2010 年）

州	总投资额（百万美元）	交易项目数	州	总投资额（百万美元）	交易项目数
1 得克萨斯	2719	20	7 俄勒冈	282	5
2 纽约	1874	24	8 特拉华	264	12
3 弗吉利亚	1771	5	9 新泽西	227	6
4 伊利诺伊	1540	7	10 密西西比	175	1
5 加利福尼亚	824	55	11 密苏里	170	5
6 密歇根	599	12	12 佐治亚	154	12

续表

州	总投资额 （百万美元）	交易项目数	州	总投资额 （百万美元）	交易项目数
13 明尼苏达	151	1	17 佛罗里达	77	4
14 马里兰	118	4	18 爱达荷	62	1
15 夏威夷	95	2	19 亚利桑那	61	3
16 新墨西哥	80	1	20 内华达	59	6

资料来源：Daniel H. Rosen，Hanemann，敞开美国大门：充分利用中国海外直接投资［R］. 亚洲协会美中关系中心，2011.

第二节　企业非股权安排影响因素的理论框架与假设

企业"走出去"首先面临的问题就是如何选择最优的投资模式，模式选择的合适与否对企业长期发展和绩效具有深远的影响。对外投资模式选择的影响因素很多，既有宏观因素、中观因素，也有微观因素。影响进入模式选择或股权水平的变量包括东道国因素（如政治环境、国家风险、文化距离等）、企业特定因素（如企业规模、跨国经验、组织能力、学习能力等）、母国因素、交易成本和产业特征因素（Quer et al，2012）①。目前研究对外投资模式选择的理论主要有交易成本、制度理论、邓宁的折衷范式和资源基础理论，这些理论与投资模式选择的关系在文献综述中已经阐述，在此就不再赘述。以上理论分析主要是基于西方跨国公司的实践而展开的。本章主要结合"战略三支柱理论"框架提出适合解释中国跨国企业对外投资实践的理论框架与假设，并进行实证检验。

一、制度理论

所谓制度是指一个国家的各种法律法规以及社会规范的总和，主要包括

---

① Quer D，Claver E，Rienda L. Chinese Multinational and Entry Mode Choice：Institutional Transaction and Firm – Specific Factors［J］. Asia Pacific Journal of Management，2012.

管控制度、规范制度和认知制度三种类型。Yiu 和 Makino（2002）[①] 对制度的三种类型与对外投资的模式选择的影响机制进行了深入分析。制度既有软的一面也有硬的一面，软性制度即是非正式制度，需要社会潜移默化的感知，而硬性制度则是指强制性的正式制度。制度理论用来解释新兴经济体跨国企业的对外投资活动也是具有说服力的。一方面，如果来自新兴经济体的跨国企业对外投资属于资产利用型投资，则选择具有相似的制度环境的新兴经济体进行投资，因为新兴经济体跨国企业的母国与东道国在制度方面的相似性，使得交易成本与协调成本比来自发达国家的跨国企业更低，在竞争方面优势明显；另一方面，如果新兴经济体跨国企业对发达国家进行投资，主要目的是寻求战略性资产的话，将会使得新兴跨国企业在全球市场更具有竞争力。

一般来说，企业对外投资目标国的多样化使得企业同时面临不同的制度环境，此时制度差异性对企业国际化战略的抉择影响深远（Meyer et al，2009）[②]。根据 Cui 和 Jiang（2010）[③] 的一项研究，认为企业的战略决策受东道国制度和组织本身的交互影响，在试图迎合东道国的规章制度的基础上而获取在制度层面的合法性。制度因素影响了企业的行为方式，关系对目标国的取舍以及对外投资模式的具体选择。在某种程度上，对外投资模式的选择是一个组织响应外部环境压力的结果，在内部惯例和外部环境中找到一个契合点，对外投资模式选择的好坏标准正是以能否找到这个契合点为依据（Ge & Ding，2009）。

东道国政治风险和文化距离是在对外投资模式选择文献中常用的衡量制度因素的变量，本书也据此展开讨论。

（一）东道国政治风险

一个企业不论大小，在进行国际化之前对东道国政治环境的研究是一项重要内容（Cateora & Graham，1999）。对目标市场的政治生态和环境研究是

① Yiu D. , Makino S. The choice between joint venture and wholly owned subsidiary：An institutional perspective [J]. Organization Science, 2002, 13（6）：667-683.

② Meyer K. E. , Estrin S. , Bhaumik S. K. , Peng M. W. Institutions, resources and entry strategies in emerging economies [J]. Strategic Management Journal, 2009, 31：61-80.

③ Cui L. , Jiang F. FDI entry mode choice of Chinese firms：A strategic behavior perspective [J]. Journal of World Business, 2009, 44：434-444.

企业进行市场选择的重要一环，企业只有在熟悉了东道国政治框架和政治环境的前提下，才有可能选择最佳的投资模式。政府的政策是从维护国家利益大局出发，企业海外投资为了寻求投资的合法性，就必须适应东道国独特政治框架下的一些要求（Keegan & Schlegelmilch，2001）。政治环境的分析属于制度理论的研究范畴，东道国制度环境在企业海外投资模式的相关研究文献中经常被提及。企业海外投资的政治风险包括东道国政权的稳定性、对外来投资者采取的态度、投资的便利程度等，这些风险可能对外来投资者的经济活动产生消极的影响（Kobrin，1979）①。Hayakawa（2012）② 实证研究了直接投资与国家风险之间的关系，作者把国家风险分为政治风险和金融风险两种。结果表明，金融风险与 FDI 流向不相关，而政治风险具有相关性，东道国初始的政治风险不会影响 FDI 流向，而随着政治风险水平的变化，FDI 流向也在发生变化，纵然初始政治风险较高，但政治环境的显著提高将导致大量 FDI 的流入。

一些学者对中国企业在政治风险较高的国家投资的原因进行了解释。Quer 等（2011）认为有以下两点原因：第一，FDI 的规模可能减轻东道国政治风险的负面影响，因此当投资规模巨大时，中国企业可以利用机会在政治不稳定国家获取更为廉价的资产（Malhotra et al，2009）③；第二，鉴于东道国政治风险较高，西方大型跨国公司尽量避开这种高风险地区，从而给中国企业进入提供契机。李福胜（2012）的研究也持同样观点，即由于风险较低的地区多为西方跨国公司抢先占领，中国企业"走出去"的地方往往都是高风险地区，包括东南亚、非洲和拉丁美洲。大量文献研究表明，政治风险与企业海外投资所采取的高股权比例安排呈负相关关系，而且这种关系在实证上也得到了验证。随着东道国政治风险的增强，一方面，外国企业将不愿意采取以直接投资的方式投入大量资源，特别是当政治风险巨大时，企业必须寻

---

① Kobrin S. J. Political risk：A review and reconsideration［J］. Journal of International Business Studies，1979，10（1）：67 – 80.

② Hayakawa. Kimura and Lee. How Does Country Risk Matter for Foreign Direct Investment ? . ERIA Discussion Paper Series，2012.

③ Malhotra S.，Zhu P. C. Determinants and valuation impact of cross-border acquisitions by firms from China and India. Paper presented at the AIB 2009 Annual Meeting，San Diego，California，2009，June：27 – 30.

找更加灵活的投资模式，从而避免导致更大的损失，企业将选择以非股权或低股权比例安排方式的概率增大；另一方面，为了规避在高风险国家投资时面临的不确定性，外国企业可能需要当地合作伙伴的支持，以降低经营的风险。综上分析，提出假设：

假设 1：东道国政治风险与中国企业选择以全资模式进入的可能性负相关。

假设 2：东道国政治风险与中国企业选择以股权模式进入的可能性负相关。

（二）文化距离

文化距离是有关对外投资模式文献中一个传统的影响因素，大多数文献视文化为一个重要的制度因素，与企业国际化路径的选择和投资模式、区位的选择都有着重要的关联性。Scott（2001）[①] 把制度的层次分为管制、规范和认知三类，文化属于规范制度范畴。就规范制度而言，跨国企业的对外投资活动受东道国意识形态、价值观念、社会习俗等人文环境制约，这些因素决定了外国分支机构需要承担的公共责任及能够发挥的企业优势（阎大颖，2010）[②]。文化距离，顾名思义是指母国与东道国之间的文化差异，这种差异性使得外国企业对当地社会规范和习俗的认识不足，且不易于企业与当地社区的融合，无形中加大了企业海外运营的不确定性。文化作为一种非正式的制度安排，对正式制度起到加固支撑作用。

关于文化距离与对外投资模式选择之间的关系，文献研究的结论有所差异。一方面，学者认为文化距离与企业所有权水平呈负相关关系。文化距离较大，意味着交易成本的增加，特别是在管理、信息传递等方面产生的额外成本，为了平衡彼此的差异，寻求谈判的次数增加（Pak et al，2004）[③]。对目标市场的不熟悉导致企业整合更加困难，增加了内部化的成本，此时企业

---

① Scott W. R. Institutions and Organizations［M］. 2nd Ed. Thousand Oaks，Cal-ifornia：Sage Publications，Inc. 2001.

② 阎大颖，任兵，赵奇伟. 跨国并购抑或合资新建［J］. 山西财经大学学报，2010（12）.

③ Pak Y. S.，Park Y. R. Global ownership strategy of Japanese multina-tional enterprises：a test of internationalization theory［J］. Management International Review，2004，44：1，3 – 21.

选择低水平的对外投资控制模式是理性的选择。Makino 和 Neupert（2000）[1] 的研究也证实了上述观点，即两国文化距离较大时，并购后的整合成本增加，人力资本管理效率明显降低，此时采取合资方式是最优的进入模式。采取合资方式有助于企业更好地融入当地销售网络，产品的适应性增强，也可以和当地合作伙伴共同分散经营风险（Chen & Hennart，2002）[2]。因此企业在文化距离较大的市场环境中投资，必须根据不同国家的特定商业环境采取不同的策略性战略，特别是在利用企业所有权优势时，不能用"一刀切"的方法，而是选择基于当地合作伙伴合作的进入模式。另一方面，学者研究发现文化距离与企业股权比例呈正相关关系，即文化距离越大，企业越有可能选择所有权控制程度高的进入模式，如全资模式。因为在文化距离存在的情况下，企业在东道国选择合作伙伴的难度加大，彼此沟通和转移技术知识的成本增加，此时选择以全资模式进入可以避免上述成本（Contractor et al，1998）[3]。正是因为对东道国文化理解的差异和对当地管理层的不信任，企业为了更有效地控制子公司而寻求高控制度的投资模式的动力增强，因此二者呈正相关关系的概率增大。因此，提出如下假设：

假设3：文化距离与中国企业选择全资方式的可能性负相关。

假设4：文化距离与中国企业选择股权方式的可能性正相关。

二、公司战略导向

当一个企业准备进入外国市场时，最优投资模式的选择易受企业战略导向的影响。企业战略目标的不同对企业如何识别投资机会、开拓资源和充分利用其核心能力等方面有着不同程度的约束。战略管理学派认为企业的不同战略导向会影响到其未来运营的效率，以及对风险、资源配置和特定组织模

---

① Makino S. , Neupert K. E. National culture, transaction costs, and the choice between joint venture and wholly-owned subsidiary [J]. Journal of Interna-tional Business Studies, 2000.

② Chen S. F. S. , Hennart J. F. Japanese investors'choice of joint ven-tures versus wholly-owned subsidiaries in the US: The role of market barriers and firm capabilities [J]. Journal of International Business Studies, 2002, 33: 1, 1 – 18.

③ Contractor F. J. , Kundu S. K. Modal choice in a world of alliances: Analyzing organizational forms in the international hotel sector [J]. Journal of Inter-national Business Studies 29: 2, 325 – 358. 1998.

式都有着不同程度的影响（Liang et al，2009）。Miles 和 Snow（1978）把企业战略导向分为四种类型即开拓、防御、分析和反应，其给出的定义如下：开拓战略是建立在创新基础之上的；而防御代表内部导向且强调成本控制方面；分析战略是指寻求在开拓市场与利用现有市场之间的平衡；反应战略是指企业缺乏清晰的、一贯的处理上述三个战略问题的具体对策，因而是不成功的企业战略。现有文献对开拓和防御两种战略类型讨论较多，并具体对二者的差异性进行了研究。这些差异体系在技术复杂度（Borch et al，1999）、投资类型（Hambrick，1993）、产品的开发和风险的承担（James，1995）等方面的研究。那么公司战略对企业海外投资模式的影响机制是什么，众多学者基于交易成本、战略能力与战略认知三个视角展开了讨论。

从战略能力视角来看，开拓者和防御者企业在资源整合能力、协调和沟通能力以及内部组织灵活性等方面都有所区别（Rogers et al，1999）。开拓者企业拥有相对高效的协调和组成架构，这些战略能力难以通过外部市场进行转移，因而通过股权安排并采用控制水平较高的所有权方式（如全资）的动力增强。相比较而言，防御者企业占优的对外投资模式是非股权安排（Song et al，2007）。企业选择何种投资模式须根据企业的战略管理能力进行适度安排（Madhok，1997），企业寻求海外投资的目的如果是能力增进型，选择分享的投资模式是合适的安排，相应地，如果海外投资是能力利用型，即满足充分拓展现有的技术和成熟高效的组织框架的需要，那么选择全资模式便是最好的选择。

从战略认知视角来看，相关文献从企业学习和适应外部环境和内部环境的不同能力展开研究。探索型学习指企业管理层对包括搜寻、创新、实验和风险承担的感知能力，而利用型学习是指在现有技术和能力层次上的边际增量的提高（Kabanoff，2008）。那么对于企业不同战略导向来看，因为两种不同战略取向的管理层在认知能力方面的不同，即开拓者更依赖于探索性的学习模式而防御者偏好利用型学习范式，而导致采取不同的海外投资模式。鉴于股权模式涉及相对较高的资源承诺和风险承担能力，因此开拓者企业选择股权模式的高控制度的股权安排的概率较大；而作为探索性学习模式的防御者企业而言，非股权模式对资源和承诺的要求较低，因而采取股权控制度低的模式可以使得管理层回旋的余地更大（Hambrick，2003）。企业高层管理者的特质不同对企业战略和海外投资模式的选择产生的影响也是不容小觑的，开拓者战略导向的管理者更富有冒险精神，通常具有较高的教育水平，倾向于选择风险较高的全资模式；而防御者企业的领导层风险规避倾向较强，更有可能选择分享股权比例的方式。

综上所述，企业战略导向对投资模式选择的影响机制，提出如下假设：

假设 5：在其他条件相等的条件下，开拓者选择股权模式的可能性较大，相应地，防御者选择非股权模式的概率较大。

假设 6：在其他条件相等的条件下，开拓者选择全资模式的可能性较大，相应地，防御者选择分享的股权模式的概率较大。

以上分析了公司战略导向对企业选择股权与非股权模式、全资与合资之间的影响机制，那么对企业海外投资的建立方式有何影响呢，所谓建立方式是指企业"走出去"是采取并购还是新建投资方式。正如阎大颖（2008）[①]对公司战略论的论述，如果跨国公司实施全球一体化经营战略，海外子公司面临的主要是与总公司通话的内部压力，将会采取独资新建的方式进入国外市场；反之，如果公司采取国际本土化战略，需要海外子公司更充分地适应目标国当地环境以获得当地生存的合法性时，则会选择合资或并购的方式进入（Powell，1983）。那么对于开拓者战略导向的企业来说，不论是采取国际本土化还是全球一体化，都应该采取股权投资模式，且是高控制程度的股权比例。公司是选择国际本土化还是全体一体化战略，对海外投资模式的选择差异较大。综上所述，提出如下假设：

假设 7：如果企业选择国际本土化战略，则选择以并购全资模式的可能性较大；如果企业选择全球一体化战略，强调企业全球经营的整体协调性，则选择以新建投资模式的可能性较大。

三、资源基础理论

资源基础理论在 20 世纪 80 年代开始流行至今仍然具有解释力（Sun &

---

① 阎大颖. 国际直接投资模式选择的最新理论及发展方向 [J]. 国际经贸探索，2008（9）.

Tse，2009）。尹国俊、杨雅娜（2012）[①] 从资源基础理论出发，在传统的国际直接投资理论核心思想的基础上，构筑了能力资源整合理论的分析框架。这种分析框架对不同类型国家的对外直接投资都有一定的解释力，因而可以作为解析企业跨国经营的一般理论。资源基础理论指出，企业是有形资源和无形资源存量的集合体（Chan & Makino，2007）[②]，这派研究认为最优的海外投资模式应是能使外国企业同时在目标国资产利用型和资产寻求型动机的有机融合，从而提高企业现有的资源价值。能否实现现有资源的增值目标，取决于海外投资目标资源的吸收性、稀缺性、可转移性和互补性等产业技术特征。Grant（1991）把资源分为金融、物质、人力资本、技术和声誉五种。Amit 等（1993）把企业组织能力视作企业重要的资源。也有学者把资源分为基于产权的资源和基于知识的资源两种类型（Chen et al，2003）。Hennart（1998）证明，如果跨国企业拥有隐含性较高的无形资产，则倾向于选择高控制程度的模式进入目标国，从而减少核心技术被分享的可能性，同时为防止合资存在的技术泄露和合作伙伴道德风险和机会主义倾向则会选择全资新建模式进入。

（一）企业规模

企业规模被认为是企业最重要的战略优势来源之一（Tan et al，2001）。正如资源基础理论所强调的那样，企业既可以在发展中国家利用现有的资源优势又可以在发达国家寻找战略性资产（Brouthers & Hennart，2007）[③]。企业的规模是企业所有权优势的体现，大企业在与东道国企业竞争时取得成功的概率明显增大，而且规模大意味着企业可以获取更多的资源，如管理资源和金融支持，因而选择控制度高的投资安排的可能性增大（Pangarkar et al，2009）。一些实证研究也支持企业规模与全资对外投资模式呈显著的正相关关系（Nakos et al，2002）。Osborne（1996）运用新西兰跨国企业作为研究样

---

① 尹国俊，杨雅娜. 企业对外投资区位选择的能力资源整合分析——以万向集团为例［J］. 财贸经济，2012（2）.

② Chan C. M. , Makino S. Legitimacy and multi-level institutional environments：Implications forforeign subsidiary ownership structure. Journal of International Business Studies，2007，38（4）：621－638.

③ Brouthers K. D. , Hennart J. F. Boundaries of the firm：Insights from international entry mode research［J］. J. Manage，2007，33（3）.

本，发现小企业倾向于选择非股权模式，而大企业则选择控制度高的股权安排。

尽管企业规模对跨国企业所有权控制程度的选择影响深远，但二者不一定必然呈正相关关系。Cui 等（2010）结合中国大型企业的问卷调查，研究结果表明：中国大型国有企业在规模上相对较大，但对外投资的目标大多是资本密集型项目，他们需要与来自西方跨国公司的竞争，因而在竞争中劣势凸显，这些不利因素将使得企业不能够完全靠全资模式单独运营，而应寻求与大公司的合资。对外投资规模越大，对资源承诺要求越高，中国企业目前在资源方面的约束使得选择与国外合作伙伴共同开放，选择合资方式更为适宜。综上所述，提出如下假设：

假设8：企业规模与中国企业选择全资方式的可能性负相关。

假设9：企业规模与中国企业选择股权方式的可能性正相关。

（二）国际化经验

国际化经验指企业从事国际化运营的范围和融合程度（Erramilli，1991）[①]。经验的获得可以通过在特定国家的经营或几个国家进行相关国际化活动（Driscoll et al，1997）。关于国际化经验与对外投资模式之间的关系，部分文献研究发现国际化经验与特定投资模式的选择之间具有相关性，基于经验的知识在企业国际化过程中扮演着十分重要的角色（Eriksson et al，1997）。Gankema 等（1997）发现，当中小企业积累了国际化经验之后，海外市场进入模式将从出口过渡到股权投资模式。Carpenter 等（2003）认为具有国际化经验的企业管理层更有可能选择新建投资和并购方式，而较少选择合资模式。如果企业已经在几个国家从事投资活动，在特定投资模式中积累的大量经验将被复制到其他目标市场，使得可以企业绕过一些中间的阶段（Welch et al，1988），这些国际化经验也可以克服 Zaheer（1995）[②] 所谓的"陌生的负担"即在陌生市场环境中所面临的经营不确定性而产生的额外成

[①]　Erramilli M. K. The experience factor in foreign market entry behavior of service firms [J]. Journal of International Business Studies, 1991, 22（3）：479 - 501.

[②]　Zaheer S. Overcoming liability of foreignness [J]. Academy of Management Journal, 1995, 38：2, 341 - 364.

本。综上所述，提出如下假设：

假设 10：企业国际化经验与中国企业选择全资模式的可能性正相关。

假设 11：企业国际化经验与中国企业选择股权模式的可能性正相关。

第三节　企业非股权安排选择影响因素的实证分析

本书所采用的样本来自财富中文网 2012 年世界 500 强有关中国企业的数据。2012 年共有 70 家中国（不包括港澳台地区）企业上榜，如果包括中国香港在内共有 73 家公司，比 2011 年增加了 12 家。2012 年上榜的中国公司中共有 13 家企业是第一次登上财富全球 500 强，值得注意的是 2012 年中国（不包括港澳台地区）共有 5 家民营企业上榜，分别是山东魏桥创业集团有限公司、浙江吉利控股集团、华为投资控股有限公司、江苏沙钢集团和中国平安保险（集团）股份有限公司。

本书样本包括的 70 家企业具有一定的代表性，基本能够反映中国企业海外投资的真实表现。对于样本中每一个公司对外投资交易数量，我们通过华尔街日报、FT 中文网、路透社、荣鼎咨询（Rhodium Group）、中国商务部网站、中国投资指南等渠道搜集而成。时间跨度为 2002 年 1 月至 2011 年 12 月之间，共获得 401 个对外投资数据。之所以选择 2002 年作为考察的起始年份是因为中国自从 2001 年加入世界贸易组织之后，中国政府及时提出 "走出去" 战略，推动中国企业走出去迅猛发展，开始出现大量的国有企业走出国门寻找商机。中国政府的各种鼓励和支持的政策为企业海外投资提供了难得的机遇，帮助中国企业进入全球 500 强榜单已经成为中国政府追求的目标（Hong et al，2006）。

一、样本和数据

本书研究采用样本情况，见表 4 - 10。

表 4 - 10 样本公司情况

企业	世界 500 强排名	营业收入（百万美元）	对外直接投资交易数（2002~2011 年）
中国石油化工集团公司	5	375214	17
中国石油天然气集团公司	6	352338	12
国家电网公司	7	259141.8	3
中国工商银行	54	109039.6	7
中国建设银行	77	89648.2	3
中国移动通信集团公司	81	87543.7	3
中国农业银行	84	84802.7	3
中国银行	93	80230.4	7
中国建筑工程总公司	100	76023.6	4
中国海洋石油总公司	101	75513.8	19
中国铁道建筑总公司	111	71443.4	8
中国中铁股份有限公司	112	71263.4	10
中国中化集团公司	113	70990.1	14
中国人寿保险（集团）公司	129	67274.0	2
上海汽车集团股份有限公司	130	67254.8	3
东风汽车集团	142	62910.8	2
中国南方电网有限责任公司	152	60538.3	4
中国第一汽车集团公司	165	57002.9	3
中国五矿集团公司	169	54509.1	8
中国中信集团有限公司	194	49338.7	3
宝钢集团有限公司	197	48916.3	7
中国兵器工业集团公司	205	48153.9	4
中国交通建设股份有限公司	216	45958.7	3
中国电信集团公司	221	45169.8	5
神华集团	234	43355.9	5
中国南方工业集团公司	238	43159.5	10
中国平安保险（集团）股份有限公司	242	42110.3	2
中国华能集团公司	246	41480.6	7
中国航空工业集团公司	250	40834.9	3
中国邮政集团公司	258	40023.3	4
河北钢铁集团	269	38722.4	4
广达电脑	279	37770.3	4

续表

企业	世界500强排名	营业收入（百万美元）	对外直接投资交易数（2002～2011年）
中国冶金科工集团有限公司	280	37612.6	2
中国人民保险集团股份有限公司	292	36549.1	3
首钢集团	295	36117.1	6
中国铝业公司	298	35839.2	7
中国航空油料集团公司	318	34352.4	1
武汉钢铁（集团）公司	321	34259.5	5
交通银行	326	33871.6	6
冀中能源集团	330	33660.8	2
中国联合网络通信股份有限公司	333	33336.1	3
中国国电集团公司	341	32580.0	4
江苏沙钢集团	346	32096.8	2
中国铁路物资股份有限公司	349	31991.1	5
华为投资控股有限公司	351	31543.4	11
中国建筑材料集团有限公司	365	30021.9	11
中国机械工业集团有限公司	367	29846.3	30
中国大唐集团公司	369	29603.2	7
联想集团	370	29574.4	5
中国远洋运输（集团）总公司	384	28796.5	9
中国电力建设集团有限公司	390	28288.6	24
中粮集团有限公司	393	28189.7	2
河南煤业化工集团有限责任公司	397	27919.2	3
中国化工集团公司	402	27706.7	9
天津市物资集团总公司	416	26410.9	1
中国电子信息产业集团有限公司	425	26022.5	4
浙江物产集团	426	25833.1	2
中国华电集团公司	433	25270.0	4
中国船舶重工集团公司	434	25144.5	5
山东魏桥创业集团有限公司	440	24905.5	1
山西煤炭运销集团有限公司	447	24533.4	3
中国太平洋保险（集团）股份有限公司	450	24429.0	2
中国电力投资集团公司	451	24399.8	8
山东能源集团有限公司	460	24131.3	2

企业	世界500强排名	营业收入（百万美元）	对外直接投资交易数（2002~2011年）
鞍钢集团公司	462	24089.0	5
浙江吉利控股集团	475	23355.7	3
绿地控股集团有限公司	483	22872.9	1
新兴际华集团	484	22832.3	2
开滦集团	490	22519.3	2
招商银行	498	22093.8	6
对外直接投资交易量总计			401

资料来源：世界500强中国公司资料来自财富中文网，对外直接投资交易量由作者整理而得。

二、变量定义与数据来源

具体的变量定义与数据来源见表4-11。

表4-11　　　　　　　　　变量解释及数据来源

影响因素		变量名称	变量测度	数据来源
因变量	投资模式	股权与非股权	股权=1，非股权=0	企业调查数据
		全资与合资	全资=1，合资=0	企业调查数据
解释变量	制度因素	政治风险	母国政治风险与东道国政治风险指数之差	PRS国家风险数据库
		文化距离	采用Kogut和Singh的方法	世界银行数据库
	公司战略	公司战略	采取公司的研发水平和广告投入经费来度量	中国企业联合国调查数据
	资源基础	企业规模	企业的总销售量	企业网站数据
		国际化经验	企业在东道国之前的交易次数	公司网站

对外投资模式按照Liang等（2009）的分类分为如下几种类型：1=服务外包，2=订单农业，3=特许经营，4=许可经营，5=管理合约，6=合资，7=部分并购，8=完全并购，9=新建投资。因变量表示模式选择的变量，是一个二分变量：全资模式（包括新建投资和完全并购）为1，合资模式（包括合资和部分并购）为0；股权模式（6、7、8、9）为1，非股权模式（1、

2、3、4、5）为 0。母公司对子公司的股权控制超过 95% 定义为全资模式。

三、解释变量

政治风险作为国家风险的一个重要组成部分，参照 Quer 等（2011）[①] 的研究方法，政治风险数据来自专业的 PRS 国家风险数据库。该数据库的政治风险指标按指标的不同权重加总而成，分数越低，风险就越高。具体计算方法如表 4 - 12 所示。由于各国制度差异明显，采用一个国家的政治风险绝对指数容易造成计量误差，所以考虑到风险制度的动态差异性，使用母国政治风险减去东道国政治风险的方法进行度量。

表 4 - 12　　　　　　　　　　政治风险构成要素及权重

顺序	构成要素	得分（最大值）
A	政府稳定性	12
B	社会经济条件	12
C	投资形象	12
D	内部冲突	12
E	外部冲突	12
F	腐败	6
G	军事冲突	6
H	宗教关系	6
I	司法制度	6
J	民族矛盾	6
K	民主问责	6
L	行政制度	4
总计		100

资料来源：PRS Group's International Country Risk Guide 数据库。

文化距离作为规范制度的一种形式，大量文献采用国际上度量文化距离比较有代表性的 Hofstede（1980）指数来测度目标国的规范制度（Kogut et

---

① Quer Diego Enrique Claver. Laura Rienda. Political risk, Cultural distance, and Outward Foreign Direct Investment: Empirical Evidence from Large Chinese Firms. Asia pas J Manag. 2011.

al，1988；Datta et al，1995；Liang et al，2009；Xu et al，2011；Quer et al，2012）。Hofstede（1980）认为国家文化在四个维度方面表现不同，即规避不确定性、个人主义、宽容的权力距离和男性—女性主义，Hofstede（2004）增加了长远规划维度，并用这五个维度对各国的文化特征用 0 ~ 100 分进行了量化，该指数越低，表示彼此的文化距离越小。本书参照 Kogut 和 Singh（1988）的方法，并在此基础上增加了一个维度（原来的文献是四个维度），计算中国与其他东道国的文化距离。其计算公式为：

$$HF_J = \sum_{i=1}^{5} \{ (I_{ij} - I_{iu})^2 / V_i \} / 5$$

其中，I_{ij} 代表第 i 个文化维度与第 j 个国家，V_i 表示第 i 个文化维度指数的方差，u 表示中国，HF_J 表示第 j 个国家与中国的文化距离。

公司战略导向的测度方法迄今为止主要建立在 Miles 和 Snow（1978）的基础之上而展开。一些学者通过直接对公司管理层的调查，了解公司所采用的战略，即区分公司是开拓者战略还是防御者战略导向，然而大多数文献通过研究公司过去投资模式数据而对其战略导向进行推测。本书遵循 Thomas 等（1991）的研究方法，即根据公司的研发水平和广告投入经费来判断公司的战略，那些具有更高研发水平和广告投入的公司被归类为开拓者战略导向。本书所选用的样本有 65 家是国有企业，只有 5 家是民营企业，因而在研发水平和广告投入方面相对比较高，具体数据通过公司网站和中国企业联合会网站进行查询。当企业研发水平和广告投入水平之和占公司销售收入的比重超过 5% 视为开拓者企业。本书研究的对外投资交易数共有 300 个，符合开拓战略标准的有 15 家，此时企业战略 = 1，否则为 0。

企业规模对企业海外投资模式选择的影响已经引起学者的关注。具体测度方法不一，有的学者使用企业三年的平均雇员数量来表示，也有学者使用企业的总销售量来表示。本书采用企业的总销售量来表示企业的规模。国际化经验使用企业在进入该东道国之前已经进行的对外投资交易次数来衡量（Tahir et al，2004）。

四、描述性统计

由于因变量是一个二元变量，在对外投资模式选择文献中，研究者一般使用 Tobit 模型、Logit 模型（二元或多元），本书采用 Logit 模型进行参数估计。表 4 – 13 是被解释变量的描述性统计，均值、标准差和相关系数。在估计之前首先对自变量的相关性进行检验，所有相关系数均低于规定的临界值（通常临界值为 0.5）。表 4 – 13 所示的 VIF 值都小于 10（这个临界值由 Neter 等提出的），因而不存在严重的多重共线性的问题。

表 4 – 13　　　　　　　　均值、标准差和相关系数

变量	均值	标准差	VIF	1	2	3	4	5	6
1. 股权模式	0.56	0.35	1.56						
2. 全资模式	0.42	0.51	2.67						
3. 政治风险	4.07	6.12	2.03	0.10	0.11				
4. 文化距离	1.83	2.14	1.89	0.07	− 0.02	0.11**			
5. 企业战略	0.56	0.32	1.98	0.00	− 0.32***	− 0.05	− 0.09		
6. 企业规模	5.66	4.87	1.45	0.11	− 0.34***	0.17**	0.18**	0.13*	
7. 国际化经验	0.41	0.31	2.19	0.31***	0.24***	0.04	0.02	0.25***	0.17**

注：*、**、*** 分别表示 10%、5% 和 1% 的显著性水平。

五、实证检验与结果分析

从表 4 – 14 的回归结果可知，模型的解释能力都是显著的，因为两个模型中的似然比检验值都在 1% 的水平上显著，从显著性水平和变量系数来看，对于模型 1，只有国际经验的系数是显著的，与假设 11 相吻合，说明企业国际化经验越丰富，其选择股权模式的概率越高。模型 2 中，企业战略、企业规模和国际化经验三个变量对股权比例选择的影响是显著的。根据估计结果我们对以下几个主要问题进行讨论。

表 4 – 14　　　　　　　　检验结果

变量	模型1：股权 – 非股权（股权 =1）		模型2：全资 – 合资（全资 =1）	
	系数	标准误差	系数	标准误差
政治风险	0.01	0.23	− 0.26**	0.51
文化距离	0.29	0.14	0.03	0.32

续表

变量	模型1：股权－非股权（股权＝1）		模型2：全资－合资（全资＝1）	
	系数	标准误差	系数	标准误差
企业战略	0.52	0.41	−0.39 **	0.24
企业规模	0.13	0.17	−0.41 **	0.19
国际化经验	0.19 **	0.28	0.38 ***	0.91
Constant	−0.16	0.27	−0.21	0.31
Log likelihood	−823.2		−721.3	
LR chi^2	32.21		38.41	
Prob > chi^2	0.001		0.000	
Overall % correct	79.1%		82.3%	

注：** 和 *** 分别表示5%和1%的显著性水平。因变量股权模式为1、全资模式为1。

模型1的实证结果表明，企业战略对股权模式的选择影响不显著，这个结论与Liang（2009）利用美国跨国企业对外投资的数据进行的实证结果不一致。可能的原因是美国的跨国企业国际化程度高，真正做到了通过跨国公司组织起全球产业链和生产网络，实现全资研发、全球生产、全球销售。所以企业战略目标清晰，对选择何种股权模式有了明确的判断。而对于中国跨国企业来说，国际化战略仍处在初级阶段，正如龙永图（2013）[①] 指出的那样，中国企业"走出去"不能像搞运动，不能说政府号召"走出去"我就"走出去"，或者是现在欧债危机出现很多商机，我们企业就盲目跟风似的"走出去"。他强调企业对外投资应有非常明确的战略：一是为了取得比较稀缺的资源；二是为了开拓海外市场；三是取得国外的技术、人才等一些战略性资产。

而在模型2中企业战略变量在统计上是显著的，显示企业采取的开拓战略即积极进取的海外拓展策略使得企业采取合资的概率的增加。一般来说，越是研发水平和广告投入比重高的企业，为了保持这种竞争力，越有动机采取全资模式以免关键技术的外溢。对于西方跨国公司的研究，企业战略与采用全资模式的概率正相关，例如，对于美国企业来说，美国海外投资模式的重点是十分重视制定企业的全球发展战略，通过全球不同国家之间的生存率

---

① 龙永图. 中国企业国际化问题研究 [J]. 中国市场，2013（7）.

以及资源禀赋的差异来确定要素组合的形式，但最根本的是要保持美国在研发、生产、销售乃至最后的财富管理，以期获得财富创造的所有环节中的国家竞争力和利益分配的主导权（张茉楠，2012）[①]。但对于中国跨国企业来说，情形可能有所不同。在兼并与收购越来越受中国企业青睐之时，一项研究却显示在 2008 ~ 2010 年之间由中国企业进行的 300 起并购案中，90% 是不成功的，带来了接近公司价值 40% ~ 50% 的损失（Shambaugh，2012）。

对于变量国际化经验而言，在模型 1 和模型 2 都是显著的，且模型 2 中的系数是模型 1 的 2 倍，假设 10 和假设 11 均成立。一旦企业选择了某种投资模式，且随着这个模式运营的熟练，一些不足也会得到及时弥补和更正，因而积累了大量的经验之后，对后来的模式选择有了先入为主的影响。具体而言，运用过去的投资经验，收购者可以获得一整套从最初筛选并购目标到并购最终完成以及前前后后的要素整合方面的问题（Vermeulen et al，2001），因而国际化经验与企业选择股权模式和股权比重的安排都呈正相关关系。也有学者实证研究发现企业国际化经验与全资模式的相关性不显著。Quer 等（2012）的研究结果认为，中国企业，不同于西方跨国企业，不需要通过海外投资获取国际化经验，而是通过在国内与外国企业合资、贴牌生产和许可贸易等形式获取国际化生产的经验（Child & Rodrigues，2005），这种内向的国际化可以给中国企业提供了对外投资的经验和技巧，因而国际化经验对全资模式的选择没有显著的影响。之所以出现这种截然不同的结论，可能是因为选择的研究样本不一样，也有可能是具体实证方法的差异。

对于变量企业规模而言，在模型 2 中是显著的，但呈负相关关系，即企业规模越大，选择全资模式的概率越小。关于企业规模与全资模式选择的负相关关系可能的解释是因为企业规模越大，需要整合的资源越多，加之海外投资经营活动所处社会政治经济文化环境与国内完全不同，会出现许多国内没有的风险，而且风险控制难度和后果远远大于国内（孟玉明，2012）[②]，因此选择股权分享的模式可能更加有利于企业海外投资的顺利开展。企业规模越大，选择合资模式的概率增大的另一种可能解释是因为中国企业在 2008 年之后对外直接投资流量增速迅速，引起了国际社会的不安，因而处于规避风

---

① 张茉楠. "走出去" 输出过剩产能 [J]. 中国经贸，2012 (8).
② 孟玉明. 中国企业 "走出去" 发展战略的制定与实施 [J]. 国际经济合作，2012 (2).

险的目的而主动降低对外投资的控股比例。证实了假设 8 成立，假设 9 不成立。企业规模越大，越有可能选择以股权模式进入海外市场，但二者的关系不显著，可能是因为中国现阶段走出去的企业主要是大型的国企，从样本所选择的 70 个企业来说，都是国内比较大型的企业，企业名称 90% 是以 "中国" 命名的，显然这些大型企业海外投资的一个原则便是要为中国经济的长远发展提供战略性支撑，因此企业海外投资考虑的首要宗旨是国家利益大于商业利益，对究竟是选择以股权模式还是非股权模式进入海外市场的研究还不透彻，因此二者的相关性不显著。

对于变量政治风险而言，在模型 1 中不显著，但在模型 2 中是显著的，因而假设 1 不成立，假设 2 成立。政治风险对于跨国企业海外投资的负面影响一直存在，且针对西方跨国企业海外投资的实证分析中得到验证。有关针对中国跨国企业海外投资的实证研究中，结论不一。有的认为东道国政治风险与企业选择全资模式之间关系显著（Hayakawa et al，2012），也有的研究发现二者没有显著的正相关关系（Quer et al，2011；Li et al，2012）。

关于政治风险与企业选择全资模式的概率负相关的解释，学者们讨论的比较多。正如荣大聂、韩其洛（2011）一项针对中国企业在美国投资情况的报告中指出，中国公司一般采用控股收购，例如，中国企业在美国的 121 项收购投资中，有 100 项控股在 50% 以上，但是也有许多情况，中国公司和美国投资伙伴合作并购。特别在政治敏感行业，中国投资者一般将股权收购控制在控股水平之下。根据 "龙指数" 的跟踪调查也证实了中国企业采用小股权交易数量的增加。2011 年小股权投资交易额占总额 43%，比 2010 年减少了 21 个百分点，说明中国大型企业通过并购交易获取优质资源的强烈渴望。如表 4 - 15 所示，2011 年前 10 位境外投资交易中，全资模式的只有 4 起，另外 6 起并购案都是以小股权方式进入。

表 4 - 15　　　　　　　　2011 年前 10 位中国企业对外投资交易

目标公司	行业	目的地	收购股份（%）	收购方
GDF SUEZ E&P	资源	法国	30	中国投资有限责任公司
Daylight Energy Ltd	资源	加拿大	100	中国石油化工集团
MakhteshimAgan Industries Ltd	化工	以色列	60	中国化工建设总公司

续表

目标公司	行业	目的地	收购股份（%）	收购方
Elkem AS	化工	挪威	100	中国蓝星集团
CBMM	资源	巴西	15	中国钢铁集团
Australia Pacific LNG	资源	澳大利亚	15	中国石油化工集团
BorsodChem Zrt	化工	匈牙利	58	万华实业集团
Sino Polymer New Materials	化工	中国香港	95	中国旭光高新材料集团
InterGen N. V	资源	美国	50	中国华能集团
GE SeaCo SRL	服务	新加坡	100	海航集团

资料来源：2011 年"龙指数"调查报告。

对于东道国政治风险与对外投资股权模式选择不相关的可能解释是因为中国跨国企业尽管没有诸如技术和品牌等所有权优势，但拥有在复杂环境运营的能力，所以相对于来自西方跨国公司的竞争，在东道国风险较大的情况下，中国企业拥有一定的优势，因而政治风险对中国跨国企业海外投资的影响是有限的（Morck et al, 2008）。部分学者分析了中国企业为何倾向于去政治风险高的国家投资的问题。例如，李泉、梁国勇（2012）[1] 认为中国投资者去这些地方不是因为他们愿意接受高风险，而是因为良好的政治关系降低了风险，但其运用的数据是中国 2003~2005 年在 95 个国家对外投资的双边数据，尽管样本量较大，但由于运用的数据比较陈旧，因而结论说服力不强。最新的研究，诸如洪俊杰等（2012）[2] 也证实了政治风险对企业海外投资的影响不显著。根据维特和勒温（2007）的观点，发展中国家可能存在制度逃逸现象，即企业通过国际化逃离本国不协调的制度约束，作者运用中国的数据以此来检验中国是否存在制度逃逸的现象。结果表明中国的对外投资大部分流向了政治风险较大、制度质量较差的国家，因而制度逃逸论对中国企业的国际化行为的解释力是有限的，如表 4-16 所示。

---

① 李泉，梁国勇. 政治关系与中国对外直接投资：基于企业层面及双边数据的实证检验 [R]. 2012 (2).

② 洪俊杰，黄薇，张蕙，陶攀. 中国企业走出去的理论解读 [J]. 国际经济评论，2012 (4).

表 4-16 　　　　　　　 2003~2010 年中国对外直接投资存量
前 20 位的国家和政治风险排名

东道国	投资存量均值（百万美元）	风险排名（共 145 个国家）
澳大利亚	20823.03	9
新加坡	16896.53	15
美国	15710.91	23
南非	10594.37	63
俄罗斯	9848.17	76
加拿大	7144.87	10
韩国	6548.29	37
巴基斯坦	6083.26	132
哈萨克斯坦	5684.95	51
德国	5228.64	16
蒙古国	4688.58	61
英国	4668.05	21
尼日利亚	4080.68	134
缅甸	3855.22	131
印度尼西亚	3714.76	116
赞比亚	3588.01	88
日本	3469.93	22
越南	3305.68	71
苏丹	3301.17	133
泰国	3128.16	93

注：风险排名越高，代表风险越大。
资料来源：洪俊杰等．中国企业走出去的理论解读［J］．国际经济评论，2012（4）。

第五章 企业微观特征与中国企业对外投资模式选择

第四章从制度因素、公司战略导向与资源基础理论视角探讨了影响中国企业对外投资模式选择的因素。对外投资模式的选择是企业战略研究领域的一大核心主题，不仅要关注东道国和母国等宏观经济变量的影响，更需要关注企业微观特征对企业海外投资模式选择影响的作用机制。中国企业在对外直接投资中，通常面临新建投资和跨国并购两种方式选择，企业选择何种投资模式，受到诸如本国企业的所有权优势、东道国制度环境等多重因素的影响（何帆，2013）。通过前面的文献综述可以看出，国外学者在研究企业对外投资模式的选择多以宏观性、发达国家企业的样本为研究对象；而国内学者倾向于构建动态的多因素企业投资模式决策模型，因为缺乏实证检验数据，所以得出来的结论具有局限性。本章不仅关注企业微观特征的变量诸如企业研发水平、企业性质、企业规模，而且把这些微观特征与东道国因素结合起来进行研究。

本章安排如下：首先建立反映企业微观特征的不同变量以及东道国的实际 GDP、东道国资本管制、知识产权、东道国腐败、基础设施水平、经济关联度与中国企业对外投资模式选择相互关系的理论假说。其次是模型设定与数据。最后是实证检验结果及分析。在进行实证分析时与第四章的不同在于，本章将新建与并购以及全资与合资作为两组独立的对外投资模式同时进行分析；而第四章则是将股权与非股权以及全资与合资作为两组独立的对外投资模式进行分析。

第一节　中国跨国企业核心特征与投资模式选择

在理论假设提出之前，有必要对现有文献有关对外投资模式的影响因素做一归纳（如表 5-1 所示），从而明晰各因素的相对重要性。由于基于不同的研究角度与理论基础，不同的实证研究得出的结论也是有差异的，某一种因素有的情况下与某种对外投资模式的选择呈现出正相关关系，有的则呈现出负相关、不相关或非线性关系。

表 5－1			影响对外投资模式选择的因素（跨国并购模式）						
因素	（1）	（2）	（3）	（4）	（5）	（6）	（7）	（8）	（9）
东道国层面									
东道国政府管制		－				－		＋	
文化距离		－	N	－			－	－	
东道国风险		－			－		＋		
东道国经济水平		－		＋	＋		U		
东道国经济增长率		N			－		＋		
企业层面									
企业规模	＋		＋		＋		＋		＋
多样化程度（国家）		＋			－	－			N
多样化程度（产品）		＋		N			N		
国际化经验	N	＋		＋		N	＋		
全球化战略		－		－			－		
研发强度		＋		＋			＋		＋
广告密集度	－			＋				＋	
人力资本密度	＋	＋		＋		＋		＋	

注："U"表示非线性关系；"N"表示不显著；"－"表示与跨国并购负相关；"＋"表示与跨国并购正相关。

资料来源：（1）Hennart 和 Park（1993）；（2）Barkema 和 Vermeulen（1998）；（3）Brouthers 等（2000）；（4）Harzing（2002）；（5）Anand 和 Delios（2002）；（6）Larimo（2003）；（7）Elango（2004）；（8）Elango（2005）；（9）Peinado 和 Boulard（2009）。

由于表 5－1 所示的文献，选择的样本基本上都是发达国家的跨国公司海外投资行为，所以作为新兴的市场经济体，这些因素对于中国海外投资模式的影响可能有所不同。因此本书在选择反映企业微观特征与东道国特征的相关变量应体现出差异化。

一、企业的微观特征与对外投资模式的选择

跨国企业是国际对外投资的主力军，是推动全球化高速发展的助推器，也是构成经济全球化的微观动力所在。本书将母国企业研发强度、国际化经验、母国企业的所有制形式、母国企业的规模作为企业微观特征的替代变量。以下是这些替代变量与企业对外投资模式之间关联性的理论假说。

（一）母国企业研发强度

母国企业研发强度属于传统跨国公司理论所归纳的所有权优势的范畴。不论是海默的垄断优势理论还是邓宁的所有权—内部化—区位的折衷范式，其核心思想皆认为，企业对外投资必须拥有一定的垄断势力。Hennart 和 Park（1993）研究发现，企业研发强度、技术或品牌对企业海外投资模式的选择具有显著的影响。Bhaumik 和 Gelb（2005）认为研发密集型活动活跃的企业，最适合的对外投资模式是通过新建或并购的全资方式。若采取合资方式，则企业特定资产容易溢出，使企业利益受损（Chiao et al，2010）。基于上述分析，提出如下假设：

假设 1 – A：在其他条件相同的情况下，中国企业越是具备较高的研发强度，其在对外投资模式选择时选择新建投资的概率越大。

假设 1 – B：在其他条件相同的情况下，中国企业越是具备较高的研发强度，其在对外投资模式选择时选择全资的概率越大。

（二）国际化经验

具有投资经验的跨国企业通常会采取对子公司控制程度较高的方式进入，如采取新建或以独资方式安排股权比例。Chiao 等（2010）证实了企业在东道国的投资经验与企业安排股权比例之间具有正相关关系，而经验不足的企业则偏好采取合资方式进入。Randoy 等（2002）通过研究发现，跨国企业在不同国家从事对外投资的活动越多，累积的经验越丰富，其所选择的股权比例也越高。然而也有一些学者持不同的观点，认为国际化经验对所有权控制程度没有任何影响。在一项有关希腊企业在欧盟投资的研究中，发现二者没有任何的相关性（Nakos & Brouthers，2002）。Kogut 等（1998）以美国作为目标国，发现进入美国的企业在国际化经验和投资模式之间没有很强的相关性。Quer（2012）[①] 的研究也证实了二者没有显著的相关性。基于上述分析，提出如下假设：

假设 2 – A：在其他条件相同的情况下，中国企业国际化经验越丰富，特

---

① Quer D. , Claver E. , Rienda L. Chinese Multinational and Entry Mode Choice: Institutional Transaction and Firm – Specific Factors [J]. Asia Pacific Journal of Management, 2012.

别是过去成功的并购经验，其在对外投资模式选择时选择并购的概率越大。

假设 2 - B：在其他条件相同的情况下，中国企业国际化经验越丰富，特别是过去成功的并购经验，其在对外投资模式选择时选择全资的概率越大。

（三）母国企业的所有制形式

由于母国企业所有制形式的不同，在对外投资模式的选择上也会有差异。中国的国有企业拥有诸多政策上的优势，特别是一些大型国有企业的海外投资行为，在某种程度上就是执行国家的意志，因而得到国家或明或暗的扶持，比较具有竞争力。最新的关于中国跨国企业对外投资模式的研究文献，以中国国有企业海外投资的模式选择为研究对象①，结论认为国有企业倾向于在政治风险高且拥有丰富自然资源的国家投资，选择跨国并购模式部分反映了中国宏观战略意图（Chen & Young，2010；Ramaswamy & Yeung，2012）。张为付（2008）② 研究发现，中国目前的对外直接投资方式主要表现为：以国有或国有控股企业为主体、以资源能源寻求和市场扩展为主要方式、以进入东亚和国际避税区为主要目标区、具有政治收益高于经济收益的价值取向。国有企业在选择投资模式时国家利益至上，而商业利益次之；民营企业则相反。基于上述分析，提出如下假设：

假设 3 - A：在其他条件相同的情况下，国有企业在对外投资模式选择时选择并购的概率越大。

假设 3 - B：在其他条件相同的情况下，国有企业在对外投资模式选择时选择全资的概率越大。

（四）企业规模

Wison（1980）通过美国和欧洲大型跨国企业的实证研究发现，规模较小的跨国企业反而实施并购的绩效最高，也就是说，小型企业比大型企业在

---

① 在中国企业加大海外投资过程中，国有企业无疑是主力军，但民营企业已经开始承担起重要角色，2006～2010 年，民营企业"走出去"占中国对外投资总额的比例从 19% 上升到 34%。2011年，中国民营企业对外投资迅猛增长了 30% 以上，占中国对外投资的比重已经高达 44%（冯育勤、徐敏，2012）。

② 张为付. 影响我国企业对外直接投资因素研究 [J]. 中国工业经济，2008（11）.

处理并购活动时灵活性更强。Caves 和 Mehra（2007）的研究也认为，企业规模越大，其选择并购的可能性越大，因为企业规模大意味着其竞争实力较强，具有大规模并购的竞争优势。Osborne（1996）以新西兰中小企业为样本，研究发现规模小的中小企业倾向选择以合资方式进入海外市场，而规模较大的企业则倾向以全资模式进入海外市场。Harzing（2008）的研究也证实了母国企业的相对规模对企业海外投资模式的选择具有正相关关系。基于上述分析，提出如下假设：

假设 4 - A：在其他条件相同的情况下，中国的企业规模越大，在对外投资模式选择时选择并购的概率越大。

假设 4 - B：在其他条件相同的情况下，中国的企业规模越大，在对外投资模式选择时选择合资的概率越大。

二、东道国宏观因素与对外投资模式的选择

本书将从东道国的实际 GDP、东道国资本管制、知识产权保护、东道国腐败、基础设施水平等宏观层面建立其与中国企业对外投资模式选择之间相关关系的理论假说。

（一）东道国实际 GDP

东道国实际 GDP 用来测度东道国市场规模的大小和潜在消费能力。一般来说，当东道国发展水平较低且市场巨大时，采取直接投资的方式是大多数跨国企业的战略选择（Lehner，2009；AL - Kaabi et al，2010）。中国对外投资企业的主要驱动力是为了拓展销售网络和贸易便利。东道国如果具有巨大的消费群体，销售网络发达，则中国企业选择以新建和合资的概率增大。根据汇丰银行（2013）面向"走出去"的中国企业的调查显示，海外市场对中国企业的吸引力各不相同，其中有超过 80% 的受访者认为市场潜力和先进技术是选择在美国和欧洲投资的主要动力。基于上述分析，提出如下假设：

假设 5 - A：在其他条件相同的情况下，东道国实际 GDP 越大，中国企业在对外投资模式选择时选择新建的概率越大。

假设 5 - B：在其他条件相同的情况下，东道国实际 GDP 越大，中国企

业在对外投资模式选择时选择合资的概率越大。

（二）东道国资本管制

Qiu 和 Wang（2011）研究外国企业在面临东道国不同 FDI 政策时，其投资模式的选择问题。构建的理论模型表明，东道国政府采取不同的 FDI 政策会影响和改变外国企业的进入模式选择。跨国企业采取合资方式可以避免来自东道国政府干预所带来的投资风险。Luo（2001）指出，如果东道国政府干预程度过高，合资方式就被前来投资的跨国企业广泛采用。Yiu 和 Makino（2002）研究发现，随着东道国管制与规范的压力增加，跨国企业倾向与当地合作伙伴建立合资企业而不愿采取全资方式，主要原因是为了规避风险。基于上述分析，提出如下假设：

假设 6 - A：在其他条件相同的情况下，东道国资本管制越大，中国企业在对外投资模式选择时选择并购的概率越大。

假设 6 - B：在其他条件相同的情况下，东道国资本管制越大，中国企业在对外投资模式选择时选择合资的概率越大。

（三）知识产权保护

学者们从所有制水平、股权投资与非股权投资的比较方面进行研究。Acs 等（1997）指出对于中小跨国企业来说，在东道国弱的知识产权保护下，通常选择以合资方式进入。而 Luo（2001）认为，当东道国知识产品保护不力时，跨国企业倾向于选择以全资方式进入，Che 和 Facchini（2009）持相同观点，也认为在东道国知识产权保护和执行力度有限的情况下，跨国企业最佳投资模式是选择以合资方式进入。Maskus 等（2008）认为东道国弱的知识产权保护制度使跨国企业选择非股权模式即出口方式进入，而减少采取股权模式即对外直接投资的方式进入。An 等（2008）的研究也支持这个观点，即弱的知识产权保护标准增加了跨国企业通过非股权模式进入该东道国的概率。基于上述分析，提出如下假设：

假设 7 - A：在其他条件相同的情况下，东道国知识产权保护水平越高，中国企业在对外投资模式选择时选择并购的概率越大。

假设 7 - B：在其他条件相同的情况下，东道国知识产权保护水平越高，中国企业在对外投资模式选择时选择合资的概率越大。

（四） 东道国腐败程度

学者对此观点不一，一部分学者认为，在腐败盛行的国家，跨国企业避免过高的交易成本的方法是与东道国企业分担风险，而采取合资方式进入（Javorcik & Wei，2009），合资方式进入也为跨国企业融入当地社会网络并获得在东道国经营的外部合法性创造条件（Demirbag et al，2010）。另一部分学者研究发现，尽管合资这种进入模式可以保护跨国企业免受外部环境不确定性因素的影响，但产生于合作伙伴的内部不确定性也在增强，相应地选择与东道国联系较少的非股权模式对跨国企业来说或许更为有利（Grande & Teixeira，2011）。根据 Straub（2007）的一项研究，为了避免在腐败程度较高的国家卷入其政治旋涡，以及其他一些非常规交易模式，跨国企业将考虑以非股权模式对外投资，主要目的是为了减少因腐败而产生的交易成本（Uhlenbruck et al，2006）。随着东道国市场化改革更加透明和自由时，跨国企业将选择以较高的所有权比例进入，但在交易成本居高不下的市场环境中，采取合约以及出口、特许和许可等非股权安排是较为稳妥的安排（Paul & Wooster，2008）。在一些特殊情况下，如针对一些大型跨国企业的投资安排（Demirbag et al，2010）和高新技术企业（Javorcik & Wei，2009），跨国企业为了保护公司的特定资产，而选择以全资方式而不是合资方式。基于上述分析，提出如下假设：

假设 8 - A： 在其他条件相同的情况下，东道国腐败程度越高，则中国企业在对外投资模式选择时选择新建的概率越大。

假设 8 - B： 在其他条件相同的情况下，东道国腐败程度越高，则中国企业在对外投资模式选择时选择合资的概率越大。

（五） 基础设施

Helpman 等（2003）、Grossman 等（2004）的研究均证实东道国基础设施水平的高低影响外国企业的投资成本，因而直接影响外国企业对外投资模式的决策。Tan 和 Vertinsky（2007）研究发现，东道国基础设施水平越高，则外国企业选择并购的可能性越大。基于上述分析，提出如下假设：

假设 9 - A： 在其他条件相同的情况下，东道国基础设施水平越高，则中国企业在对外投资模式选择时选择并购的概率越大。

假设 9 - B： 在其他条件相同的情况下，东道国基础设施水平越高，则中国企业在对外投资模式选择时选择合资的概率越大。

第二节　企业微观特征因素的度量指标与数据来源

一、模型设定

本章所用的统计工具不同于第四章（在第四章主要利用 EViews 6.0 进行分析），接下来的分析主要是利用 Stata 11.0 进行。表 5 - 2 是变量的假设与检验结果，表 5 - 2 是对本书样本中的数据进行描述性统计。

表 5 - 2 变量的描述性统计

指标	均值	标准差	最小值	最大值	观察数
新建	0.41	0.51	0	1	401
全资	0.36	0.56	0	1	401
研发强度（ln）	3.34	2.21	0.13	8.65	401
国际化经验	0.34	0.49	0	1	401
所有制形式	0.36	0.53	0	1	401
企业规模（ln）	4.47	3.21	1.16	10.59	401
实际GDP（ln）	6.59	0.91	4.16	10.21	401
资本管制	4.01	2.28	3.11	8.21	401
知识产权	1.11	1.17	2.21	8.83	401
腐败程度	1.18	0.75	2.81	9.41	401
基础设施	2.11	0.06	2.23	5.69	401

在正式的估计之前，为了检验各解释变量之间是否存在多重共线性问题（如表 5 - 3 所示），有必要对模型中各变量的相关性进行检验，所有相关系

数都低于 0.6，说明各变量之间不存在强相关性，样本没有出现严重的共线性问题。

表 5 - 3   多重共线性检验结果

变量	研发强度（ln）	国际化经验	所有制形式	企业规模（ln）	ln GDP	资本管制	知识产权	腐败程度	基础设施
研发强度（ln）	1								
国际化经验	-0.11	1							
所有制形式	-0.16	0.34	1						
企业规模（ln）	-0.25	0.24	0.48	1					
lnGDP	-0.24	0.15	-0.51	0.04	1				
资本管制	-0.19	-0.27	0.32	0.16	-0.12	1			
知识产权	-0.21	-0.21	0.41	0.21	-0.31	-0.07	1		
腐败程度	-0.28	0.37	0.33	0.37	0.04	-0.20	0.18	1	
基础设施	-0.18	0.31	0.26	-0.11	-0.06	0.14	0.29	0.09	1

二、模型设定和数据来源

由于因变量是一个二元变量，在对外投资模式选择文献中，研究者一般使用 Tobit 模型、Logit 模型（二元或多元），本书研究采用 Logit 模型进行参数估计。本章选取的样本同第四章。由于时间以及数据的可获得性，本样本最终包含了包括 70 家中国企业的 401 个对外投资交易数量。表 5 - 4 是被解释变量、解释变量的说明及资料来源。表 5 - 5 是变量的假设与检验结果。

表 5 - 4   变量解释、测度和资料来源

影响因素		变量名称	变量测度	资料来源
被解释变量	投资模式	新建与并购	新建 = 1，并购 = 0	通过公司网站和荣鼎集团的数据整理而得
		全资与合资	全资 = 1，合资 = 0	通过公司网站和荣鼎集团的数据整理而得

续表

影响因素		变量名称	变量测度	资料来源
解释变量	企业微观特征	研发强度	企业对外投资前三年内研发费用占公司销售总额的均值	公司网站相关数据计算而得
		国际化经验	哑变量，如果某企业过去有海外投资的经历取值为1，其余为0	通过公司网站和荣鼎集团的数据整理而得
		所有制形式	哑变量，如果母国企业为国有企业时取值为1，其余为0	公司网站和《中国企业联合会》
		企业规模	子公司资产与母公司资产的比值	企业网站
	东道国因素	实际GDP	测量东道国市场规模的替代变量	发展指标数据库
		资本管制	测度东道国对外资的开放度	美国传统基金会
		知识产权	测度在东道国知识外溢的风险	世界经济自由度
		腐败程度	测度在东道国投资的风险	PRS数据库
		基础设施	测度在东道国投资的成本	世界银行数据库

表5-5 变量的假设与检验结果

新建=1			全资=1		
变量名称	假设	检验结果（黑体字表示与假设相符）	变量名称	假设	检验结果（黑体字表示与假设相符）
研发强度	正相关	正相关（显著）	研发强度	正相关	正相关（不显著）
国际化经验	负相关	负相关（显著）	国际化经验	正相关	正相关（显著）
所有制形式	负相关	负相关（显著）	所有制形式	正相关	负相关（显著）
企业规模	负相关	负相关（显著）	企业规模	负相关	负相关（显著）
实际GDP	正相关	正相关（不显著）	实际GDP	负相关	负相关（不显著）
资本管制	负相关	负相关（显著）	资本管制	负相关	负相关（显著）
知识产权	负相关	负相关（不显著）	知识产权	负相关	正相关（不显著）
腐败程度	正相关	正相关（显著）	腐败程度	负相关	负相关（不显著）
基础设施	负相关	负相关（不显著）	基础设施	负相关	正相关（不显著）

第三节 微观特征影响企业投资模式选择的经验证据

本节将中国企业对外投资模式分为新建和并购、全资和合资两组模式，运用Stata11.0中的Logit模型对401个样本数据进行回归，检验企业微观特征与东道国因素两组主要变量对中国企业两组对外投资模式选择的影响。在估计模型中先后加入行业因素的虚拟变量，主要考察中国企业的不同行业属性对其微观投资决策的作用机制。

一、新建和并购的选择模型：不考虑行业特征的估计

本节先检验与新建和并购投资模式相关的理论假设 1 – A 至假设 9 – A。表 5 – 6 给出了 Logit 模型的估计结果。估计的方法是将测度中国跨国企业的微观特征的研发强度、国际化经验、所有制形式、企业规模作为本节重点考察的基础性变量，在此基础上逐步引入反映东道国特征的五个变量。逐步加入东道国实际 GDP、资本管制、知识产权、腐败程度与基础设施五个变量的优势在于显示和比较在东道国不同的投资环境下，中国跨国企业的微观特征是如何影响其海外投资模式的选择。同时，通过逐步加入宏观层面的变量也可以检验企业微观特征对企业投资模式决策的影响力具有怎样的稳健性。

由表 5 – 6 显示的检测结果来看，在模型 1 至模型 6 中，测度中国跨国企业微观特征的核心变量研发强度、国际化经验、所有制形式、企业规模，其系数的符号均与假设 1 – A 至假设 4 – A 的预期一致，且在 5% ~ 10% 的水平上显著。通过观察企业微观特征变量的系数，发现变量研发强度的系数绝对值最大，国际化经验的系数最小，说明对于企业来说，在决定选择何种海外投资模式时，企业的自身所有权优势仍是起绝对主导作用。在大多数研究中国企业对外投资的文献中，实证的结论普遍认为中国企业缺乏所有权优势，其海外投资特别是对发达国家的逆向投资，主要是以寻求创造性资产为特定目标的战略性投资（吴先明，2007）[1]。由于本书所选择的样本是中国具有一定影响力的大企业，其在开拓海外市场的过程中积累了大量的经验和教训，在企业研发等关键核心环节上比较重视，因而其研发强度高的企业更加有实力选择以新建投资为主要的海外投资模式。

---

① 吴先明. 中国企业对发达国家的逆向投资：创造性资产的分析视角 [J]. 经济理论与经济管理，2007 (9).

表 5 – 6   新建和并购的估计结果（新建 ＝1）

变量	模型 1	模型 2	模型 3	模型 4	模型 5	模型 6
研发强度（ln）	0.56 * (0.33)	0.55 ** (0.32)	0.61 * (0.45)	0.58 ** (0.27)	0.59 * (0.23)	0.49 * (0.26)
国际化经验	– 0.04 * (0.02)	– 0.03 * (0.01)	– 0.04 * (0.05)	– 0.09 * (0.03)	– 0.04 * (0.02)	– 0.03 * (0.01)
所有制形式	– 0.16 ** (0.09)	– 0.12 ** (0.08)	– 0.17 ** (0.07)	– 0.15 ** (0.11)	– 0.17 ** (0.07)	– 0.14 ** (0.04)
企业规模（ln）	– 0.67 * (0.42)	– 0.57 * (0.32)	– 0.67 * (0.42)	– 0.59 * (0.38)	– 0.61 * (0.42)	– 0.64 * (0.52)
lnGDP		0.15 (0.18)				
资本管制			– 0.11 * (0.15)			
知识产权				– 0.09 (0.10)		
腐败程度				0.30 ** (0.38)		
基础设施						– 0.03 (0.16)
Log likelihood	– 345.1	– 323.6	– 351.2	– 356.2	– 348.9	– 367.4
Pseudo R^2	11.12	20.23	15.57	26.12	14.46	18.12
样本数	401	401	401	401	401	401

注：括号内是各个变量的标准差；* 表示在10%的置信水平下显著；** 表示在5%的置信水平下显著。

度量东道国特征的五个变量，只有东道国资本管制和腐败程度两个变量是显著的，变量系数的符号与假设一致，说明中国企业在海外投资模式的选择上，越来越重视东道国因素所起的作用。而理论假设 5 – A、假设 7 – A 和假设 9 – A 没有得到经验数据的支持，说明中国企业在选择新建或并购模式时较少考虑东道国的市场容量，知识产权的保护程度和基础设施的质量，出现这种结果可能的原因是中国企业赴海外投资主要还是以服务本国企业为主，还不是全球生产分工和协作体系的组织者和协调者，最多只是一个准组织者。随着中国对外投资数量的增加和质量的提升，一旦发展成为在全球配置资源，建立具有竞争力的由中国企业主导的全球产业链的时候，东道国的市场规模、知识产权的保护水平和基础设施的质量的重要性将凸显。

二、新建和并购的选择模型：考虑行业特征的估计

行业特征影响中国企业海外投资时在并购和新建两种模式之间的选择。下面重点结合中国企业在美国投资的相关数据来说明中国企业在投资行业上所体现的差异性。按行业划分中国在美国直接投资已经不是集中在一个或者几个战略产业，而是进入美国商业各个领域。根据《世界投资报告》（2012）的统计数据，在 11 个产业中，中国成交了的投资规模超过 2 亿美元。其中 1/3 集中在服务业，2/3 是以下行业：工业机械设备、电子器材、煤炭、石油天然气、汽车、通信设备、医疗器械、再生能源设备和金属。中国在美国投资大型的产业（超过 20 亿美元）是在国内已有相对竞争优势的领域，如家电（三一重工、海尔）和消费电子产品（联想）。如表 5 - 7 所示，中国企业按投资金额划分，主要集中在工业机械、电子设备和煤炭等资源行业。根据 2012 年的投资监测数据，截止到 2012 年，按投资金额划分，中国针对美国能源投资存量仍占主导地位，金额高达 86.7 亿美元，其次为消费产品与服务、娱乐与房地产等行业。

表 5 - 7　　　　按行业划分中国在美国直接投资（2003 ~ 2010 年）

分类	投资支出（百万美元）			交易数量		
	新建投资	并购	总额	新建投资（宗）	并购（宗）	总额（百万美元）
工业机械、设备及工具	1175	1688	2863	12	9	21
电子设备及元件	43	1963	2006	9	7	16
煤炭、石油和天然气	8	1716	1724	1	7	8
水电和公共卫生设施	0	1583	1583	0	2	2
汽车代工和零部件	38	583	620	8	7	15
通信设备和服务	411	67	473	10	4	14
保健和医疗器械	0	360	360	0	3	3
软件及 IT 服务	17	248	264	7	17	24

续表

分类	投资支出（百万美元）			交易数量		
	新建投资	并购	总额	新建投资（宗）	并购（宗）	总额（百万美元）
可再生能源	192	62	253	14	1	15
金属采矿及加工	177	63	239	2	4	6
休闲与娱乐	0	220	220	0	6	6
纺织品与服装	60	120	180	7	4	11
金融服务与保险	67	92	160	6	15	21
半导体	0	109	109	0	4	4
仓储	106	0	106	1	0	1
生物科技	94	6	100	2	2	4
食品、烟草和饮料	53	44	97	3	5	8
家具及木制品	46	10	56	2	3	5
商业服务	32	17	49	8	5	13
消费类电子产品	26	15	41	4	3	7
制药	6	30	36	1	3	4
化学品	16	12	28	1	2	3
其他运输设备	24	0	24	2	0	2
航空、航天和国防	22	2	24	2	1	3
橡胶	23	0	23	1	2	3
消费产品和服务	15	6	21	3	1	4
房地产	0	10	10	0	1	1
塑料	6	0	6	2	0	2
运输服务	1	0	1	1	1	2

资料来源：Daniel H. Rosen，Hanemann. 敞开美国大门：充分利用中国海外直接投资 ［R］. 亚洲协会美中关系中心，2011 年 5 月。

为了消除行业特征的影响，在模型中加入行业虚拟变量，若企业属于能源行业，则取值为 1，否则为 0；若企业属于制造业取值为 1，否则为 0。运用搜集到的 401 个样本数据进行回归，表 5-8 是具体的实证结果。

表 5-8　　　　　　　　　　　新建和并购的估计结果（新建 =1）

变量	模型 1	模型 2	模型 3	模型 4	模型 5	模型 6
虚拟变量 1 （能源行业 =1）	-0.02* (0.22)	-0.03* (0.23)	-0.021* (0.24)	-0.022* (0.23)	-0.041* (0.24)	-0.03* (0.23)
虚拟变量 2 （制造业 =1）	0.06* (0.03)	0.11* (0.05)	0.07* (0.03)	0.05* (0.03)	0.12* (0.08)	0.11* (0.05)
研发强度（ln）	0.54* (0.32)	0.57** (0.38)	0.59* (0.46)	0.56** (0.31)	0.59* (0.23)	0.49* (0.26)
国际化经验	-0.041* (0.02)	-0.032* (0.01)	-0.041* (0.05)	-0.094* (0.03)	-0.042* (0.02)	-0.04* (0.01)
所有制形式	-0.17** (0.03)	-0.14** (0.09)	-0.16** (0.08)	-0.14** (0.15)	-0.14** (0.06)	-0.17** (0.05)
企业规模（ln）	-0.66* (0.49)	-0.56* (0.37)	-0.63* (0.46)	-0.58* (0.37)	-0.64* (0.52)	-0.62* (0.55)
lnGDP		0.16 (0.18)				
资本管制			-0.12* (0.15)			
知识产权				-0.091 (0.10)		
腐败程度					0.31** (0.35)	
基础设施						-0.032 (0.16)
Log likelihood	-343.2	-325.3	-358.1	-353.4	-349.8	-364.3
Pseudo R^2	11.12	20.24	15.56	26.13	14.48	18.17
样本数	401	401	401	401	401	401

注：括号内是各个变量的标准差；*表示在 10% 的置信水平下显著；** 表示在 5% 的置信水平下显著。

表 5-8 与表 5-6 的回归结果基本上一致，测度中国跨国企业微观特征的核心变量研发强度、国际化经验、所有制形式、企业规模，其系数的符号仍然与假设 1-A 至假设 4-A 的预期一致，且在 5%~10% 的水平上显著，表明在加入行业虚拟变量后，理论假设 1-A 至假设 4-A 仍然得到中国企业数据的支持。由此可见，上述的理论假设具有统计的可靠性和稳健性。同样

反映东道国特征的变量的实证结果均与预期符号一致，但只有资本管制与东道国腐败程度两个变量具备统计显著性。此外行业虚拟变量1和变量2均在10%的置信水平下显著，但符号不一致。说明能源企业在进行海外投资活动时，选择并购的可能性较大，且具有显著性；而制造业企业则选择新建的可能性较大，也具有显著性。

三、全资与合资的选择模型：不考虑行业特征的估计

与前面分析的新建和并购模型类似，接下来分析股权比例的选择问题。中国企业对国外子公司的控制是以全资方式还是以合资方式进入，对企业未来的运营绩效至关重要。前面测度企业的微观特征变量和东道国因素对企业选择股权比例是否有影响，影响有多大，是下面分析的重点。由表5-9可知，度量中国企业核心特征的变量中，只有国际化经验和企业规模的系数符号与假设一致且通过了显著性检验。这表明中国跨国企业的国际化经验越丰富，选择以全资方式的可能性越大，假设2-B得到经验数据的支持。企业规模的系数为负，且通过了10%的统计显著性检验，表明，在其他条件相同的情况下，中国的企业规模越大，在对外投资模式选择时选择合资的概率越大，假设4-B得到经验数据的支持。对于企业所有制形式变量来说，尽管通过了5%的统计显著性检验，但与假设预期的符号不一致，说明企业如果是国有企业即国家控股程度越高，则其选择以合资方式进入的概率越大。而企业研发强度的系数符号为正，说明企业所有权优势越高，为了防止技术外溢，则选择以全资方式进入的概率越大，但没有通过显著性检验。

表5-9 全资和合资的估计结果（全资=1）

变量	模型1	模型2	模型3	模型4	模型5	模型6
研发强度（ln）	0.24 (0.12)	0.23 (0.18)	0.26 (0.11)	0.25 (0.14)	0.29 (0.13)	0.22 (0.15)
国际化经验	0.02* (0.01)	0.03* (0.02)	0.01* (0.03)	0.04* (0.02)	0.032* (0.02)	0.03* (0.02)

续表

变量	模型 1	模型 2	模型 3	模型 4	模型 5	模型 6
所有制形式	−0.06 ** (0.03)	−0.04 ** (0.02)	−0.06 ** (0.03)	−0.05 ** (0.05)	−0.04 ** (0.02)	−0.07 ** (0.03)
企业规模（ln）	−0.36 * (0.29)	−0.37 * (0.21)	−0.23 * (0.16)	−0.48 * (0.37)	−0.44 * (0.32)	−0.42 * (0.35)
lnGDP		−0.07 (0.02)				
资本管制			−0.22 * (0.15)			
知识产权				0.041 (0.02)		
腐败程度					−0.36 (0.15)	
基础设施						0.012 (0.03)
Log likelihood	−243.4	−281.3	−268.1	−313.4	−221.8	−273.3
Pseudo R^2	12.13	15.74	18.58	24.13	17.38	16.21
样本数	401	401	401	401	401	401

注：括号内是各个变量的标准差；＊表示在 10% 的置信水平下显著；＊＊表示在 5% 的置信水平下显著。

度量东道国因素的变量中，只有资本管制变量与假设预期一致，表明在其他条件相同的情况下，东道国资本管制越大，中国企业在对外投资模式选择时选择合资的概率越大。腐败程度与东道国实际 GDP 的系数符号与假设一致，但没有通过显著性检验。其他两个衡量东道国因素的变量知识产权与基础设施的系数符号与假设不一致，表明东道国知识产权水平和基础设施质量越高，企业选择以全资方式进入外国市场的可能性越大，但没有通过显著性检验。

四、全资与合资的选择模型：考虑行业特征的估计

同前面分析新建和并购模式一样，行业特征对企业海外子公司的股权比

例选择同样有着重要影响。因此，为了反映行业特征因素对中国企业对外投资模式选择的影响，通过在模型中加入行业虚拟变量来反映。若企业属于能源行业，则取值为1，非能源行业为0；若企业属于制造业取值为1，非制造业为0。运用搜集到的401个样本数据进行回归，表5-10是具体的实证结果。比较表5-9和表5-10得知，在加入两个行业虚拟变量后，测度企业微观特征变量的系数符号与显著性同不加入行业特征估计的结果，说明估计结果的稳健性。反映东道国特征的变量的估计结果与表5-9类似，不同的只是系数大小，反映的核心思想与不考虑行业特征时基本一致。在加入的反映行业特征的两个虚拟变量都通过了10%和5%的统计显著性检验。这表明中国跨国企业如果是能源行业的话，则选择以合资方式进入外国市场的可能性较大；如果该跨国企业属于制造业，同样选择以合资方式进入外国市场的可能性增大。

表5-10　　　　　　　　全资和合资的估计结果（全资 =1）

变量	模型1	模型2	模型3	模型4	模型5	模型6
虚拟变量1 （能源行业 =1）	-1.01** (0.05)	-1.24* (1.02)	-1.09** (1.03)	-1.15** (0.08)	-1.34* (1.12)	-1.37** (0.23)
虚拟变量2 （制造业 =1）	-0.71* (0.45)	-0.34* (0.22)	-0.29** (0.13)	-0.17** (0.11)	-0.34** (0.22)	-0.32* (0.23)
研发强度（ln）	0.21 (0.12)	0.25 (0.18)	0.22 (0.11)	0.27 (0.14)	0.22 (0.13)	0.24 (0.15)
国际化经验	0.01* (0.01)	0.02* (0.02)	0.03* (0.03)	0.02* (0.01)	0.012* (0.02)	0.02* (0.01)
所有制形式	-0.03** (0.03)	-0.02** (0.02)	-0.03** (0.03)	-0.06** (0.05)	-0.03** (0.02)	-0.05** (0.03)
企业规模（ln）	-0.32* (0.29)	-0.33* (0.21)	-0.24* (0.16)	-0.45* (0.37)	-0.41* (0.32)	-0.46* (0.35)
lnGDP		-0.06 (0.02)				
资本管制			-0.23* (0.15)			

续表

变量	模型 1	模型 2	模型 3	模型 4	模型 5	模型 6
知识产权				0.042 (0.02)		
腐败程度					−0.33 (0.15)	
基础设施						0.016 (0.03)
Log likelihood	−223.4	−271.3	−238.1	−213.4	−261.8	−263.3
Pseudo R^2	11.13	14.74	16.58	22.13	16.38	18.21
样本数	401	401	401	401	401	401

注：括号内是各个变量的标准差； * 表示在 10% 的置信水平下显著；** 表示在 5% 的置信水平下显著。

第六章 制度距离与中国企业 对外投资模式选择

在国际商务研究领域中，国家之间在经济、社会、政治等各个层面的异质性是一国企业进行对外投资活动时所必须正视的一个重要问题。从分析层面和概念内涵的角度看，制度距离是对文化距离和政治风险等概念的综合，体现了对各种国家之间差异元素表现形式的包容与完善①。从前文的有关制度距离的文献综述可以看出，目前有关研究企业对外投资的文献大多只是从母国或东道国因素的单边影响视角研究其制度与企业海外投资之间的关联性，而较少考虑东道国与母国在制度环境上的差异性对于中国企业海外投资的影响机制。本章主要研究制度距离与中国企业对外投资模式选择之间的关系。第一节考察母国与东道国在制度层面存在差异的情况下，中国企业海外投资是否具有制度层面的偏向性，即中国对外投资是偏向比本国制度差的国家，还是好的国家呢；第二节研究"强效制度环境"对制度距离影响企业对外投资模式选择的调节作用；第三节从人力资本的角度研究制度距离与人力资源距离的互补关系如何影响中国企业对外投资模式的选择。

第一节　制度距离、"制度接近性"与中国对外直接投资

关于制度距离如何刻画、如何概念化的问题，在过去的文献里通常假设制度是一系列因素的集合体。一般来说，制度可以被定义为一国的政治体制、法治、监管环境、社会中的高等教育水平、透明度、语言、财富、经济规模、对社会的管理水平、政府治理、经济竞争力等指标（杜晓君等，2012）②。大多数文献对制度距离的研究是基于 Scott（1995）的制度支柱理论，即制度距离指母国与东道国在管制、规范和认知三个方面的差距（Gaur & Lu，2007）③。部分学者采用诺斯（1990）在《制度、制度变迁与经济绩效》一文

---

① 制度距离概念是由学者 Kostova（1996）明确提出，主要指母国与东道国之间的制度环境差异。

② 杜晓君，刘赫. 基于扎根理论的中国企业海外并购关键风险的识别研究 [J]. 管理评论，2012（4）.

③ Gaur A. S., Lu J. W. Ownership strategies and survival of foreign subsidiaries: impacts of institutional distance and experience. Journal of Management, 2007, 33, 84 – 110.

中对制度的分类法研究制度和制度距离对跨国企业国际化战略的不同影响
（Estrin et al，2009）。很显然，有关制度研究的文献，由于学者研究的视角不
同，所选取的衡量制度的指标有所差异，因而结论也是有差别的，然而按照
Scott（1995）对制度的分类法仍被广泛采用。研究制度距离影响企业投资模
式选择的代表性文献诸如 Schwens 等（2011）运用多元线性调节回归模型，
以企业战略制定和投资模式选择作为被解释变量，分析制度距离对企业战略
的影响，研究发现制度距离显著影响企业战略的制定和投资模式的选择（以
股权模式或非股权模式进入）。

一、理论假设

东道国制度环境的优劣直接决定着外商投资企业的运营成本和投资信心
（Blonigen，2005）。如果一国制度存在明显的缺陷，如产权制度缺失、腐败、
权力寻租等不利于外商投资的风险增加，将大幅度减少外商投资活动。Gani
（2007）研究发现，东道国制度环境的好坏与外商投资企业正相关。一般来
说，如果东道国提供良好的投资环境，将大幅度减少外商投资企业的交易成
本，减少了因为信息不对称而产生的资源配置扭曲和非生产性的浪费。据此，
提出如下假设：

假设 1：东道国制度环境越差越不利于中国企业安排更多的投资活动。

近些年来，部分文献开始关注制度距离的"第三方"效应，即与母国制
度距离相邻的"第三方"是否在吸引对外直接投资方面能对东道国产生某种示
范效应。简单来说，假设中国企业拟选择在非洲某个国家进行投资活动，如果
中国企业在非洲邻近的某个东道国有过一段投资经历，那么这种投资经历很容
易被复制在制度层面具有相似性的潜在东道国上。正如 Habib 和 Zurawicki
（2002）提出的"制度接近论"，认为制度差异较少的国家可以促进双边 FDI。
但这些理论是基于发达国家跨国企业对外投资行为，这些理论是否适用于中国
的对外直接投资，仍需要运用中国的数据进行实证检验。据此，提出如下假设：

**假设 2：母国与东道国双边制度差异与中国对外投资负相关，体现出某
种"制度接近性"特征。**

所谓制度距离简单来说，就是母国和东道国之间在制度环境上的差异。

关于制度距离的理论性文章以 Kostova 和 Zaheer（1999）为代表，他们在 Scott（1995）的制度三角框架下分析母国与东道国在管制、认知与规范方面的异同，结论认为制度距离增加了跨国企业成功从母国转移组织经验和相关资源到东道国的难度。Chao 和 Kumar（2010）运用2004年的世界500强企业进行实证研究，认为母国与东道国的规制距离不利于子公司的经营活动。Xu 和 Shenkar（2002）同样在 Scott（1995）的研究基础上拓展制度三角理论，指出制度距离不仅影响跨国企业选择海外市场进入模式，而且对其母公司国际化战略与组织结构都有显著的影响。Ramsey（2005）构建的理论框架侧重于从管制、规范与文化认知方面分析其对跨国企业海外投资模式选择的影响。东道国和母国在制度环境方面的差异越小，则双方更加容易熟悉彼此的交易模式和交易习惯，大大减少了因为制度距离而产生的不必要的搜索成本，因此有利于对外投资的增加。据此，提出如下假设：

假设3：如果"制度接近性"特征不存在，那么中国对外投资将偏向比母国制度水平高的东道国，体现出某种"制度偏向性"特征。

二、实证模型、变量与样本选择

（一）模型设定

本书参照 Heckman（1979）构造的两阶段选择模型，之所以选择此模型主要是为了解决样本选择偏差的问题。在收集中国企业对外投资数据时，发现在某些东道国的投资数据为零或者有些甚至是负数。如果剔除这些样本将造成有偏估计。据此，本书将中国对外直接投资决策分为两个阶段。第一阶段的因变量是个二分变量，即中国企业是否在某个东道国投资；第二阶段是中国企业对外投资的规模问题。具体模型参照蒋冠宏、蒋殿春（2012）的方法设定如下：

Heckman 第一阶段投资选择模型为：$P_r(fdi = 1) = \Phi\left(\sum_n a^n Z^n_{j(t-1)}\right)$，表示，中国对某个东道国投资大于零，$\Phi\left(\sum_n a^n Z^n_{j(t-1)}\right)$ 表示标准正态分布的概率分布函数。Z 是影响中国企业海外投资的因素。Heckman 第二阶段投资选择模型为：$fdi_{ijt} = \sum_n a^n Z^n_{j(t-1)} + \beta\gamma_{ijt} + \xi_{ijt}$ 。

fdi_{ijt}表示中国企业在某个东道国实际的投资规模。若$fdi_{ijt} > 0$，则 $fdi = 1$，否则 $fdi = 0$。如果γ_{ijt}显著不为零，则说明样本是个自我选择样本，用 Heckman 选择模型有效。

基本模型设定运用投资引力模型（Anderson，1979）加入本书所需研究的制度变量。具体模型如下：

$$P_r(fdi) = \Phi\big[\alpha_0 + \alpha_1 \ln(mgdp_{j(t-1)}) + \alpha_2 \ln(hgdp_{j(t-1)}) + \alpha_3 \ln(hpgdp_{j(t-1)})$$
$$+ \sum_k \theta^k \chi^k_{ijt} + \lambda_{ijt} + u_t\big]$$

$$\ln(fdi) = \alpha_0 + \alpha_1 \ln(mgdp_{j(t-1)}) + \alpha_2 \ln(hgdp_{j(t-1)}) + \alpha_3 \ln(hpgdp_{j(t-1)})$$
$$+ \sum_k \theta^k \chi^k_{ijt} + \lambda_{ijt} + u_t + \beta\gamma_{ijt} + \xi_{ijt}$$

上述模型中fdi_{ijt}表示中国的对外投资流量。如果$fdi_{ijt} > 0$，则 $fdi = 1$，否则等于 0。

（二）样本选择与变量说明

本书样本数据来自《2010 年中国对外直接投资公报》。随机选取 2003～2010 年中国在 48 个东道国对外直接投资的流量数据[①]，其中包括 31 个发展中国家（地区）和 17 个发达国家。

1. 被解释变量。本书使用中国 2003～2010 年中国对东道国的对外直接投资流量来测度。由于商务部公报的该数据以当前美元价格计算，为了保证数据的一致性，本书把上述数据折算成 2005 年不变美元价格。

2. 解释变量。在前面的模型中，本书关注的是直接质量和制度距离的测度。制度距离按照诺斯（1990）的分类分为正式制度距离和非正式制度距离，一些学者把管制制度定义为正式制度，规范和认知定义为非正式制度。正式制度在后来的研究中还包括一国的经济自由度指数，主要体现在一国的

---

① 发展中国家或地区：阿富汗、孟加拉国、柬埔寨、印度、印度尼西亚、伊朗、以色列、哈萨克斯坦、吉尔吉斯斯坦、朝鲜、老挝、马来西亚、蒙古国、缅甸、泰国、阿尔及利亚、安哥拉、喀麦隆、刚果（金）、科特迪瓦、埃及、埃塞俄比亚、尼日利亚、南非、苏丹、坦桑尼亚、赞比亚、匈牙利、俄罗斯、阿根廷、巴西。发达国家（地区）：日本、韩国、新加坡、丹麦、芬兰、法国、德国、意大利、荷兰、西班牙、瑞士、英国、加拿大、美国、澳大利亚、新西兰、瑞典。

法制和市场经济制度建设等方面。一些学者通常用文化距离来表示非正式制度。制度距离的认知维度指一个社会思维方式的不同，因此认知支柱也就是社会环境的认知结构，如共同的信仰、分享的共同知识等（Meyer & Rowan, 1977）。正如 Scott（2008）指出的那样，规范维度与认知维度在概念上存在重叠，在某种程度上其表现的特征大同小异。例如，文化距离指数在一些研究中用来表示制度的规范维度（Yiu & Makino, 2002），这些维度的测度数据通常来源于世界竞争力年鉴，用经济自由度指数来表示一国制度的规范层面（Chao & Kumar, 2010）。同样也有一些学者利用世界经济论坛的自由度指标来度量制度的认知维度（Wan & Hoskisson, 2003），而且认知维度在很大程度上受到文化、价值观和普世价值等规范制度的影响（Oliver, 1997），因此 Scott（2008）重新把认知制度定义为文化认知，显示出规范与认知之间在概念上的重合。在以下的研究中结合诺斯和 Scott 对制度的分类，本书把制度分为非正式制度和正式制度，非正式制度包括规范和认知两个层面。本书对制度距离的定义参照薛有志、刘鑫（2013）的研究，即认为跨国企业从母国向东道国输出组织行为，必须确保母国与东道国之间在规制、认知和规范三个层面的匹配性。

综上，本书基于文化制度来度量非正式制度。参照 Kogut 和 Singh（1988）的方法，并在此基础上增加了一个维度（原来的文献是四个维度），计算中国与其他东道国的文化距离。其计算公式为：

$$HF_j = \sum_{i=1}^{5} \{ (I_{ij} - I_{iu})^2 / V_i \} / 5$$

I_{ij} 代表第 i 个文化维度与第 j 个国家，V_i 表示第 i 个文化维度指数的方差，u 表示中国，HF_j 表示第 j 个国家与中国的文化距离。

对于正式制度的度量则采用《世界经济自由度指数》[①] 公布的数据。具体包括法制规则、监督水平、政权稳定性和政府效率。对于本章的假设 1，要验证东道国制度水平与中国对外直接投资流量之间的正相关关系，即东道国制度水平越高，则吸引来自中国的直接投资规模越大。关于制度总水平的

---

① 《世界经济自由度》由遗产基金会、华尔街时报和加拿大弗雷泽研究所公布的各年度"经济自由度指数"来衡量。

度量借鉴 Amighini 等（2011）使用的方法，具体数据参见《世界治理指标》① 公布的数据。制度距离的测度参照 Benassy 等（2007）的方法，用中国与东道国在法制规则、监督水平、政权稳定性和政府效率四个方面的差异的绝对值来度量双边制度距离。

关于东道国制度与外商直接投资之间的内生性问题。一些文献研究发现，母国和东道国的经济变量与外商投资之间存在双向因果关系。为了消除可能导致的内生性问题，在模型设定中已经将相关经济变量作滞后一期处理。但没有将制度变量作滞后一期处理，是因为中国作为对外投资新崛起的后起大国，目前在东道国的投资规模仍然较小，还不足以影响东道国的制度水平，况且一个国家制度的变化是个长期的过程，短期内不会有明显的变化。

在引力模型中的 mgdp 表示中国实际 GDP，hgdp 表示东道国实际 GDP，hpgdp 表示东道国人均 GDP，用来测度东道国的市场潜力。表 6 - 1 是变量的数据来源和具体说明。

表 6 - 1　　　　　　　　　　　　　数据来源与变量说明

变量名称	变量说明	数据来源
OFDI	中国在东道国对外直接投资的流量	2003 ~ 2010 年数据来源于商务部《中国对外直接投资公报》
MGDP	中国的市场规模	《中国统计年鉴》各年数据，以 2005 年美元不变价表示
HGDP	东道国实际 GDP	《联合国国民账户数据库》以 2005 年美元不变价表示
HPGDP	东道国人均 GDP	《联合国国民账户数据库》以 2005 年美元不变价表示
HZD	东道国经济制度	《世界经济自由度》相关数据
HFZ	东道国法制制度	《全球治理指标》相关数据
FZGZ	法制规则	《世界经济自由度》相关数据
JDSP	监督水平	《世界经济自由度》相关数据
ZQWD	政权稳定性	《世界经济自由度》相关数据
ZFXL	政府效率	《世界经济自由度》相关数据
WHZD	文化制度	Kogut 和 Singh（1988）及其后续研究的方法进行计算得到

① 世界治理指标采用从法制规则、监督水平、政权稳定性、政府效率和腐败等五个方面，全面测度了东道国的总体制度水平，根据各指标计算评分，分数越高表示东道国制度环境越好。

三、模型检验和结果讨论

按照惯例，在正式检验之前，为了判断变量之间是否存在严重的多重共线性问题，有必要检验各主要变量之间的相关系数（见表 6 - 2）。在估计之前首先对自变量的相关性进行检验，所有相关系数均低于规定的临界值，且 VIF 值都小于 10（这个临界值由 Neter 等提出的），因而不存在严重的多重共线性的问题。本书采用 Heckman 模型的估计方法，相比较"两步估计法"，极大似然估计法更有效率。接下来的实证检验皆是采用极大似然法进行估计。

表 6 - 2   变量的相关系数矩阵

变量	1	2	3	4	5	6	7	8	9	10	11
1. OFDI	1										
2. MGDP	0.02	1									
3. HGDP	0.11	0.05	1								
4. HPGDP	-0.12	0.03	-0.04	1							
5. HZD	0.16	-0.15	-0.22	0.02	1						
6. HFZ	-0.02	0.09	-0.17	0.16	-0.07	1					
7. FZGZ	0.14	0.03	-0.16	-0.01	-0.02	0.21	1				
8. JDSP	-0.16	0.07	-0.25	-0.22	-0.12	0.24	-0.32	1			
9. ZQWD	-0.26	0.03	-0.28	-0.23	-0.16	0.36	-0.51	0.38	1		
10. ZFXL	-0.25	0.07	-0.01	-0.41	-0.13	0.43	-0.45	0.54	0.62	1	
11. WHZD	-0.24	-0.04	-0.15	-0.06	-0.31	-0.32	-0.18	0.36	0.54	0.46	1

（一）基准检验

基准检验是对本书设定模型的基本检验。具体如表 6 - 3 所示。本模型使用极大似然估计方法进行估计，由于 Heckman 是个两阶段选择模型，所以分为第一阶段和第二阶段；Wald 是用来判断除常数项以外系数的整体显著性检验。LR 用来判断模型是否存在样本自选择问题，如果显著，说明存在样本自选择问题，用 Heckman 模型估计是有效的。从表 6 - 3 可以看出，ln（MGDP）（中国 GDP）显著为正，表明随着中国经济体量的增大和企业实力的增强，迫切需要在国际市场配置资源并获取创造性资产，加之中国经济发展需要大量的能源和资源，走出去拓展国际市场是必然的选择路径，因而中国的对外直接投资规模迅速扩大。

表 6 - 3　　　　　　　　　　　　　基准检验

变量 （变量说明）	（1）		（2）		（3）	
	第一阶段	第二阶段	第一阶段	第二阶段	第一阶段	第二阶段
lnMGDP（中国的市场规模）	0.56 ** （2.10）	3.12 *** （8.21）	0.51 *** （2.13）	3.16 ** （7.21）	0.52 *** （1.19）	4.12 *** （9.21）
lnHGDP（东道国实际 GDP）	0.21 ** （2.04）	0.34 * （2.08）	0.19 ** （2.08）	0.38 ** （4.08）	0.26 * （3.04）	0.39 ** （5.01）
lnHPGDP（东道国人均 GDP）	0.04 * （1.22）	0.29 ** （4.46）	0.05 ** （1.28）	0.30 * （3.86）	0.03 ** （1.62）	0.26 * （3.26）
HFZ（东道国法制）			0.012 （0.53）	- 0.168 * （- 2.04）		
ZQWD（政权稳定性）					0.11 ** （2.56）	0.02 （1.54）
Wald	130.3	130.3	145.6	145.6	152.9	152.9
LR	13.24	13.24	14.58	14.58	11.35	11.35
	（0.000）	（0.000）	（0.000）	（0.000）	（0.000）	（0.000）

注：括号内为 Z 值，* 表示在 10% 的置信水平下显著；** 表示在 5% 的置信水平下显著；*** 表示在 1% 的置信水平下显著。（下表同）。

ln（HGDP）（东道国 GDP）和 ln（HPGDP）（东道国人均 GDP）两个变量显著为正，说明中国企业对外直接投资的获取市场动机明显，为了降低交易成本争夺更大的市场份额是国内有竞争优势企业攀升价值链高端、整合全球优质资源迫切愿望的反映。东道国人均 GDP 的增加也反映了东道国的市场潜力。按照《中国对外直接投资公报》和商务部发布的一些统计数据都表明中国对外直接投资主要是流向发展中国家或地区。这些发展中国家或地区的市场规模和人均 GDP 肯定不如发达国家或地区，为什么中国的企业倾向于选择在市场潜力不大的发展中国家投资呢？本模型的实证检验结果证实了王碧珺

(2013)① 的一项研究。他认为根据官方的数据认为"亚洲地区和发展中国家是中国对外直接投资的主要目的地"的说法是对中国对外投资客观现实的一种误读，发达国家才是中国投资的主要目的地，究其原因，他的解释是因为官方公布的数据是企业投资的第一目的地，并不代表最终目的地，第一目的地很可能是中转地或跳板。

从制度变量来看，由于本章对于制度变量的测度指标有很多，在基准检验中只选取了东道国法制和东道国政权稳定性来衡量东道国制度水平。东道国法制在第一阶段不显著，说明东道国法制状况不影响中国对外投资是否进入，但影响其后续的投资规模。在第二阶段显示东道国法制与中国对外投资负相关，说明东道国法制越糟糕，中国对其投资规模越大。此结论与传统理论预期不一致，可能的解释是由于中国对外投资主要集中在国外资源和能源、市场服务和先进制造业三个领域，赴海外投资的主要目的不是将具有比较优势的产业转移到国外，而是直接投资到不具有比较优势的领域，何帆(2013)把这种现象概括为"价值链扩张型"对外投资模式。这种投资模式说明了企业只要能够获取自身所需的资产，不太在意东道国的法制状况，相反越是法制状况有缺陷的国家，中国企业反而更有机会获取投资利益。一些研究发现也支持上述观点。例如，Habib 和 Zurawicki（2002）发现两国在腐败程度方面的绝对差异对双边 FDI 有消极影响。Shafer（2007）认为中国企业在国际化过程中，广泛存在的个人网络关系可能代替了正式的制度，所以中国对外投资通常被制度不完善的国家所吸引。张为付（2008）② 研究发现，中国目前的对外直接投资方式主要表现为：以国有或国有控股企业为主体；以资源能源寻求和市场扩展为主要方式；以进入东亚和国际避税区为主要目标区；具有政治收益高于经济收益的价值取向。

东道国 ZQWD（政权稳定性）变量在第一阶段显著为正，说明东道国政治稳定性对中国投资决策产生影响。在第二阶段不显著，说明东道国政权稳定性不影响中国企业的投资规模。但这种影响程度视东道国不同的制度环境

① 王碧珺. 被误读的官方数据 [J]. 国际经济评论，2013（1）.
② 张为付. 影响我国企业对外直接投资因素研究 [J]. 中国工业经济，2008（11）.

而改变。正如邱立成、赵成真（2012）[1] 的一项研究结果显示，中国对高收入国家的 FDI 极容易遭受潜在的法律制度风险和环保制度风险；对中等收入国家 FDI 遭受的潜在法律和环保制度风险明显低于高收入国家；对中低等及低等收入国家的投资，政治制度风险较为突出。

（二）"制度接近性"检验

综上，假设 1 所论述的制度环境如果影响中国企业海外投资活动，要视具体的制度指标而有所不同，有些指标反映了东道国制度质量与中国企业投资正相关，有的则呈现负相关关系。也有一些文献通过研究发现，无法判断东道国制度对中国的对外直接投资是否有影响（邓明，2012）[2]。

接下来重点研究制度距离是否与中国对外直接投资呈负相关关系，即双边制度距离越大，中国对外直接投资的投资规模越小。如果两者呈负相关关系，则"制度接近性"假设存在。以下分别从总样本估计、发达国家子样本估计和发展中国家子样本估计三个组别进行实证分析。

1. 总样本估计，见表 6-4。

表 6-4　　　　　　　　"制度接近性"检验（总样本估计）

变量	(1)		(2)		(3)	
	第一阶段	第二阶段	第一阶段	第二阶段	第一阶段	第二阶段
母国市场规模（Ln）	0.51 *** (2.02)	3.15 *** (7.21)	0.56 *** (5.53)	3.26 *** (8.21)	0.55 *** (2.29)	4.14 *** (9.25)
东道国（Ln）实际 GDP	0.22 ** (2.02)	0.32 ** (1.08)	0.19 ** (2.54)	0.28 ** (3.98)	0.24 ** (3.12)	0.38 ** (5.21)
东道国（Ln）人均 GDP	0.03 * (1.25)	0.25 * (4.06)	0.04 * (1.25)	0.31 * (3.16)	0.05 * (1.82)	0.27 * (3.36)
经济制度距离	-0.03 (-1.35)	0.08 ** (2.01)				

① 邱立成，赵成真. 制度环境差异、对外直接投资与风险防范：中国例证 [J]. 国际贸易问题》，2012（12）.

② 邓明. 制度距离、示范效应与中国 OFDI 的区位分布 [J]. 国际贸易问题，2012（2）.

续表

变量	(1)		(2)		(3)	
	第一阶段	第二阶段	第一阶段	第二阶段	第一阶段	第二阶段
法制规则距离			0.02 (1.35)	0.01 (1.16)		
监督水平距离					−0.15 (−6.15)	0.07** (3.36)
政府效率距离					0.07 (1.52)	0.12** (4.51)
Wald	120.2	120.2	135.1	135.1	146.7	146.7
LR	14.34	14.34	15.27	15.27	16.12	16.12
	(0.000)	(0.000)	(0.000)	(0.000)	(0.000)	(0.000)

2. 发达国家样本估计。针对发达国家子样本的估计结果见表6－5。四个衡量制度距离的指标在模型第二阶段皆呈负相关关系，说明中国在发达国家的投资规模与彼此的制度距离负相关，即制度距离越小，投资规模越大，从而证明了中国在东道国是发达国家进行投资，具有"制度接近性"特征，而且经济制度距离的系数绝对值最大。

表6－5   发达国家子样本的估计结果

变量	(1)		(2)		(3)	
	第一阶段	第二阶段	第一阶段	第二阶段	第一阶段	第二阶段
母国市场规模（ln）	0.61*** (2.35)	3.35*** (8.23)	0.62*** (4.37)	3.27*** (7.71)	0.65*** (3.30)	3.64*** (9.78)
东道国（ln）实际GDP	0.32** (2.25)	0.42** (1.29)	0.39** (3.91)	0.40** (3.38)	0.35** (3.16)	0.45** (6.32)
东道国（ln）人均GDP	0.13* (2.31)	0.15* (2.87)	0.14* (2.47)	0.19* (3.23)	0.18* (3.79)	0.20* (3.52)
经济制度距离	0.01 (1.21)	−0.12** (−3.21)				
法制规则距离			0.02 (1.35)	−0.08* (−2.12)		

续表

变量	(1)		(2)		(3)	
	第一阶段	第二阶段	第一阶段	第二阶段	第一阶段	第二阶段
监督水平距离					-0.05 (-1.01)	-0.06*** (-1.78)
政府效率距离					0.07 (1.52)	-0.09* (-1.46)
Wald	115.4	115.4	121.5	121.5	124.1	124.1
LR	11.21	11.21	13.56	13.56	12.24	12.24
	(0.000)	(0.000)	(0.000)	(0.000)	(0.000)	(0.000)

3. 发展中国家子样本估计。针对发展中国家子样本的估计结果见表6-6。四个衡量制度距离的指标在模型第二阶段皆呈正相关关系，说明中国在发展中国家的投资规模与彼此的制度距离正相关，即制度距离越大，投资规模越大，从而证明了中国在东道国是发展中国家进行投资，不具有"制度接近性"特征。中国企业在国际化过程中，广泛存在的个人网络关系可能代替了正式的制度，所以中国对外投资通常被制度不完善的国家所吸引（Shafer，2007）。

表6-6　　　　　　　　发展中国家子样本的估计结果

变量	(1)		(2)		(3)	
	第一阶段	第二阶段	第一阶段	第二阶段	第一阶段	第二阶段
母国市场规模（ln）	0.11*** (1.14)	2.35*** (4.35)	0.22*** (1.89)	2.27*** (4.52)	0.15*** (3.21)	2.12*** (8.22)
东道国（ln）实际GDP	0.21** (1.19)	0.13** (2.29)	0.21** (2.82)	0.32** (2.12)	0.16** (2.27)	0.19** (4.25)
东道国（ln）人均GDP	0.07* (1.45)	0.15* (2.26)	0.11* (2.32)	0.16* (3.15)	0.16* (2.45)	0.17* (2.83)
经济制度距离	0.11 (1.25)	0.42* (1.78)				
法制规则距离			0.04 (1.89)	0.36* (1.67)		

续表

变量	(1)		(2)		(3)	
	第一阶段	第二阶段	第一阶段	第二阶段	第一阶段	第二阶段
监督水平距离					-0.15 (-1.01)	0.15^{***} (1.28)
政府效率距离					0.07 (1.52)	-0.09^{*} (1.46)
Wald	121.2	121.2	119.2	119.2	123.2	123.2
LR	13.16	13.16	14.21	14.21	15.34	15.34
	(0.000)	(0.000)	(0.000)	(0.000)	(0.000)	(0.000)

（三） 制度偏向性检验

接下来主要检验如果"制度接近性"特征不存在，那么中国对外投资是否偏向比母国制度水平高的东道国，体现出某种"制度偏向性"特征。通过上述的"制度接近性"是否存在的检验结果来看，只有总体样本和东道国是发展中国家，中国对外直接投资不具有某种"制度接近性"特征。那么接下来主要用总体样本和发展中国家子样本来检验"制度偏向性"特征是否存在。

中国对外直接投资是偏向制度好的国家还是差的国家呢？通过表6-7的检验结果来看，经济制度距离在 JZ > 3.21 的样本中，在第二阶段显著为正，说明当东道国经济制度质量比中国高的情况下，经济制度的绝对距离与中国对外投资规模呈正相关关系。也就是说中国在对外投资时偏向选择经济制度环境比中国更好的国家或地区。经济制度距离在 JZ < 3.21 的样本中，在第二阶段也是显著为正，这说明对于经济制度环境比中国差的东道国，中国对外投资偏向经济制度环境更差的东道国。这点与传统的理论预期不一致，但与中国的对外投资的实践基本吻合。中国对于非洲市场的投资显示出中国对于经济制度环境比中国差的国家有一定的偏向性。在福布斯2012年发布的《中国海外投资风险排行榜》表明，中国在非洲的投资风险程度最高，但这些投资风险丝毫没有降低中国企业投资非洲的热情。

表6－7　　　　　　　　　　　　总样本估计（制度偏向性检验）

变量	(1) JZ > 3.21		(2) JZ < 3.21		(3) FZ > 4.26		(4) FZ < 4.26	
	第一阶段	第二阶段	第一阶段	第二阶段	第一阶段	第二阶段	第一阶段	第二阶段
市场规模	0.01 ** (1.03)	0.35 ** (2.13)	0.13 ** (3.63)	1.36 ** (4.52)	1.03 ** (3.63)	1.24 ** (3.42)	1.21 ** (2.13)	1.02 ** (2.32)
实际 GDP	0.32 * (1.29)	0.21 * (1.59)	1.23 ** (3.42)	1.61 ** (5.26)	1.01 * (2.72)	0.11 ** (1.22)	1.21 ** (3.72)	0.22 ** (1.42)
人均 GDP	1.01 * (3.27)	0.16 * (1.82)	0.12 * (1.72)	1.06 * (4.25)	0.21 * (1.52)	1.16 * (2.95)	0.13 * (1.62)	0.17 * (1.98)
经济制度距离（JZ）	-0.12 (-0.55)	0.42 * (1.43)	-0.14 (-0.75)	0.12 * (0.63)				
法制规则距离（FZ）					-0.01 (-0.89)	0.04 * (0.58)	-0.11 (-0.69)	0.21 (0.97)
Wald	111.3	111.3	120.1	120.1	98.01	98.01	101.8	101.8
LR	11.21	11.21	12.56	12.56	13.43	13.43	10.98	10.98
	(0.000)	(0.000)	(0.000)	(0.000)	(0.000)	(0.000)	(0.000)	(0.000)

注：JZ > 3.21 表示东道国经济制度环境比中国好的样本；JZ < 3.21 表示东道国经济制度环境比中国差的样本。其中3.21表示中国经济制度环境测度指标的均值。

　　同样，法制规则距离在 FZ > 4.26 的样本中，第二阶段显著为正，说明对于法制规则优于中国的国家，双边的法制规则距离与中国的对外投资规模呈正相关关系。也就是说，中国对外投资时偏向法制规则比中国更好的国家。因为在比中国法制环境好的东道国投资可以降低因为不确定性而增加的交易成本，提高合约的执行效率，从而提升对外投资绩效。而法制规则距离在 FZ < 4.26 的样本中，第一阶段和第二阶段皆不显著，说明对于法制规则比中国差的东道国，中国对外投资的制度偏向性不明显。

　　表6－8 所示的东道国监督水平距离在 JD > 2.28 的样本中，第二阶段显著为正，说明对于监督水平高于中国的东道国，双边制度层面的距离与中国对外投资规模呈正相关关系。东道国监督水平距离在 JD < 2.28 样本中，第二阶段显著为正，说明对于东道国监督水平低于中国的国家，中国企业偏向监督水平比中国低的东道国。对此可能的解释是中国走出去企业普遍缺乏履行社会责任的理念，对于环境的保护和资源的节约意识不强，因此如果东道国

对此的监督水平不高，则中国企业可以规避此类成本，从而扩大投资规模。

表 6 – 8　　　　　　　　　　　　发展中国家子样本（制度偏向性检验）

变量	(5)		(6)		(7)		(8)	
	JD > 2.28		JD < 2.28		ZF > 1.96		ZF < 1.96	
	第一阶段	第二阶段	第一阶段	第二阶段	第一阶段	第二阶段	第一阶段	第二阶段
市场规模	0.011 ** (1.04)	0.36 ** (2.15)	0.132 ** (1.43)	1.26 ** (3.22)	0.03 ** (0.23)	0.25 ** (0.43)	0.11 ** (0.33)	1.04 ** (2.22)
实际 GDP	0.22 * (1.29)	0.01 ** (0.59)	0.13 ** (2.42)	0.31 ** (3.26)	0.02 * (0.52)	0.21 ** (0.42)	1.11 ** (4.41)	0.35 ** (1.68)
人均 GDP	0.06 * (1.26)	0.15 * (0.52)	0.02 * (0.42)	1.06 * (4.25)	0.21 * (1.52)	1.16 * (2.95)	0.13 * (1.62)	0.17 * (1.98)
监督水平距离（JD）	- 0.23 (- 1.55)	0.02 * (0.56)	0.12 (1.75)	0.22 * (1.87)				
政府效率距离（ZF）					- 0.011 (- 0.99)	0.03 * (0.37)	- 0.21 * (- 1.39)	0.24 (1.97)
Wald	115.6	115.6	106.8	106.8	88.21	88.21	105.2	105.2
LR	10.32 (0.000)	10.32 (0.000)	11.42 (0.000)	11.42 (0.000)	12.03 (0.000)	12.03 (0.000)	9.98 (0.000)	9.98 (0.000)

政府效率距离在 ZF > 1.96 的样本中，第二阶段显著为正，说明对于政府效率比中国高的国家或地区，中国企业倾向于政府效率高的国家或地区。政府效率高，说明政府廉洁和透明，给企业提供的公共服务水平较高，因而可以大幅度降低中国企业海外投资的成本。针对政府效率距离在 ZF < 1.96 的样本中，第二阶段不显著，第一阶段显著为负，说明在政府效率方面比中国差的东道国，中国企业偏向政府效率更接近中国的东道国。

第二节　制度距离、"强效制度环境"与中国企业对外投资模式选择

本节的研究目的是构建一个解释东道国制度距离和市场经济运行效率对跨国企业海外投资建立方式和股权比例影响机制的框架。同时也探讨了东道

国市场经济运行效率对中国企业 FDI 建立方式和股权比例的调节效应，对于跨国企业来说，东道国不仅要有一套符合国际标准的正式的法律制度框架，更要有维护市场经济顺利运行的"强效制度环境"。

一、文献回顾

参照 Meyer 等（2009）[①] 的观点，即如果东道国具备促进市场经济运行的强有力的制度环境，即"强效制度环境"，没有对外国企业的所有权份额、投资领域、控股方式、企业责任等施加苛刻限制的话，则外国投资者可以顺利地通过外部市场获取自身发展所需的资源，此时制度因素与对外投资模式的相关性就会弱化；而当东道国对外国投资者设置种种限制时，交易成本的增加使得跨国企业母公司转移优质资产到东道国子公司的动机减弱，并通过相应的组织间所有权和控股权的变更来应对外部市场的不完善所带来的额外交易成本，此时制度特征对企业投资模式选择的决定作用凸显（阎大颖等，2010）[②]。也有学者的研究证实了东道国市场经济体制状况对企业海外投资的影响机制。例如，Caselli 和 Gennaioli（2008）研究发现，对外投资模式与跨国企业决策很大程度上受到东道国市场经济体制有效性的影响。东道国制度质量与市场经济运行效率有可能是跨国企业对外投资的建立方式和股权比例安排的重要决定因素。在一些发展中国家或转型经济体其在市场经济运行效率方面相对发达国家来说较低，很大程度上是因为支撑市场经济运行的游戏规则缺失（Hitt，2004）和差的执行力（Hoskisson et al，2000）。在大多数有关跨国公司的研究中，学者普遍认为新兴经济体和发展中国家应该取消对外国跨国企业的种种投资限制，只有积极为海外投资企业创造优质的投资环境才能吸引更多地跨国企业进入，这将有助于这些处于发展阶段的东道国获取稀缺性的战略性资源（Aghion et al，2008）。如果东道国对外国企业限制过多，则在海外投资建立方式的选择上，合资将是唯一的选择，正如 Child 和 Tsai（2005）指出，如果跨国企业在积极有利的外部环境中进行投资活动，

---

① Meyer K. E. , Estrin S. , Bhaumik S. K. Peng M. W. Institutions, resources and entry strategies in emerging economies. Strategic Management Journal, 2009, 31: 61–80.
② 阎大颖，任兵，赵奇伟. 跨国并购抑或合资新建 [J]. 山西财经大学学报，2010 (12).

投入的资源将会更加丰富，跨国企业将选择股权比例较高的投资安排，如全资模式，东道国也容易获取自身发展的优质资源禀赋。

国内部分学者对制度距离的研究侧重于宏观视角，诸如研究东道国的腐败的问题、经济大环境的恶化对企业海外投资的影响。薛求知、韩冰洁（2008）① 以新兴市场国家的跨国公司子公司作为样本，研究东道国腐败程度对跨国公司进入模式的影响。结果表明，东道国腐败对跨国公司经营产生不利影响。为此，跨国公司应结合自身的战略动机选择能够规避东道国腐败因素引起不利影响的进入模式。黄速建、刘建丽（2009）② 构造了一个分层次树型模型和动态的多目标进入模式决策模型，分析了进入模式选择的影响因素和进入模式决策过程与决策方法。认为要提高中国企业的国际化经营绩效，就必须实现进入模式与内部资源及外部环境的有机统一。也有学者基于制度视角探讨影响中国企业对外直接投资模式选择的因素。例如，阎大颖等（2010）③ 的一项研究表明，东道国制度通过影响市场配置资源的效率，进而间接影响中国企业对外直接投资模式的选择，如果东道国制度环境良好，中国企业倾向于选择跨国并购模式而非合资新建。

二、理论与假设

（一）非正式制度距离与企业对外投资模式选择

对外投资模式的选择不同程度上受到东道国非正式制度的影响，主要包括道德观念、文化认同感和社会普遍认可的传统习俗等（Zimmerman et al，2002）。一方面，这些因素决定着外国企业在东道国获取认同感的程度，为了减少在陌生市场运营的"外籍负担"，跨国企业必须合规地接受东道国的一些潜移默化的非正式制度软环境，因为寻求在当地的社会合法性是外国投资者确保获取跨国投资利益的重要保证，尤其在东道国市场机制不健全的条件下，更要想方设法寻求东道国社会公众的认可。关于非正式制度与企业海外

---

① 薛求知，韩冰洁. 东道国腐败对跨国公司进入模式的影响研究 [J]. 经济研究，2008（4）.
② 黄速建，刘建丽. 中国企业海外市场进入模式选择研究 [J]. 中国工业经济，2009（1）.
③ 阎大颖，任兵，赵奇伟. 跨国并购抑或合资新建 [J]. 山西财经大学学报，2010（12）.

投机建立方式之间的关系，学者们做了大量研究。Hitt 等（2004）研究发现，发达国家跨国企业在新兴市场经济体投资时为了降低经营风险，抵消外部市场机制交易带来的成本增加，通常要依靠诸如社会关系网络、族裔优势等非正式制度。在市场机制不完全，腐败盛行的国家进行投资时，因相比东道国企业而言，外国跨国企业难以适应这种糟糕的营商环境，或者直接因这些制度规则而受到当地社会的歧视，反而增加了在当地生存的难度（Peng，2003）。为此，外国投资者选择新建投资方式，直接复制母国成熟的治理结构，尽量避免非正式制度带来的种种干扰，可能是最佳的海外市场进入方式。Estrin 等（2009）研究发现，新建投资由于对当地市场缺乏了解，因而很难融入当地社区，对企业运营造成不利。但也有学者研究发现，通过并购方式取得公司内部经营的一致性也是非常困难的，由于并购双方社会人文背景差异造成的双方公司治理机制的不同，也会提高并购后内部人员管理的难度（阎大颖等，2010），此时选择新建投资融入当地社区可能是相对可行的投资模式（Datta et al，2002）。在非正式制度距离存在的情况下，新建投资可以更好地利用母公司已有的网络资源，面临的冲突较小，同时新建投资也可以得到东道国当地资源的支持，因为在新建投资模式下其雇员大多来自于当地，这些工人了解当地的风俗民情和行为方式（Xu et al，2004）。

关于非正式制度与股权比例之间的关系，众多学者的研究结论不一，有的认为在非正式制度距离较大的情况下，进入东道国当地的商业网络和与关键股东有效沟通都变得非常重要，跨国企业应选择合资的方式，目的是尽可能规避投资风险。尤其是因为母国与东道国在规范制度与非正式制度层面差异较大产生不确定性的背景下，合资是最优的股权安排（Guillen，2003；Kaynak et al，2007）。当地合作伙伴与当地供应商、分销商和有关当局进行接触减少了跨国企业直接在当地陌生的环境下进行交易的成本，有助于寻求在当地经营的合法性（Xu & Lu，2006），同时对跨国企业更好地扎根当地，并融入当地文化保护对方的利益等方面都是有益的。同时也意味着，跨国企业在东道国不仅为公司股东负责，也要为所处的社会和环境负责；不仅为企业母公司所在国的社会和环境负责，也对海外投资目标国的社会和环境负责，即承担全球责任（王志乐，2012）。综上，提出如下假设：

假设 4：高的非正式制度距离导致中国跨国企业在海外投资建立方式上倾向于选择新建投资方式。

假设 5：高的非正式制度距离导致中国跨国企业在股权比例上倾向于选择合资方式。

（二）正式制度距离与企业对外投资模式选择

正式制度距离即管制制度距离指母国与东道国在包括法律、规则、制裁等强制约束人们行为的制度方面的差异，如在法制完备性和执法效力、产权保护程度、政府干预经济的方式等正式制度层面上的不同，这些层面都会决定市场运行机制和资源配置效率，进而决定经济主体市场交易成本和风险（阎大颖等，2010）。关于正式制度距离与企业海外投资建立方式之间的关系，学者们做了大量研究。一些学者研究发现，如果跨国企业在正式制度距离较远的国家进行并购活动时，会面临政府干预和弱的产权保护等约束因素（Scheneper et al，2004）。一些实证研究发现，在正式制度距离较远的东道国进行投资活动时，跨国企业倾向于选择新建投资方式而不是并购（Kogut et al，1988；Cho et al，1995），这些制度距离增加了跨国企业并购后的管理成本，对企业如何整合被并购企业的资源、如何有效地实现企业并购以后利益最大化等问题造成了困扰。因此当企业在面临高的正式制度距离时，选择新建投资可以避免并购带来的不利影响。

关于正式制度距离与企业海外投资的股权比例之间的关系，部分学者研究发现，在高的正式制度距离存在的情况下，跨国企业在东道国选择一个具有可靠信任关系的合作伙伴可以减少投资的风险和不确定性（Dhanaraj et al，2004）。母国与东道国之间存在的正式制度距离是企业外向国际化面临"外籍负担"的诱发因素，选择与当地合作伙伴的合作可以减少这种陌生的负担。一些实证研究也证实当两国在正式制度存在差异的情况下，选择合资模式进入是最佳的选择（Xu et al，2004；Wasaensia，2011）。综上，提出如下假设：

假设 6：高的正式制度距离与中国跨国企业选择新建投资模式的概率正相关。

假设 7：高的正式制度距离与中国跨国企业选择合资方式的概率正相关。

（三） 东道国"强效"制度环境与企业对外投资模式选择

一般来说，跨国企业在海外投资建立方式上如果东道国管制制度完善且具有良好的市场经济环境，则选择并购的概率较大（Hennart & Park，1993）。同样地，如果东道国对外来投资者提供强效的保护制度以及对被并购企业越少的行政干预，则跨国企业通常选择以并购方式进入（Pagano & Volpin，2005）。东道国高效的市场经济环境以及对产权的有效保护是跨国企业选择并购模式进入强有力的制度保障。相比新建投资来说，由于建设周期长，遭受外籍负债和现有企业报复等压力，在市场经济运行效率高的东道国，并购相对新建投资方式具有一定的优越性。

关于东道国市场经济运行效率与企业海外投资的股权比例之间的关系，有研究认为，如果东道国减少对外资股权比例的限制将促进跨国企业选择全资方式而不是合资（Chung & Beamish，2005）。Hsu 和 Wang（2009）研究发现，那些对外商投资股权安排和建立方式限制较少的东道国其市场经济运行效率一般来说较高，也就是对于外国投资者放松管制，并提供优惠的条件，尽量减少外商投资的交易成本。因此市场经济运行效率高的东道国能够吸引跨国企业通过全资方式投入更多的资源。Luo 和 Tung（2007）在一项研究中发现，对于新兴市场国家的跨国公司而言，可能存在制度逃逸现象，即企业通过国际化逃离本国不协调的制度约束，因此东道国的市场经济运行效率相对于母国越宽松，投资者就越容易通过全资的方式在当地发展，此时，制度因素与对外投资模式的相关性并非不存在，但已经相对弱化。因此，可以预期的是，如果东道国市场经济运行效率较高，则跨国企业选择并购和全资模式是其最优的国际化战略。东道国市场经济运行效率也就是指东道国具备促进市场经济运行的"强效"制度环境。如果东道国是"强效"制度环境，则制度与跨国企业投资模式的相关性就会淡化；如果东道国是"弱效"制度环境，则制度与跨国企业投资模式的相关性就会增强。综上，提出如下假设：

假设 8：东道国具备促进市场经济运行的"强效"制度环境将导致外国企业在 FDI 建立方式上选择并购模式。

假设 9：东道国具备促进市场经济运行的"强效"制度环境将导致外国企业在 FDI 股权比例上选择全资模式。

Klapper 等（2004）认为如果东道国不断改善促进市场经济运行的"强效"制度环境（例如，取消 FDI 进入壁垒、减少对关键产业外资持股的干预以及增加吸引外资的透明度等），则会吸引更多的 FDI 进入和更高的资源承诺，也使得现有跨国企业调整投资战略，能够进入以前无法进入的领域，这种安排将使得母国和东道国的收益显著增加（Trevino et al，2008；Chen et al，2009）。

本书认为，对于新兴市场国家和欧美日等发达国家而言，由于这些国家基本上具备促进市场经济运行的"强效"制度环境，则会吸引更多的中国企业选择以跨国并购的方式进行投资活动。尽管对于中国跨国企业来说，母国与东道国在正式制度和非正式制度方面仍存在很大差异，但诸如美国和一些欧洲发达国家如果减少对来自中国国有企业和一些大型的民营企业投资活动的干预（最典型的诸如对国家安全、产业安全等歧视性的审查制度），则中国企业将加大对这些发达市场的资源承诺，对提升东道国市场的就业水平和双方市场的融合产生积极的影响。由于现有的文献大多数是对发达国家的跨国企业进行考察，把重点放在发展中国家如果提升促进市场经济运行的"弱效"制度环境上，因此得出的结论很难适用于当前中国企业走出去的现实。其实中国作为新兴市场国家近年来在海外投资面临的困难和风险急速增加，尽管在一些"强效"的市场经济非常完善的发达国家投资，但也同样面临各种各样的不公平待遇，为此如何进一步提升发达国家固有的"强效"制度环境，确保中国跨国企业公平的经营环境将是未来一段时期中国跨国企业急需破解的难题。

据此，本书认为，东道国促进市场经济运行的"强效"制度环境可以对正式制度和非正式制度距离对企业海外投资建立方式和股权比例安排的影响起到调节作用。综上，提出如下假设：

假设 10：东道国"强效"制度环境对跨国企业海外投资建立方式和正式制度距离二者之间具有积极的调节效应：在市场经济运行效率高的情况下，跨国企业在正式制度距离较远的东道国有可能选择并购方式；而在市场经济运行效率低的情况下，跨国企业在正式制度距离较远的东道国有可能选择新建投资方式。

假设 11：东道国"强效"制度环境对跨国企业海外投资股权比例和正式

制度距离二者之间具有积极的调节效应：在市场经济运行效率高的情况下，跨国企业在正式制度距离较远的东道国有可能选择全资方式；而在市场经济运行效率低的情况下，跨国企业在正式制度距离较远的东道国有可能选择合资方式。

假设 **12**：东道国"强效"制度环境对跨国企业海外投资建立方式和非正式制度距离二者之间具有积极的调节效应：在市场经济运行效率高的情况下，跨国企业在非正式制度距离较远的东道国有可能选择并购方式；而在市场经济运行效率低的情况下，跨国企业在非正式制度距离较远的东道国有可能选择新建投资方式。

假设 **13**：东道国"强效"制度环境对跨国企业海外投资股权比例和非正式制度距离二者之间具有积极的调节效应：在市场经济运行效率高的情况下，跨国企业在非正式制度距离较远的东道国有可能选择全资方式；而在市场经济运行效率低的情况下，跨国企业在非正式制度距离较远的东道国有可能选择合资方式。

（四）本节的研究框架

图 6 – 1 是本部分研究的主要结构图，表明了解释变量和被解释变量之间的各种关系，主要探讨正式制度距离和非正式制度距离对跨国企业海外投资建立方式和股权比例的影响机理。同时也探讨了东道国市场经济运行效率对跨国企业 FDI 建立方式和股权比例的调节效应，这种调节效应见图 6 – 1 中的虚线。

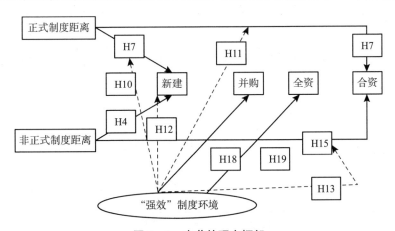

图 6 – 1　本节的研究框架

注：虚线表示市场经济运行效率对制度的调节作用。

三、实证研究设计

本节研究的变量具体说明见表6-9。

表6-9 本节变量选取的具体说明

变量名	变量解释	衡量方法	数据来源
FDI 建立方式	衡量企业海外投资是选择新建投资还是并购方式	哑变量，如果进入目标企业选择新建方式取值为1，并购方式为0	商务部网站、FT 中文网、路透社网站、华尔街日报
FDI 股权比例	衡量企业海外投资的股权比例安排是选择全资方式还是合资方式	哑变量，如果进入目标企业选择合资方式取值为1，全资方式为0	商务部网站、FT 中文网、路透社网站、华尔街日报
非正式制度距离	衡量母国与东道国在规范制度和认知制度方面的差异	非正式制度距离采用中国与东道国在腐败指标上的得分之差来表示	腐败数据来自《透明国际》各年度报告
正式制度距离	衡量母国与东道国在法律、规则、制裁等强制约束企业行为的制度方面的差异	正式制度距离为中国在法律结构和产权保护指标上的得分减去东道国在此指标上的得分	《世界经济自由度》各年度报告中的数据
市场经济运行效率	衡量东道国在具备促进市场经济运行的"强效"制度环境	采用经济自由度指数的"对外国所有权和投资约束"指标分值来表示	《世界经济自由度》各年度报告
母国特定优势	衡量母国国家整体在一国对外投资中的地位与作用	采用中国与东道国竞争力得分之比来表示（JZL），JZL 越高，代表中国相对于东道国的竞争力越强	瑞士洛桑国际管理学院（IMD）每年发布的《世界竞争力年度报告》
母公司规模	衡量母国在海外投资的规模	采用母公司国外的销售额来表示，取对数	各公司网站和年度财务报表
国际化经验	衡量跨国企业在本地投资之前的投资经历	哑变量，如果过去有海外投资经历的取值为1，其余为0	各公司网站和商务部统计数据
产业集群	衡量企业国际化分工的程度	哑变量，如果企业抱团走出去取值为1，否则为0	中国企业联合会、门户网站、百度
东道国国家风险	衡量企业面临的政治风险和一些非市场风险	直接采用东道国风险指标数据	PRS 国家风险数据库
海外投资进入时间	衡量金融危机对企业海外投资模式选择的影响	哑变量，如果在 2007 年之后进行海外投资取值为1，其余为0	商务部网站、FT 中文网、路透社网站、华尔街日报

（一）数据来源

本节选取 2001～2012 年期间中国跨国企业样本来分析影响其对外投资模式选择的因素：东道国制度距离与市场经济运行效率。本节按如下标准进行选择：（1）对外投资企业的母公司样本均选自中国世界 500 强指数和中国民营企业 100 强指数；（2）在海外子公司的成立或其他模式的投资安排均发生在 2001～2012 年；（3）以所选公司在 2001～2012 年各年发生的对外投资项目数为观测变量，本节在原有的研究基础上增加了若干家民营企业，并通过公司的网站、FT 中文网、查找这些企业海外投资的相关新闻，通过各种渠道搜集到的资料进行整理，共得到 325 个对外投资活动安排。

（二）变量说明

1. 被解释变量。本节有两个被解释变量，且都是二元变量。对外投资的建立模式（令并购模式为 1，新建模式为 0）和所有权模式（令合资为 1，全资为 0）。如果中国企业一开始在进入东道国时选择新建子公司的方式，那么就表示这种投资模式为新建投资；如果中国企业在开拓东道国市场时，选择并购方式（部分并购或完全并购），那么就表示这种投资模式为跨国并购。对于跨国企业股权比例的界定标准参照 Mani 等（2006）和 Wasaensia（2011）的研究方法，把母公司对子公司的股权控制超过 95% 定义为全资方式，即如果中国企业在进入东道国时所占股权比例大于 95% 或更多，则为全资模式，而相应地小于 95% 的股权则为合资模式。

2. 解释变量。本节主要关注的是三个解释变量，正式制度距离、非正式制度距离和东道国市场经济运行效率。计算这三个解释变量的数据来源于《世界经济自由度年度报告》和《世界竞争力年鉴》。经济自由度指数，是由《华尔街日报》和美国传统基金会发布的年度报告，涵盖全球 155 个国家和地区，是全球权威的经济自由度评价指标之一，在一个指标上分数越高，政府对经济的干涉水平越高，因此经济自由度越低。各个指标累加后的平均值可以计算出总系数。美国传统基金会的观点是，具有较多经济自由度的国家与那些较少经济度的国家相比，会拥有较高的长期经济增长速度和可持续增长的潜力。具体衡量的指标包括这十项因素即营商自由、贸易自由、财政自由、政府开支、货币自由、投资自由、金融自由、产权保障、廉洁程度和劳工自由。经济自由度指数在国际经济学和制度经济学的相关研究中得到广泛应用（Dreher et al, 2007；阎大颖等, 2010）。近年来, Feldmann（2010）使用经济自由度数据研究经济自由度与失业之间的关系, Stringham 和 Levendis（2010）同样使用自由度指标研究了经济自由度与自杀率之间的关系, 发现二者呈显著的负相关关系。因此使用经济自由度指数来测度正式制度距离与东道国市场经济运行效率是可靠的。

正式制度距离指母国与东道国在法律、规则、制裁等强制约束人们行为的制度方面存在的差异。本节采用经济自由度指数的法律结构和产权保护指标来度量母国与东道国在正式制度方面的差异。具体包括 7 个子指标, 即司法独立性、公平审判、产权保护、军事干涉的法治和政治过程、法律体系的完整性、合约执行的法律和不动产销售的管制。因此正式制度距离为中国在法律结构和产权保护指标上的得分减去东道国在此指标上的得分。

非正式制度的度量众多学者选择的指标有所不同。有的选择瑞士洛桑国际管理学院（IMD）每年发布的《世界竞争力年度报告》的数据, 该数据涵盖 59 个经济体, 世界竞争力报告评估的指标包括经济表现、政府效率、企业效率和基础设施四大类。世界竞争力年度报告数据在国际经济学和企业战略研究中经常被采用, （Gaur et al, 2007）, 其非正式制度距离的计算采用中国竞争力指数减去东道国相应分值的方法得出。也有学者采用文化距离和腐败程度来度量母国与东道国在非制度方面的差异。文化距离在一些文献中经常被用来衡量非正式制度或规范制度（Quer et al, 2011；Estrin et al, 2009）。最经典的研究文化对企业海外投资模式选择影响的文献是 Kogut 和 Singh 在1988 年的一篇论文。国内学者在研究文化距离时基本上沿袭上述研究的方法, 计算中国与其他东道国的文化距离。近年来部分学者开始关注腐败或者说机会主义倾向对跨国企业海外投资的影响。Demirbag 等（2010）认为腐败作为非正式制度的组成部分, 尽管在一般情况下跨国企业为了规避东道国的腐败而选择合资方式, 但对于文化距离较小的东道国, 跨国企业为了避免因为东道国腐败而产生的在合资模式中的道德风险, 反而选择以全资方式进入东道国。有学者把腐败作为非正式制度的一部分, 研究其对企业海外投资模式选择的影响。Straub（2007）把腐败分为官僚腐败和高水平的政治腐败两种类型，研究两种类型的腐败对跨国企业对外投资模式的影响。本节采用透明国际组织发布的衡量各国腐败程度的有关数据来研究非正式制度与中国跨国企业对外投资模式选择之间的相关性。

东道国市场经济运行效率指标采用经济自由度的国际资本市场控制分值来表示，国际资本市场控制包括两个子指标：外商所有权或投资的限制和资本控制。为了验证东道国市场经济运行的效率，同时采用各年经济自由度报告的分指标 starting a business 和 licensing restrictions 进行稳健性分析。

3. 控制变量。为了解释跨国企业对外投资建立方式和所有权模式的不同，大量的文献从不同视角对影响对外投资进入方式的因素进行了研究。众所周知，中国的跨国企业在进行对外投资时享有特定的企业优势，即可以享受比国外竞争对手更低的融资成本，且可以获得国有银行大量的低成本贷款（Ankiewicz & Whalley，2006）。在改革开放初期，中国对外投资主体由国有企业垄断，关键的投资决策包括东道的选择都会受到政治因素的影响（Hong & Sun，2006）。Sumon 和 Catherine（2011）对中国在东道国从事海外工程项目承包与其后地对外直接投资活动的相关性进行实证研究。结果表明，二者呈显著的正相关关系，即中国在东道国从事经济合作项目是为以后的直接投资做准备。也有学者从中国国家特定优势视角出发，认为母国是一国企业对外投资的基石，母国因发展条件的不同，造就了各国不同的行业优势、规模优势、区位优势组织优势及其他特定优势（裴长洪、郑文，2011）。Cheung 和 Qian（2009）认为中国政府通过对跨国企业投资项目的审批权和外汇控制等手段，按国家的战略目的对企业对外直接投资资源进行宏观调控。Liang 和 Lu（2011）针对中国民营企业对外直接投资的优势与劣势进行了研究。相比国有企业而言，民营企业在组织能力方面有优势；相比外商投资企业，民营企业在组织能力有劣势但在国内资源获取方面占优势。

结合已有研究文献，本节选择的控制变量如下：

第一，从母国国家特定优势角度入手选取相关变量。根据裴长洪等（2011）的研究，揭示出母国国民收入水平是一国对外投资的重要前提，母国服务业发展水平也构成一国对外直接投资的重要起步条件。据此假设随着母国国民收入水平和服务业发展水平的提升，中国跨国企业对外投资的选择方式也在不断发生变化。具体测度母国国家特定优势的方法参照阎大颖

（2009）的方法即采用世界经济论坛年度报告中的全球竞争力指数①进行测量，本节研究使用中国与东道国竞争力得分之比来表示（JZL），JZL 越高，代表中国相对于东道国的竞争力越强，说明母国国家特定优势明显。

第二，从企业角度入手选取相关变量。母公司规模和国际化经验这两个变量的具体度量同前文。母公司规模在过去的相关研究中被认为是影响企业海外投资模式选择的重要变量（Quer et al，2011；Cui et al，2010；Fabio et al，2009）。企业国际化经验同样是影响企业海外投资进入方式的重要因素（Slangen & Hennart，2007）。

第三，从企业集群化特征视角选择相关变量。一般来说，企业如果处在某个产业集群里，其抵抗风险的能力增强，有助于提升对外投资中诸多隐性问题的认知能力和解决技巧，能够更好地构建产业链、价值链、物流链、信息链，从而提升企业在国际分工中的地位（薛荣久，2012）。余珮、孙永平（2011）②利用跨国公司区位选择微观理论为基础，研究发现，在华投资的欧美制造业公司普遍采用"集聚"战略，集聚效应是样本公司区位选择的重要决定因素。王宏（2012）③认为在制造业领域，集聚效应对 FDI 的区位选择有显著影响。某一地区的外商越多，新的外商就越倾向投资于该区域。洪联英、刘解龙（2011）④从微观生产组织控制视角，探讨我国创新对外投资的微观传导机理，并以境外经贸合作区建设为例进行经验分析。结果表明，促成企业与政府合力，构建起中国国际生产网络及其组织机制，是破解当前对外直接投资困境的有效路径。本节研究选择中国跨国企业是否进驻某个境外经贸合作区作为企业集群化走出去的指标，该指标是个二元变量，（1 表示属于某个经贸合作区，反之为 0），如图 6 - 2 所示。

---

① 世界经济论坛年度报告中的全球竞争力指数从 12 个角度全面评估一国综合经济实力和发展潜力，已成为当今最权威的衡量国家竞争力的指标，全面反映了一个国家的竞争力状况。

② 余珮，孙永平. 集聚效应对跨国公司在华区位选择的影响 [J]. 经济研究，2011 (1).

③ 王宏. 集聚效应与农业外商直接投资的区位选择——基于 1999 ~ 2009 年中国省级面板数据分析 [J]. 国际贸易问题，2012 (3).

④ 洪联英，刘解龙. 为什么中国企业对外直接投资增而不强——一个微观生产组织控制视角的分析 [J]. 财贸经济，2011 (10).

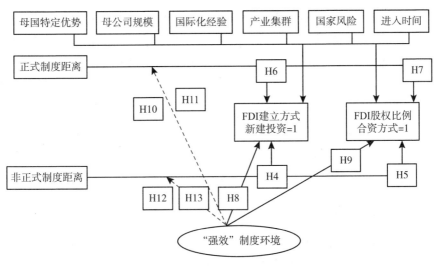

图6-2　本节研究框架扩展

注：虚线表示市场经济运行效率对制度的调节作用。

第四，从东道国国家风险视角选择相关变量。参照探讨企业对外投资模式选择影响因素一章的方法，即政治风险作为国家风险的一个重要组成部分，参照 Quer 等（2012）的研究方法，政治风险数据来自 PRS 集团的国家风险国际指南。该数据库的政治风险指标按指标的不同权重加总而成，分数越低，风险就越高。本节研究同时采用2011年福布斯中国海外直接投资国家（地区）风险排行榜的数据进行稳健性检验。

第五，控制变量也包括企业海外投资进入时间的虚拟变量，以2007年为时间节点。由于2007年金融危机发生以来，发达国家和发展中国家的经济均受到了重创，在全球经济的不景气中，中国经济一枝独秀，许多中国企业更是摩拳擦掌，希望利用此次机会，开展大规模的海外投资（顾露露等，2011）[①]。根据普华永道发布的《2010年企业并购回顾与前瞻报告》显示，中国的海外并购活动在2008～2009年全球金融危机期间开始"声名鹊起"，金融危机导致的海外企业经营和资金难题，为已具备一定实力的中国企业创造了机会。随后在2010年、2011年和2012年中国对外投资总量一直呈上升

[①]　顾露露，Reed. 中国企业海外并购失败了吗［J］. 经济研究，2011（7）.

态势。关于投资时间选择对企业投资模式的影响机制，一些文献已经有所论述。早期的学者研究发现，对外投资时间的选择对企业选择不同的投资模式有着显著的影响（Larimo，2003）。因此有理由相信中国企业的对外投资模式在 2007 年金融危机之后，在建立方式和股权比例安排上可能较以前会有所不同。

四、实证结果及分析

（一）样本分析

本节研究选取 2002～2012 年中国 88 个跨国企业 325 个对外投资样本。其中东道国或地区在亚洲的共有 105 个对外投资活动，分别是新加坡、印度尼西亚、印度、韩国、泰国、日本、马来西亚、巴基斯坦、越南、缅甸、菲律宾、柬埔寨、哈萨克斯坦等；东道国在非洲的共有 18 个对外投资活动，分别是南非、尼日利亚、乌干达、阿尔及利亚、埃塞俄比亚、安哥拉、加纳、几内亚、赞比亚、坦桑尼亚等；东道国在欧洲的共有 86 个对外投资活动，分别是英国、荷兰、法国、西班牙、德国、奥地利、意大利、希腊、俄罗斯、挪威、瑞典、匈牙利、芬兰、丹麦、葡萄牙、罗马里亚等；东道国在大洋洲的共有 39 个对外投资活动，集中在澳大利亚一个国家；东道国在南美洲共有 23 个对外投资活动，分别是巴西、阿根廷、厄瓜多尔、委内瑞拉；东道国在北美洲的共有 54 个对外投资活动，分别是加拿大、美国、墨西哥、巴拿马。

从本节的研究样本中发现，就海外投资建立方式而言，共有 113 个新建投资，212 个并购投资；就海外投资股权比例而言，共有 129 个对外投资以全资方式进入，196 个以合资方式进入。主要变量的样本特征如表 6 - 10 所示，需要特别指出的是发达国家是中国对外投资的主要目的地，特别是澳大利亚、加拿大、美国和英国占了中国海外投资的较大比重，尽管中国对这些发达国家投资的存量仍微不足道，但相对数量自从 2007 年金融危机发生以来得以迅速增加。表 6 - 11 是变量的描述性统计。

表 6 - 10 主要变量的样本特征

主要变量	样本特征
建立方式	113 个新建投资 (34.8%)、212 个并购 (65.2%)
股权比例	129 个全资安排 (39.7%)、196 个合资安排 (60.3%)
在特定年份的 FDI 数量	2002 年 (12 个)、2003 年 (15 个)、2004 年 (13 个)、2005 年 (12 个)、2006 年 (36 个)、2007 年 (30 个)、2008 年 (39 个)、2009 年 (41 个)、2010 年 (38 个)、2011 年 (51 个)、2012 年 (38 个)
FDI 的分布	亚洲 105 (32.3%)、非洲 18 (5.5%)、欧洲 86 (26.5%)、大洋洲 39 (12%)、南美洲 23 (7.1%)、北美洲 54 (16.6%)
中国海外投资最多的东道国 (地区)	中国香港地区 (16 个)、澳大利亚 (39 个)、德国 (13 个)、加拿大 (23 个)、美国 (29 个)、英国 (23 个)、巴西 (16 个)

表 6 - 11 变量的描述性统计

变量	观测值	均值	中位值	标准差	最小值	最大值
建立方式	325	0.35	0.00	0.48	0.00	1.00
股权比例	325	0.60	1.00	0.49	0.00	1.00
正式制度距离	325	1.61	1.70	0.89	0.01	4.30
非正式制度距离	325	2.11	2.10	1.39	0.00	7.80
市场经济运行效率	325	6.89	7.20	1.31	1.10	9.40
母国特定优势	325	0.99	0.92	0.16	0.76	1.46
东道国国家风险	325	55.50	42.27	30.14	19.31	143.38
国际化经验	325	0.78	1.00	0.41	0.00	1.00
产业集群	325	0.18	0.00	0.39	0.00	1.00
投资时间	325	0.63	1.00	0.48	0.00	1.00
公司规模 (美元)	325	6470429	332896	24960750	2800	2.24E + 08

在估计之前对变量之间的相关性进行了检验，表 6 - 12 中列出了样本变量的相关系数矩阵。很明显，自变量之间的相关性较低，所有相关系数都低于 0.7 的临界值。同时运用方差膨胀因子值 (VIF) 进行共线性检验，如表所示，所有模型中的 VIF 值都小于 10，这个临界值由 Neter 等 (1985) 提出的，因而不存在严重的多重共线性的问题。

表6-12

样本变量的相关系数矩阵

变量	1	2	3	4	5	6	7	8	9	10	11
1 建立方式	1										
2 股权比例	-0.35***	1									
3 正式制度距离	-0.14**	0.06	1								
4 非正式制度距离	-0.08	-0.04	0.54***	1							
5 市场经济运行效率	-0.14**	-0.05	0.39***	0.32***	1						
6 母国特定优势	0.18***	-0.01	-0.35***	-0.48***	-0.61***	1					
7 东道国国家风险	0.23***	0.01	-0.27***	-0.46***	-0.67***	0.61***	1				
8 国际化经验	-0.16***	0.05	-0.14**	-0.11*	-0.11*	0.08	0.01	1			
9 产业集群	0.04	0.07	-0.07	-0.06	-0.03	0.09*	0.13**	-0.08	1		
10 投资时间	-0.16***	0.12**	-0.19***	-0.32***	-0.17***	0.11*	-0.05	0.42***	-0.02	1	
11 公司规模	0.11*	-0.06	0.002	0.02	-0.04	0.03	0.04	-0.03	-0.02	0	1

注：*、**、***分别表示在10%、5%和1%的显著性水平下显著。

（二）实证结果

1. 对外投资建立方式的影响因素分析。从表 6 – 13 中可见，4 个模型的似然比检验值都在 1% 的水平上显著，说明模型的解释力良好。在模型 1 中考察了控制变量对中国企业海外投资建立方式选择的影响。6 个控制变量中较显著的变量为母国特定优势、国际化经验、投资时间、产业集群。

表 6 – 13　　　　中国企业对外投资建立方式的 Logistic 回归结果 （新建 =1）

变量	模型 1		模型 2		模型 3		模型 4	
	系数	标准误差	系数	标准误差	系数	标准误差	系数	标准误差
正式制度距离 x1			0.427 **	0.176	0.343	0.586	0.437 **	0.176
非正式制度距离 x2			0.099	0.124	0.098	0.124	0.700 *	0.472
市场经济运行效率 x3			0.018	0.143	0.041	0.211	0.209 *	0.202
x1 × x3					– 0.013	0.087		
x2 × x3							0.088 **	0.067
特定优势	0.021 **	1.909	– 1.321	2.021	– 1.304	2.022	– 1.391	2.014
国家风险	0.016	0.010	0.022 **	0.011	0.022 *	0.011	0.023 **	0.011
国际化经验	0.631 **	0.312	0.745 **	0.320	0.748 **	0.321	0.741 **	0.321
产业集群	0.006 **	0.32	0.077	0.326	0.079	0.327	0.135	0.331
投资时间	– 0.442 **	0.3204	– 0.403 **	0.320	– 0.413 **	0.327	– 0.450 **	0.321
公司规模	0.051	0.059	0.063	0.060	0.064	0.061	0.069	0.060
Log likelihood	– 195.77		– 192.43		– 192.42		– 191.51	
LR chi2	28.36		35.05		35.07		36.88	
Prob > chi2	0.000		0.000		0.000		0.000	
观测值 （新建）	325 (113)		325 (113)		325 (113)		325 (113)	

注：* 、** 、*** 分别表示在 10% 、5% 和 1% 的显著性水平下显著。

（1）母国特定优势。从回归结果中可以看出，母国特定优势每增加一单位，企业选择新建的概率增加 0.021，说明中国国家特定优势对企业海外投资的显著影响。有关中国企业对外投资国家特定优势的研究主要是以裴长洪（2011）的两篇论文为代表。作者认为现有国际投资理论由于忽视了母国国家整体在一国对外投资中的地位与作用，因此难以解释中国企业的对外投资行为，因此提出"国家特定优势"才是解释中国跨国企业对外投资的基本理论依据，如图6－3所示。

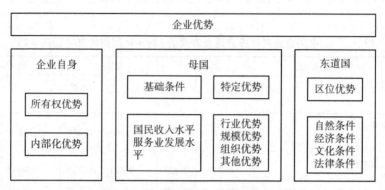

图6－3　国际投资企业的优势及其来源

资料来源：转引自裴长洪等（2011）。

　　本研究选择瑞士洛桑国际管理学院（IMD）每年发布的《世界竞争力年度报告》来度量中国的国家特定优势，基本上真实反映了中国的整体国家竞争力水平。对于企业海外投资而言，特别是在投资模式选择方面，中国国家特定优势主要体现在国家经济发展战略导向对企业海外投资的影响，由于中国对外投资仍处在初级阶段，政府采取有力的政策体系引导并建设完善的服务体系，比其他国家显得更加必要（裴长洪等，2011）。中国企业在缺乏竞争力的情况下，仍然加大海外投资规模，某种程度上与国家在金融、财政、人才等方面的直接和间接支持是分不开的。

　　（2）产业集群。结合产业集群变量来分析更能说明国家特定优势对企业海外投资战略选择的重要影响。政府通过有意识地引导同类企业和相关企业在某个东道国区域聚集，主要目的是形成一定规模的产业集群，复制国内的某些产业集群形成合力抱团走出去，目前这种模式主要体现在国家加大"境

外经贸合作区"的建设上。通常企业一旦进驻了某个境外合作区①,采取新
建方式的概率比并购方式要大。

　　境外经贸合作区是在政府推动下呈 FDI 集群式投资,其组织方式不仅具
有等级制特点,而且具有企业间网络制特征,比新建投资、海外并购等其他
投资方式更具有典型性和极端性。主要投资模式是以牵头企业为中小,众多
中小企业为招商企业,因而境外经贸合作区是我国企业对外直接投资的典型
创新方式(洪联英、刘解龙,2011)②。中国 19 大境外经贸合作区概况,如
表 6 - 14 所示。

表 6 - 14　　　　　　　　　　　中国 19 大境外经贸合作区概况

名称	中国投资企业	产业定位
赞比亚中国有色工业园	中国有色矿业集团有限公司	以铜钴开采为基础,以铜钴冶炼为核心,形成有色金属矿冶产业群,已有 17 家企业入驻
泰国罗勇工业区	中国华立集团	集制造、会展、物流和商业生活区于一体的现代化综合园区
巴基斯坦海尔家电工业区	海尔集团	家电企业集聚区
柬埔寨太湖国际经济合作区	红豆集团	轻纺服装、机械电子和高新技术为主
尼日利亚广东经济贸易合作区	广东新广国际集团公司	境外原材料基地和经济技术推广基地,已和超过 30 家企业签订了入区投资意向书
毛里求斯经济贸易合作区	山西天利实业集团	定性为自由港区,具备"境内关外"特性
俄罗斯圣彼得堡波罗的海经济贸易合作区	上海实业集团	以房地产开发为主
俄罗斯乌苏里斯克经济贸易合作区	中国有色矿业集团有限公司	中国康吉国际投资有限公司,已有超过 20 家企业入驻
委内瑞拉中国科技工贸区	山东浪潮集团	定位电子、家电和农机等产业

　　①　境外经济贸易合作区是中国政府鼓励和支持有条件的企业扩大对外投资的重要举措,也是企
业走出去的新形式,既有利于推动中国企业集群式走出去,也有利于培养东道国的产业集群。目前,
中国已经在 15 个国家建设了 19 个国家级境外贸易合作区,多数分布在亚洲、非洲及东欧等地。
　　②　洪联英,刘解龙. 为什么中国企业对外直接投资增而不强——一个微观生产组织控制视角的
分析 [J]. 财贸经济, 2011 (10).

续表

名称	中国投资企业	产业定位
尼日利亚莱基自由贸易区	江宁经济技术开发区和南京北亚集团	企业集群的现代产业集聚区
越南中国（深圳）经济贸易合作区	中航集团、中深国际公司、海王集团等	以电子信息和服装加工为主导产业
中国龙江经济贸易合作区	前江投资管理有限责任公司	集中在轻工、电子、建材、化工、服装等行业
墨西哥中国（宁波）吉利工业经济贸易合作区	浙江吉利美日汽车有限公司	以吉利美日汽车公司投资为主
埃塞俄比亚东方工业园	江苏永钢集团有限公司	以冶金、建材、机械为主
埃及苏伊士经贸合作区	天津泰达投资控股有限公司	以中资企业集聚为主
阿尔及利亚中国江铃经济贸易合作区	中鼎国际、江铃汽车集团	汽车、建筑材料及其相关产业
韩中工业园区	中国东泰华安国际投资有限公司	科技、文化和旅游等多产业集聚
中国广西印尼沃诺吉利经贸合作区	广西农垦集团	以木薯为主要原料的精细化工及建材、制药等行业
中俄托木斯克木材工贸合作区	烟台西北林业有限公司	以木材深加工为主要产业

资料来源：根据搜狐产业新区资料整理。

（3）国家风险。对国家风险变量而言，中国企业选择何种建立方式与东道国的国家风险没有相关性，这与中国对外投资的实践相吻合。李泉、梁国勇（2012）对此的解释是，中国投资者去国家风险较大的地区投资不是因为他们愿意接受高风险，而是因为中国与这些国家良好的政治关系降低了投资风险。但随着中国对外投资驱动力的转变，特别是2008年金融危机发生以来，中国企业加大了对发达国家的投资，在发达国家投资是因为这些国家风险相对较低，且蕴含极高消费量的市场份额以及高质量的战略资产，尽管目前对发达国家投资存量所占比例仍然较小，但在可预见的将来，中国对发达国家直接投资的比重会进一步提高（李金珊、张默含，2011）[①]。

[①] 李金珊，张默含．中国对发达国家直接投资动因与障碍分析——以比利时为例［J］．财贸经济，2011（2）．

（4）投资时间。本节选择投资时间这一变量来考察自从 2008 年金融危机发生以后，中国企业海外投资的行为是否发生变化。大多数学者认为中国自从金融危机发生以来，对外投资呈现逆势增长势头，其原因诸多，有的认为是国外企业资产受危机影响资产缩水，中国企业纷纷跟进进行抄底；也有学者认为这种投资剧增现象与中国的宏观经济背景紧密相连。马光明（2011）①认为后金融危机时期中国 OFDI 出现逆势增长。其逆势上升的原因可能包括我国对外直接投资的主要区位受危机影响较小，人民币升值与外汇储备缩水带来的动力与压力和贸易保护的蔓延等。本节的回归结果也证实了上述解释，即金融危机发生以来，中国企业选择以并购方式拓展海外市场的概率增大。自从金融危机以及欧债危机发生以来，中国日益把欧洲作为并购的主要目的地。根据龙指数（2012）的一项统计，2011 年欧洲成为中国境外并购投资的首选目的地，欧洲境内交易额占总额比例从 2010 年的 10% 增长至 34%（北美地区从 34% 下降至 21%）。

如表 6 - 15 所示，中国对欧盟的投资，从建立方式上来看，不论是新建投资还是并购都是以民营企业投资占主导，占比分别为 65% 和 54%，可见民营企业在海外投资中日益显示出其强大的潜力，且呈现出典型的"蛙跳"特征，即根据全球化的乌普萨拉模式，企业会首先投资于制度距离较小的东道国，然后再考虑与母国"文化、心理上"相隔遥远的国家。然而越来越多的中国民营企业一开始就把制度距离较远的国家作为投资东道，采取攻击性"蛙跳"海外投资战略。

表 6 - 15　　　　中国对欧盟 27 个成员方投资模式的分类（2000 ~ 2011 年）

		新建投资	占比	并购	占比	所有交易	占比
交易数量（个）	政府控制的企业	148	35%	66	46%	214	37%
	国有企业	148	35%	64	44%	212	37%
	主权财富基金	0	0	2	1%	2	0
	民营企业投资	280	65%	79	54%	359	63%
	总计	428		145		573	

---

① 马光明. 评后金融危机时期中国对外直接投资的逆势增长——成因探析与趋势预测 [J]. 国际贸易问题，2011（9）.

续表

		新建投资	占比	并购	占比	所有交易	占比
交易 金额 （百万 美元）	政府控制的企业	2738	52%	12413	79%	15151	72%
	国有企业	2738	52%	8814	56%	11552	55%
	主权财富基金	0	0	3599	23%	3599	17%
	民营企业投资	2569	48%	3238	21%	5807	28%

资料来源：根据世界贸易官方统计数据整理而得。

（5）正式制度距离。在模型 2 中加入了本节要重点考察的三个解释变量。回归结果显示，正式制度距离越远，企业选择并购模式的可能性越小，而选择以新建投资模式的可能性增加，假设 6 成立。可能的解释是因为中国企业在正式制度距离较远的国家进行并购投资时，面临诸多法律、监管、知识产品保护等正式制度距离困扰，加之中国很多企业在对外并购过程中并不了解自己需要并购哪些海外企业，只是有些企业领导人偶尔在海外看到某些企业不错，才考虑并购。这些企业在对外并购过程中不确定性显著增强。因此选择以新建投资方式进入不失为一种可能的过渡性选择，为未来减少母国与东道国在包括法律、规则、制裁等强制约束人们行为的正式制度方面的差异积累经验，如中国企业尽量在法制完备性和执法效力、产权保护程度、政府干预经济的方式等正式制度层面较少彼此的制度鸿沟。

（6）非正式制度距离。对于非正式制度距离变量而言，回归结果显示与中国企业海外投资选择何种建立方式不相关。假设 4 不成立。中国企业在海外投资过程中面临种种争议，这些争议的起因很大程度上是由于中国与东道国在非正式制度方面的差异引致的。一些涉及敏感行业的大规模投资已经日益引起东道国的不安，特别是以中国国有企业身份的海外投资备受关注。尽管在 2012 年中国一些企业（如华为、中兴、三一重工）在美国投资遭受所谓"国家安全"威胁调查，但上述非经济因素并没有阻挠中国企业在这些非正式制度距离较远的国家进行投资活动。相反中国在发达国家的投资活动日益活跃，特别是在欧洲和美国的投资并没有因为一些争议而止步。一些统计数据也说明了非正式制度距离与中国企业海外投资建立方式的相关性确实不显著。根据荣鼎集团（Rhodium Group）关于中国对外投资的监测，截至 2012 年第三季度，从 2000 ~ 2012 年中国在美国投资存量按建立方式分类，新建投资交易数为 389 项，并购数量为 204 项，而根据荣大聂、韩其洛（2011）的一项研究，数据显示 2003 ~ 2010 年期间，在记录的 230 项中国海外投资中，新建投资 109 项和并购 121 项，关于偏好地投资模式，数据显示中国投资在新建投资和并购中基本是均衡分布的，尽管在此期间中国和美国在非正式制度距离方面一直在变化，从而验证了非正式制度距离对中国企业究竟选择何种建立方式没有直接的影响。

（7）市场经济运行效率。对于东道国市场经济运行效率这一指标，回归结果显示与企业选择何种建立方式不相关，假设 8 不成立。对于东道国市场经济运行效率这一指标，本节采用经济自由度的国际资本市场控制分值来表示，国际资本市场控制包括两个子指标：外商所有权或投资的限制和资本控制。为了验证东道国市场经济运行的效率，同时采用各年经济自由度报告的分指标 Starting a Business 和 Licensing Restrictions 指标进行稳健性分析，结果仍然显示市场经济运行效率与企业海外投资建立方式没有相关性，这一点与 Wasaensia（2012）的研究结论不一致，可能的解释是以前的文献大多是以发达国家为母国，研究发展中国家和一些新兴经济体市场经济运行效率的变化对其海外投资模式选择的影响。

在模型 3 和模型 4 中分别加入了市场经济运行效率与正式制度距离、非正式制度距离的交互项，分析东道国市场经济运行效率的调节效应，结果显示假设 10 不成立，假设 12 成立。正式制度距离，例如，母国与东道国在司法体制、产权保护、政府干预经济的方式等方面的不同仍然对企业跨国经营产生重要影响。La Porta（2008）的一项研究发现，母国与东道国在法律制度背景方面的差异对企业进入外国市场构成实质性障碍。Thilo Hanemann 和 Daniel H. Rosen（2011）的一项研究认为，在过去十几年，中国的对外直接投资快速增长，但对发达经济体的投资十分有限，目前，中国对美国的投资快速增长，如果政策制定者采取措施保持开放的投资环境，并有效利用中国新增投资，那么这种趋势将为美国提供巨大机遇。中国现存的对外直接投资已经引发了政治摩擦，如果中国的对外直接投资水平持续大幅增长，反华情绪将会大大增加，因此，美国必须致力于避免国家安全审查程序的政治化，强化市场经济的运行效率。

对于假设 12 符号与预期一致，说明在非正式制度距离存在的情况下，东道国市场经济运行效率对中国企业海外投资的建立方式有显著影响。中国与东道国在社会普遍认可的传统习俗、文化意识、道德观念等方面的不同影响着中国投资者在外国被社会公众接纳认可的程度。因此在东道国市场经济运行效率显著提高时，例如，中国在美国、欧洲和非洲地区的投资时会倾向于选择以新建方式进入，而不是纯粹地以进攻型的战略资产获取型为唯一的投资驱动力，而更多地从合规、保护生态环境、可持续战略去实现彼此的利益诉求。

2. 对外投资股权比例安排的影响因素分析。从表6-16中可见，4个模型的似然比检验值都在1%是水平上显著，说明模型有很强的解释力。在模型1中考察了控制变量对中国企业股权比例安排的影响。6个控制变量中较显著的变量为母国特定优势、投资时间、国家风险。

表6-16 中国企业对外投资股权比例的 Logistic 回归（合资 =1）

变量	模型1 系数	模型1 标准误差	模型2 系数	模型2 标准误差	模型3 系数	模型3 标准误差	模型4 系数	模型4 标准误差
正式制度距离 x1			0.354 **	0.176	1.142	0.735	0.367 **	0.179
非正式制度距离 x2			-0.118	0.119	-0.120	0.119	-0.299	0.529
市场经济运行效率 x3			-0.226 **	0.181	-0.049	0.207	-0.114	0.195
正式制度距离*市场经济运行效率					-0.115	0.102		
非正式制度距离*市场经济运行效率							-0.059 **	0.173
母国特定优势 x4	-2.691 **	1.890	-2.623 **	2.001	-2.422	2.019	-2.657 **	2.007
东道国国家风险 x5	0.014 *	0.010	0.007	0.011	0.005	0.011	0.008	0.011

变量	模型 1		模型 2		模型 3		模型 4	
	系数	标准误差	系数	标准误差	系数	标准误差	系数	标准误差
国际化经验 x6	0.058	0.304	0.126	0.308	0.109	0.308	0.139	0.309
产业集群 x7	0.409	0.313	0.497	0.319	0.488	0.319	0.472	0.320
投资时间 x8	0.645 **	0.279	0.527 *	0.309	0.441	0.318	0.504	0.311
公司规模 x9	0.005	0.057	−0.001	0.057	0.002	0.057	−0.003	0.057
constant	1.739	1.507	3.399	2.204	2.122	2.461	2.612	2.399
Log likelihood	−214.23		−211.57		−210.89		−211.23	
LR chi2	24.36		24.56		28.07		30.88	
Prob > chi2	0.001		0.000		0.001		0.000	
观测值（合资）	325 (195)		325 (195)		325 (195)		325 (195)	

注：* 、** 、*** 分别表示在 10% 、5% 和 1% 的显著性水平下显著。

（1）母国特定优势。从回归结果中可以看出，母国特定优势相对应东道国越大，企业选择全资模式进入的概率越大。可能的解释是中国企业海外投资主要还是以国有企业为主，中国企业对外直接投资相当程度是政府政策驱动型的对外直接投资，中国企业对于直接投资的收益更多或更直接体现为宏观经济利益，而企业的微观利益是被兼顾的。从动力机制来看，是国家利益高于企业的商业利益（裴长洪，2011），因此企业在国外寻求战略性资产时倾向于以全资方式进入。目前国内学者主要从国家特定优势视角分析如何培育我国对外投资企业的竞争优势。综上，母国特定优势在某种程度上可以说是中国企业海外投资的独特"所有权优势"，企业采取强势进攻性的进入方式是其可能的选择，以全资模式进入可以保持这种优势并结合东道国资源进一步形成企业海外投资的综合竞争优势。

（2）投资时间。投资时间对企业股权比例安排的影响显著。由于中国企业海外投资在 2007 年金融危机之后出现逆势增长，加之本节所选择的企业样本也主要集中在金融危机之后企业的海外投资活动，因此投资时间这个虚拟变量对企业股权比例安排的影响呈显著关系也是可以理解的。值得注意的是，投资时间与企业选择合资方式的概率正相关，可能的解释是因为金融危机之后中国企业海外投资机会剧增，但相应的海外投资风险增加，选择以合资方式进入可以最大化企业利益，而尽可能避免海外投资面临的风险。而在前面分析投资时间对企业海外投资建立方式的影响方面，结果显示投资时间与企业选择并购方式有显著正相关关系。由此得出，虽然金融危机之后，企业海外并购活动活跃，但面临风险同时增加，选择合资方式可能是一个最佳的选择。

（3）国家风险。东道国国家风险越大，中国企业选择以合资方式进入的概率越大。大多数研究以政治风险来度量国家风险，因此得出的结论与本节有所不同，本节研究的国家风险是个综合指标，不仅包括政治风险还包括一些非市场风险。最新的研究诸如 Quer 等（2012）针对中国跨国企业的一项研究发现政治风险与全资方式进入没有相关性。Cui 等（2009）的研究也认为东道国国家风险对中国企业海外投资模式没有相关性。

（4）正式制度距离。在模型 2 中加入了本节要重点考察的三个解释变量。在模型 2 和模型 4 中，正式制度距离越远，中国企业海外投资选择合资的方式概率越大，且二者的相关性显著，因此假设 7 成立。正式制度距离越远，意味着母国与东道国在制度的方方面面协调难度增加，母国对海外投资企业的资源承诺水平显著降低，其原因可能就是为了减少交易成本，降低风险。在研究企业海外投资模式选择的众多文献中，大多数学者把发展中国家和新兴经济体国家作为东道国进行研究，而这些国家的市场经济制度正处于或即将处于转型过程中，与发达国家在正式制度方面的差异较大，因此发达国家对与之正式制度距离较远的国家（地区）进行投资时选择以合资方式进入是最优选择。由于本节选择的企业对外投资活动主要集中在 2008 年金融危机之后，中国跨国企业在 2008～2012 年之间共有 207 个对外投资活动，占样本总数的 63.7%。随着中国市场经济制度的进一步完善，与发达国家在包括法律、规则、制裁等强制约束人们行为的制度方面的距离大大缩短，加之中国企业在公司治理和组织控制等方面的能力进一步增强，特别是一些大型民营企业的崛起，使得中国跨国企业在进行海外投资时自主性、灵活性进一步增强，为此制度对中国企业海外投资的影响日益深入，那种仅凭国家之间的关系进行对外投资活动，而不考虑东道国具体制度风险的时代已经结束。

（5）非正式制度距离。非正式制度距离变量在模型 2、模型 3、模型 4 中都是不显著的，假设 5 不成立，说明中国跨国企业海外投资时在股权比例安排上与东道国的价值观念、意识形态、社会习俗、组织内部习惯传承等非正式制度方面没有关联性。对于非正式制度距离的度量，大多数文献采用文化距离来度量，而本节则从中国与东道国在腐败指标上的得分之差来度量，因而结论可能有所不同。Quer 等（2012）针对中国 35 家大型企业（97% 是大型国有企业）海外投资的研究，得出与本节研究相同的结论，即认为非正式制度距离与海外投资企业的股权比例安排不相关。尽管本节采用的样本较Quer 等（2012）的样本多了 290 个，企业性质也更加多样化，一些大型民营企业也包括在内，但结论却仍然相同，说明了中国企业在选择海外投资的股权比例安排时仍主要从自身的战略利益出发，即以寻找战略性资产为主，而资产利用型投资动机仍处于初始阶段，不会因为东道国非正式制度的变化而改变海外投资企业的股权投资策略。一些学者采用文化距离来度量非正式制度距离时，研究发现文化距离与中国跨国企业选择全资模式的概率负相关（Cui & Jiang，2010；Xu & Fan，2011）。

（6）市场经济运行效率。在模型 2 中，市场经济运行效率与被解释变量呈显著的负相关关系，假设 9 成立。说明当东道国市场经济运行效率越高，中国跨国企业选择以全资模式进入的概率越大。本研究采用经济自由度指数的"对外国所有权和投资约束"指标分值来表示东道国市场经济的运行效率，研究样本包括 129 个全资安排（39.7%）、196 个合资安排（60.3%）。本节的研究结论与 Taylor 等（2000）、Deng（2003）、Wasaensia（2012）学者的研究基本上一致，说明本节的研究结论具有一定的可信性。进入 21 世纪，特别是全球金融危机之后，国外企业纷纷加大对中国企业的优惠政策支持，相应地取消了一些对中国投资的限制，不论是发达国家诸如美国和欧盟等国家，还是一些发展中国家和新兴经济体在对待中国企业的投资采取了较为友好的政策，中国海外投资的东道国在市场经济运行效率方面明显增强，因此中国企业在股权比例安排上选择以全资方式进入的可能性有了显著提高。

在中国企业加大海外投资过程中，国有企业无疑是主力军，但民营企业已经开始承担起重要角色，正是因为民营企业对外投资活动的增加，因此在海外投资活动时对东道国市场经济运行效率相比国有企业更为敏感，民营企业将加大对东道国产业链的整合力度，立足本身的产业定位和优势寻求在关键核心部件上拥有话语权，因此在东道国"强效"制度环境下选择以全资模式进入的概率明显增大。

在模型 3 和模型 4 中分别加入了市场经济运行效率与正式制度距离、非正式制度距离的交互项（如表中的模型 3、模型 4 所示），主要用来分析东道国市场经济运行效率的调节效应。结果显示假设 11 不成立，即东道国"强效"制度环境对跨国企业海外投资股权比例和正式制度距离二者之间没有相关性；假设 13 成立，即在市场经济运行效率高的情况下，跨国企业在非正式制度距离较远的东道国有可能选择全资方式；而在市场经济运行效率低的情况下，跨国企业在非正式制度距离较远的东道国有可能选择合资方式。

正如在模型 3 中显示的那样，东道国"强效"制度环境对正式制度距离较远的东道国无法产生预期的调节作用。可能的解释是随着一些东道国市场经济运行效率的提高，例如，中国企业投资较多的东南亚国家或地区以及一些非洲、南美国家，特别是一些金砖国家。随着这些东道国（地区）进一步完善促进市场经济运行效率的一些政策和对外商投资的一些限制政策的解除，中国企业在选择海外投资方式时会适时做出一些战略上的调整。

第三节　制度距离、人力资源与企业对外投资模式选择

本节的主要贡献在于丰富了制度距离的内涵。第一，把制度分为正式制度距离与非正式制度距离，并与人力资源变量结合起来进行研究；第二，把中国跨国企业分为有经验投资者和无经验投资者，因为这两种类型的投资者的表现具有明显的差异性，显然有经验投资者拥有"先行优势"地位，在东道国资源获取上占优势。

一、文献回顾

跨国企业通过诸如资源禀赋和良好制度环境等指标来判断东道国是否具

有区位优势（Dunning，2009）[1]。在早期的跨国公司理论研究中，国家之间在资源禀赋上的差异性是研究的一个重点问题，但在后来的研究中往往被忽视。当跨国企业进入外国市场时，需要调整母公司的内部制度从而更好地适应东道国的资源要求和制度约束。由于母公司内部体制与惯例是其所有权优势的重要来源，把这些所有权优势成功转移到东道国是克服所谓"外籍负担"的重要举措（Zaheer，1995）[2]。如果跨国企业内部制度无法与当地企业兼容，则选择新建投资模式的可能性较大。采取新建投资方式，投资者在当地设厂，按照母公司的要求招聘和培训员工，减少了母公司与子公司在制度上摩擦，也避免了并购与合资而带来的协调成本。但是新建投资无法获取当地企业的资源，如人力资源（Xu & Shenkar，2002）[3]。联合的投资模式（合资、部分或完全并购）可以充分利用东道国的人力资源优势，获取在当地经营的合法性。正如 Dunning（2008）[4] 指出，中国企业对外投资模式实际上是资源利用和资源获取两种目的地混合体，当以获取外在资源为目的时，中国企业通常采取更积极且略带侵略性的进入方式（Mathews，2006）[5]，而不是像新兴工业化国家那样采取传统的合资模式（Luo et al，2007）[6]。Rosen 和 Hanemann（2009）结合具体投资模式选择进行分析，发现中国相比其他国家，在对外直接投资模式选择中偏好并购模式，其中并购数量占中国对外直接投资总数量的60%～70%。

一些实证文献也证实了企业在东道国的投资经验与企业安排股权比例之间具有正相关关系，而经验不足的企业则偏好采取合资方式进入（Chiao et al，2010）。对于有形资产与对外投资模式选择之间的关系，学者观点不一致。现

---

① Dunning J. H. Location and the multinational enterprise: retrospective thoughts [J]. Journal of International Business Studies, 2009, 40: 5 – 19.

② Zaheer S. Overcoming the liability of foreignness [J]. Academy of Management Journal, 1995, 38: 341 – 363.

③ Xu D., Shenkar O. Institutional distance and the multinational enterprise [J]. Academy of Management Review, 2002, 27: 608 – 618.

④ Dunning J. H., Lundan, S. Institutions and the OLI paradigm of the multinational enterprise [J]. Asia Pacific Journal of Management, 2008b, 25: 573 – 593.

⑤ Mathews J. Dragon multinationals: New players in 21st century globali-zation [J]. Asia Pacific Journal of Management, 2006.

⑥ Luo Y. Determinants of Entry in an Emerging EcoApproach. Journal of Management Studies 38: 3, 2007.

有文献大都以企业规模来衡量企业的有形所有权优势，Dunning（2004）[①] 认为规模大的企业对外投资偏好采取全资入股方式而中小型企业倾向于采取合资模式进入。Esperanca 等（2006）则持相反观点，指出企业规模作为所有权优势之一，与其对外投资的模式选择没有任何关联。

二、理论假设

（一）正式制度距离

根据 Gray（1991）[②] 的研究，正式制度主要表现在以下三个方面：第一，通过法律和规章制度设定规则和标准；第二，法律执行；第三，争议解决。以上三个方面对在特定国家从事投资活动的外国企业和当地企业都是有约束力的。因此在特定国家现有的法律制度和规章制度框架下，有的是为了鼓励特定企业的行为和商业战略，有的则是限制某种经营战略的实施。一国政府为了保护本国企业和经济安全，通常对外国跨国企业实行或明或暗的歧视性政策，形成所谓的外籍负债，这些额外的管制和约束目的是增加投资者在东道国的交易成本。如果母公司能够适应不同的正式制度环境，那么当地企业所拥有的独特资源对于外来投资者说价值不大。因此无经验投资者有可能绕开联合的投资模式，而选择按照母公司自己的内部体制要求在东道国新建一个企业（Kogut & Singh，1988）[③]。选择新建投资对于无经验投资者来说，可以避免因为合资与并购等模式而产生的制度兼容困境。据此，假定随着母国与东道国正式制度距离的增加，中国投资者选择新建投资模式的倾向性增加。基于上述讨论，提出如下假设。

---

① Dunning J. H. An evolving paradigm of the economic determinants of international business activity [M]//. In J. L. C. Cheng, & A. Hitt (Eds.), Managing Multinationals in a Knowledge Economy：Economics, Culture and Human Re-sources. Amsterdam：Elsevier, 2004：3 – 28.

② Gray C. Legal Process and Economic Development：A Case Study of Indonesia. World Development, 1991, 19（7）：763 – 777.

③ Kogut B., Singh H. The effect of national culture on the choice of en-try mode [J]. Journal of International Business Studies, 1988, 19：3, 411 – 432.

假设 14：母国与东道国正式制度距离越远，无经验投资者相比合作投资模式（合资、部分或完全并购）选择新建投资的可能性更大。

（二）非正式制度距离

非正式制度距离指母国与东道国在标准、价值观与信仰等方面的不同（Estrin et al, 2009）[①]。非正式制度本质上是难以量化的、根植于社会结构中需要广泛的跨文化交流（North, 2005）[②]。一国的非正式制度环境还包括对腐败的接受度和适应经济发展的灵活性（Gaur & Lu, 2007）[③]，这些非正式的制度对企业海外投资行为产生了实质性的影响（Peng et al, 2008）[④]。在一个非正式制度距离较远的国家进行跨国经营时，要适应东道国当地的市场环境，理解当地合作伙伴的诉求，尊重当地的营商环境。当非正式制度距离不大时，虽然是毫无经验地进入东道国，交易障碍也不会太多。然而，随着距离的增加，交流和合作的成本增加，母公司发现与东道国当地企业的融合变得越来越困难。但是当彼此的非正式制度距离超过了一定的临界值，对于外国投资者来说，无法获取当地资源已经使得母公司采取单打独斗的投资模式（新建投资）变得更加举步维艰。为了跨越跨文化交流的障碍，跨国企业须寻求与当地企业合作，获取当地知识，从而有助于母公司降低在陌生环境经营的不确定性。跨国企业一方面需要获得当地资源的支持，另一方面又面临因为合作而产生的各种难题，这两种相反的力量有可能相互抵消。据此，假定母国与东道国非正式制度距离与中国投资者选择新建投资模式的倾向性之间是非线性关系。基于上述讨论，提出如下假设。

假设 15：母国与东道国非正式制度距离与中国无经验投资者选择新建投资模式之间呈倒 U 形关系。

[①]　Estrin S. Baghdasaryan D., Meyer K. E. The Impact of Institutional and Human Resource Distance on International Entry Strategies [J]. Journal of Man-agement Studies, 2009：1171 – 1196.

[②]　North D. C. Understanding the process of economic change [M]. Princeton：Princeton University Press, 2005.

[③]　Gaur A. S., Lu J. W. Ownership strategies and survival of foreign subsidiaries：impacts of institutional distance and experience [J]. Journal of Management, 2007, 33：84 – 110.

[④]　Peng M., Wang D., Jiang Y. An Institution-based View of Internation-al Business Strategy：A Focus on Emerging Economies [J]. Journal of International Business Studies, 2008, 39：5, 920 – 936.

（三）人力资源距离

跨国企业内部管理制度需要根据东道国不同的人力资源禀赋进行调整（Lado & Wilson，1994）[1]。不同类型的人力资源需要各种激励机制去发挥其最大潜能。现有的人力资源管理体制如果复制到其他环境中去，可能无法取得同样的效果（Fey et al，2009）[2]。跨国企业初次进入东道国可能发现当地劳动力无法与其原有的人力资源管理体制相匹配，因此必须调整现有的管理模式而去适应当地的人力资源特征。如果跨国企业能够很好地挑选和培训东道国当地的新员工，引进适合东道国人力资源发展的管理模式的话，跨国企业便能够保持现有的竞争优势。人力资源差异越大，母公司采取合作投资模式带来的困难也就越大。基于上述讨论，提出如下假设。

假设 16：母国与东道国人力资源距离越远，中国无经验投资者更有可能选择新建投资而不是合作的投资模式。

（四）有经验投资者

如果跨国企业在东道国有投资经历，不但降低了当地合作伙伴对无经验跨国企业投资者的吸引力，也降低了与当地企业合作的难度。通过与当地企业的合作，外国企业增强了在东道国从事商业活动的信心，从而减少了制度距离产生的负面影响（Shenkar，2001）[3]。对于正式制度距离而言，这些管制制度的差异是公开透明的，而不像非正式制度那样，需要慢慢体会。因此对于无经验投资者来说可以相对比较快地适应这些差异。东道国当地资源的获取对有经验投资者来说就显得不那么重要了。基于上述讨论，提出如下假设。

---

① Lado A. , Wilson M. Human resource systems and sustained competitive advantage: a compe-tency based perspective [J]. Academy of Management Review, 1994, 19, 699 – 727.

② Fey C. F. , Morgulis – Yakushev S. , Park H. J. , Bjorkman I. Opening the black box of the relation-ship between HRM practices and firm performance: a comparison of MNC subsidiaries in the USA, Finland, and Russia [J]. Journal of International Business Studies, forthcoming, 2009.

③ Shenkar O. Cultural distance revisited: towards a more rigorous conceptualization and measure-ment of cultural differences [J]. Journal of International Business Studies, 2001, 32, 519 – 535.

假设17：如果母国与东道国之间正式制度距离差距越远，有经验投资者更有可能选择新建投资模式而不是合资或并购。

相比较而言，价值观与信仰等非正式制度变量对企业管理的影响是潜移默化的，需要长期感知才能慢慢理解，因此对于外国投资企业来说，需要很长时间才能适应。然而对于有经验投资者来说，经历过在东道国投资的过程，对当地的知识有了更深层次的了解，因而处理因为非正式制度距离产生的分歧时，相对比较容易。有经验投资者较容易获取当地合作伙伴的信任，从而获得了有价值的人力资源。基于上述讨论，提出如下假设。

假设18：如果母国与东道国的人力资源距离越远，有经验投资者更有可能选择以合资或并购模式，而不是以新建投资进入。

三、指标度量与数据来源

本书选取2002～2012年中国88个跨国企业325个对外投资样本。其中东道国或地区在亚洲的共有105个对外投资活动，分别是新加坡、印度尼西亚、印度、韩国、泰国、日本、马来西亚、巴基斯坦、越南、缅甸、菲律宾、柬埔寨、哈萨克斯坦等；东道国或地区在非洲的共有18个对外投资活动，分别是南非、尼日利亚、乌干达、阿尔及利亚、埃塞俄比亚、安哥拉、加纳、几内亚、赞比亚、坦桑尼亚等；东道国或地区在欧洲的共有86个对外投资活动，分别是英国、荷兰、法国、西班牙、德国、奥地利、意大利、希腊、俄罗斯、挪威、瑞典、匈牙利、芬兰、丹麦、葡萄牙、罗马里亚等；东道国或地区在大洋洲的共有39个对外投资活动，集中在澳大利亚一个国家；东道国或地区在南美洲共有23个对外投资活动，分别是巴西、阿根廷、厄瓜多尔、委内瑞拉4个国家；东道国或地区在北美洲的共有54个对外投资活动，分别是加拿大、美国、墨西哥、巴拿马。变量说明如表6-17所示。

表 6 – 17 资料来源与变量说明

变量名	变量解释	衡量方法	资料来源
因变量：投资模式	衡量企业海外投资是选择新建投资还是并购方式	哑变量，如果进入目标企业选择新建方式取值为1，并购方式为0	商务部网站、FT中文网、路透社网站、华尔街日报、各公司网站整理而成
关键变量：正式制度距离	衡量母国与东道国在法律、规则、制裁等强制约束企业行为的差异	正式制度距离为中国在法律结构和产权保护指标上的得分减去东道国在此指标上的得分	《世界经济自由度》各年年度报告中的数据
关键变量：非正式制度距离	衡量母国与东道国在规范制度和认知制度方面的差异	非正式制度距离采用中国与东道国在腐败指标上的得分之差来表示	腐败数据来自《透明国际》各年度报告
关键变量：人力资源距离	衡量母国与东道国在人力资源禀赋方面的差异	参照国内外学者的方法，用教育指标来反映人力资本水平，以居民平均受教育程度来测度	世界银行发展指数
母国特定优势	衡量母国国家整体在一国对外投资中的地位与作用	采用中国与东道国竞争力得分之比来表示（JZL），JZL越高，代表中国相对于东道国的竞争力越强	瑞士洛桑国际管理学院（IMD）每年发布的《世界竞争力年度报告》
国际化经验	衡量跨国企业在本地投资之前的投资经历	哑变量，如果过去有海外投资经历的取值为1，其余为0	各公司网站和商务部统计数据
产业集群	衡量企业国际化分工的程度	哑变量，如果企业抱团走出去取值为1，否则为0	中国企业联合会、门户网站、百度、谷歌相关报道
母公司规模	衡量母国在海外投资的规模	采用母公司国外的销售额来表示，取对数	各公司网站和年度财务报表
海外投资进入时间	衡量金融危机对企业海外投资模式选择的影响	哑变量，如果在2007年之后进行海外投资取值为1，其余为0	商务部网站、FT中文网、路透社网站、华尔街日报
东道国国家风险	衡量企业面临的政治风险和一些非市场风险	直接采用东道国风险指标数据	PRS国家风险数据库

四、实证结果及讨论

（一）样本分析

由于因变量是一个二元变量，在对外投资模式选择文献中，研究者一般使用 Tobit 模型、Logit 模型（二元或多元），本书采用 Logit 模型进行参数估计。变量的描述性统计如表 6 – 18 所示。

表 6 – 18　　　　　　　　变量的描述性统计

变量	观测值	均值	中位值	标准差	最小值	最大值
投资模式	325	0.35	0.00	0.48	0.00	1.00
人力资源距离	325	6.00	12.00	0.29	3.00	15.00
正式制度距离	325	1.61	1.70	0.89	0.01	4.30
非正式制度距离	325	2.11	2.10	1.39	0.00	7.80
母国特定优势	325	0.99	0.92	0.16	0.76	1.46
东道国国家风险	325	55.50	42.27	30.14	19.31	143.38
国际化经验	325	0.78	1.00	0.41	0.00	1.00
产业集群	325	0.18	0.00	0.39	0.00	1.00
投资时间	325	0.63	1.00	0.48	0.00	1.00
公司规模（美元）	325	6470429	332896	24960750	2800	2.24E + 08

在估计之前对变量之间的相关性进行了检验，表 6 – 19 中列出了样本变量的相关系数矩阵。很明显，自变量之间的相关性较低，所有相关系数都低于 0.6 的临界值。同时运用方差膨胀因子值（VIF）进行共线性检验，如表所示，所有模型中的 VIF 值都小于 10，这个临界值由 Neter 等（1985）提出的，因而不存在严重的多重共线性的问题。

表6-19　　　　　　　　　　　　样本变量的相关系数矩阵

变量	1	2	3	4	5	6	7	8	9	10
1 投资模式	1									
2 人力资源距离	-0.11***	1								
3 正式制度距离	-0.12**	0.13	1							
4 非正式制度距离	-0.06*	-0.03	0.16***	1						
5 母国特定优势	0.19***	-0.21	-0.05***	-0.18*	1					
6 东道国国家风险	0.21***	0.03	-0.13***	-0.246***	-0.51***	1				
7 国际化经验	-0.06***	0.15	-0.04*	-0.01*	-0.52***	0.11	1			
8 产业集群	0.02	0.05	-0.03	-0.07	-0.09	0.07	0.03	1		
9 投资时间	-0.26***	0.23**	-0.06***	-0.02***	-0.23***	0.02*	0.03**	0.22***	1	
10 公司规模	0.12*	-0.07	0.005	0.03	-0.05	0.01	0.07	-0.04	-0.04	0

注：*、**、*** 分别表示在 10%、5% 和 1% 的显著性水平下显著。

（二）实证结果

表 6 - 20 是全样本回归结果，模型 1 是所有控制变量的回归结果，由于本节主要考察正式制度距离、非正式制度距离和人力资源距离三个变量，其他控制变量的回归结果基本符号中国企业对外投资的实践。例如，针对国家风险变量，回归结果显示，东道国国家风险与中国企业对外投资模式选择之间呈现显著的相关性。如果东道国国家风险越高，则企业选择以新建投资的可能性更大。一些学者对中国投资非洲这些高国家风险地区的现象进行了研究。比如，董艳、张大永、蔡栋梁（2011）[①] 证明中国对非洲国家的投资不存在偏好性，而主要取决于目标国经济、市场及能源储量。此外，作者还发现有些风险在中国对外投资行为中未受到足够重视。这将是中国跨国企业在未来所面临的一个重要的挑战。

表 6 - 20   全样本回归结果

变量	模型 1		模型 2		模型 3		模型 4	
	系数	标准误差	系数	标准误差	系数	标准误差	系数	标准误差
非正式制度距离			1. 129 **	0. 123				
非正式制度距离平方项			- 0. 325 **	0. 176				
正式制度距离					0. 245 **	0. 424		
人力资源距离							0. 070	0. 157
特定优势	0. 024 **	1. 809	- 0. 021	0. 121	- 0. 004	0. 122	- 1. 391	2. 014
东道国国家风险	0. 005	0. 014	0. 02 **	0. 021	0. 022 *	0. 012	0. 024 **	0. 015
国际化经验	- 0. 231 **	0. 212	0. 245 **	0. 321	0. 748 **	0. 321	0. 741 **	0. 321
产业集群	0. 007 **	0. 37	0. 002	0. 126	0. 009	0. 127	0. 005	0. 231
投资时间	- 0. 042 **	0. 33	- 0. 037 *	0. 129	- 0. 029 **	0. 227	- 0. 030 **	0. 221

[①] 董艳，张大永，蔡栋梁 . 走进非洲——中国对非洲投资决定因素的实证研究 [J]. 经济学（季刊），2011（2）.

续表

变量	模型 1		模型 2		模型 3		模型 4	
	系数	标准误差	系数	标准误差	系数	标准误差	系数	标准误差
公司规模	0.013	0.049	0.012	0.021	0.034	0.161	0.011	0.042
Log likelihood	− 185.23		− 182.45		− 189.32		− 190.47	
LR chi^2	26.21		27.89		26.32		29.12	
Prob > chi^2	0.000		0.000		0.000		0.000	

注：* 、 ** 、 *** 分别表示在10%、5%和1%的显著性水平下显著。

根据龙指数（2012）的一项研究，企业之所以选择风险不同的东道国进行投资很大程度上是与企业海外投资的驱动力有直接关联。例如，在分析2012年上半年中国企业海外投资现状时发现，自然资源主导的海外投资，占该季度并购投资总额的55%，而工业领域的交易增长，投资地主要是国家风险较小的欧洲（占投资总额的95%），并形成了向欧洲服务业和基础设施进行投资的浪潮。

模型 2 中，非正式制度距离与企业选择新建投资模式之间呈现倒 U 形关系，即随着母国与东道国非正式制度距离的增加，中国企业选择以新建投资的概率增大，但一旦非正式制度距离扩大到一定的临界值之后，企业则放弃以新建投资方式进入东道国市场，从而选择并购模式的概率增大。模型 3 主要对正式制度距离的考察。实证结果表明，随着正式制度距离的增加，企业为了降低经营风险，则选择以新建投资方式进入的概率增大。模型 4 表明，人力资源距离与企业选择新建投资模式之间没有显著的相关性。

表 6-21 主要分析无经验投资者对外投资模式选择的影响因素，用来检验假设14、假设15 和假设16。模型 1 表明母国与东道国非正式制度距离与中国无经验投资者选择新建投资模式之间呈倒 U 形关系。模型 2 表明母国与东道国正式制度距离越远，无经验投资者相比合作投资模式（合资、部分或完全并购）选择新建投资的可能性更大。模型 3 则表明母国与东道国人力资源距离越远，中国无经验投资者更有可能选择新建投资而不是合作的投资模式。表 6-22 分析有经验投资者选择投资模式的影响因素。一般来说，国际化经验越丰富，中国企业选择新建投资的概率越大。有学者针对日本的企业

的研究也证实了有经验投资者与无经验投资者的区别所在。Kamal（2009）针对日本企业进入印度尼西亚、马来西亚、泰国、中国台湾地区四个国家（地区）的投资模式进行研究，发现在上述东道国投资的经历越丰富，日本企业后来选择新建投资的概率越大。可能的解释是企业国际化经验越丰富，一开始就采取新建投资方式进入的信心增强，越有可能驾驭在异质性东道国新建投资时所面临的各种复杂局面。也有学者针对中国样本的研究得出相反的结论。

表 6-21　　　　　　　　　　无经验投资者回归结果

变量	模型 1		模型 2		模型 3		模型 4	
	系数	标准误差	系数	标准误差	系数	标准误差	系数	标准误差
非正式制度距离	1.141 **	2.144					1.123 **	2.176
非正式制度距离平方项	-0.321 **	0.166					-0.365 **	0.431
正式制度距离			0.331 **	0.727			0.265	0.343
人力资源距离					0.258 **	0.673	0.257 **	0.663
母国特定优势	0.011 **	1.509	-0.021	0.167	-0.034 *	0.191	-0.091	0.214
国家风险	0.012	0.050	0.013 **	0.017	0.016 *	0.029	0.019 **	0.231
国际化经验								
产业集群	0.004 **	0.22	0.009	0.225	0.003	0.227	0.006	0.165
投资时间	-0.343 **	0.32	-0.363 **	0.360	-0.323 **	0.328	-0.350 **	0.431
公司规模	-0.021	0.039	0.033	0.050	0.031	0.071	0.039	0.050
Log likelihood	-165.21		-166.33		-167.37		-148.97	
LR chi^2	21.26		22.34		24.07		25.65	
Prob > chi^2	0.000		0.000		0.000		0.000	

注：*、**、*** 分别表示在10%、5%和1%的显著性水平下显著。

表 6-22 中，非正式制度距离变量没有通过显著性检验，说明中国企业如果在东道国积累了大量的国际化经验知识，对于东道国非正式制度有了一定的了解，就可以化解因为非正式制度距离而产生的负面影响，从而有效地提高企业的运行效率。人力资源距离变量的系数符号与全样本分析和无经验投资者样本分析的结果不一致，此时人力资源距离的系数为负且通过了显著

性检验，说明有经验投资者选择并购或其他合作模式的概率增大。证实了假设 18 的结论，即如果母国与东道国的人力资源距离越远，有经验投资者更有可能选择以合资或并购模式，而不是以新建投资进入。

表 6-22   有经验投资者回归结果

变量	模型 1		模型 2		模型 3		模型 4	
	系数	标准误差	系数	标准误差	系数	标准误差	系数	标准误差
非正式制度距离	0.941	2.321					0.354	1.176
非正式制度距离平方项	-0.221	0.461					-0.061	0.289
正式制度距离			0.651**	0.389			0.754**	1.563
人力资源距离					-0.442***	0.354	-0.532**	1.742
母国特定优势	0.021**	1.421	-0.03	0.157	-0.024*	0.146	-0.026	0.117
国家风险	0.016	0.032	0.017**	0.034	0.013*	0.045	0.012**	0.432
国际化经验								
产业集群	0.023**	0.224	0.016	0.225	0.018	0.246	0.027	0.178
投资时间	-0.043**	0.389	-0.046**	0.367	-0.048**	0.228	-0.037**	0.231
公司规模	-0.011	0.026	0.016	0.021	0.017	0.021	0.018	0.037
Log likelihood	-142.45		-144.76		-148.21		-144.32	
LR chi^2	19.65		20.21		21.26		26.35	
Prob > chi^2	0.000		0.000		0.000		0.000	

注：*、**、*** 分别表示在 10%、5% 和 1% 的显著性水平下显著。

对于东道国制度环境对中国海外投资模式转变的影响也可以从其他角度进行阐释，比如有学者认为，中国企业对外投资的区域分布与中国的经济发展阶段相关，大多数投资于经济相对不发达的国家。尽管中国企业已经开始把目光瞄准欧美等市场经济运行效率高的发达国家，但在一些不发达国家的投资存量仍占主导，随着这些不发达国家市场经济运行效率有了一定的改善，对中国企业海外投资模式选择应该起到一定的调节作用，但如前文所述的业已固化的长期形成的在正式制度方面的差异性，在短期不能从根本上改变中国企业在这些国家投资的股权比例安排。

第 七 章　中国企业对外投资模式选择的非股权安排

《2011 年世界投资报告》将非股权安排选定为年度报告主题，通过合约制造、订单农业、服务外包、特许经营和许可经营等不断扩大的多种非股权模式，正在为各国企业全球跨国投资和生产创造新机遇。加入 WTO 十多年后，我国已经发展成为世界第二经济大国，对外开放水平再次进入了一个新时期。在当前世界经济形势复杂多变的大背景下，国外投资风险激增，中国企业面临如何防范各种市场与非市场风险，怎样合理利用非股权安排选择多样化、灵活性的海外投资方式，如何选择将股权投资与非股权安排相结合的方式，趋利避害，形成各类型企业采取"因地制宜"和"柔性进入"的多样化海外投资战略格局，是一个亟待解决的战略问题。本章首先分析了非股权模式的特征，接着主要从创造就业机会和工作条件、本地增值与贸易、技术溢出与东道国生产能力建设三个方面阐述非股权安排对东道国产生的影响；其次分析了非股权安排对中国企业海外投资的影响，鉴于海外投资面临的风险日益多元化的现实，本节提出，中国企业不一定要寻求股权上的控股或者收购，有时候换一种交易模式，比如非股权安排，也许能够达到更好的效果，且更容易被当地政府和民众所接受；最后提出合理利用非股权安排的路径选择。

第一节　非股权安排发展概况

一、非股权安排的特征事实

当今的国际分工已经从产业间转向了产业内，尤其是产品内分工成为跨国公司整合全球资源的主要模式。从手段和动机看，产品内分工把特定产品内生产环节之间的投入产出关系，转化为产业链关系。从产业链的组织方式看，产品内国际分工把分工深入地推进到特定产品内部的不同工序、区段和环节，从而使跨国企业在特定目标的指引下，在空间上把企业的各个环节的经济活动离散地分布在全球不同国家进行[①]。当前跨国公司通过非股权模式

---

① 刘志彪. 战略性新兴产业的高端化：基于"链"的经济分析 [J]. 产业经济研究，2012 (3).

协调东道国公司的各种经济活动，成为发达国家跨国公司获取竞争优势的逻辑选择。总的来说，非股权安排的主要特征在于不直接持有东道国企业的股份，是一种间接的资源整合路径。非股权安排可以使跨国投资者绕开设立新厂或者并购国外企业所需的麻烦且不易成功的程序。程序相对简单的非股权安排可以使双方共同受益。

　　如表 7 – 1 所示，合约制造和服务外包在各项指标上位居首位，特别在销售额指标上遥遥领先，在创造附加值方面，特许经营的表现比合约制造和服务外包都要出色。由于非股权安排的复杂性，上述估算数字并不完整，大大低于实际值，总值中对于发展中国家十分重要的非股权安排例如订单农业和特许权等没有包括在内。当前来自发达国家跨国公司的订单农业活动遍布全球，涵盖 110 多个发展中和转型期经济体，涉及的农产品类型广泛，而且在销售额、增值和就业等方面占据了较大的份额。

表 7 – 1　　　　　　　2010 年代表性产业非股权安排的估计值

非股权安排的主要形式	销售额 （10 亿美元）	增加值 （10 亿美元）	就业 （百万人）	发展中经济体的 就业（百万人）
合约制造：技术密集型产业				
电子	230～240	20～25	1.4～1.7	1.3～1.5
汽车配件	200～220	60～70	1.1～1.4	0.3～0.4
制药	20～30	5～10	0.1～0.2	0.05～0.1
合约制造：劳动力密集型产业				
服装	200～205	40～45	6.5～7	6～6.5
制鞋	50～55	10～15	1.7～2	1.6～1.8
玩具	10～15	2～3	0.4～0.5	0.4～0.5
服务外包	90～100	50～60	3～3.5	2～2.5
特许经营	330～350	130～150	3.8～4.2	2.3～2.5
管理合约	15～20	5～10	0.3～0.4	0.1～0.15
许可经营	340～360	90～110	—	—

　　资料来源：根据联合国贸发会议，《2011 年世界投资报告》相关数据整理而得。

　　在合约制造这种典型的非股权安排中，由于产业的异质性导致其相对规模呈现显著的差异。技术、资本密集型产业诸如电子、汽车配件、制药等行业在销售额、增值方面远远优于某些劳动力密集型产业，但在就业方面，劳动力密集型产业依然是发展中国家参与全球化的主要途径，因此在服装、制鞋和玩具等劳动密集型产业中，合约制造甚至更加重要。

二、非股权安排对东道国的影响

非股权安排与股权安排都能够使得东道国融入全球价值链，但非股权模式的一个关键优势在于这是与东道国当地企业之间的灵活制度安排，跨国公司的内在动机是培养东道国合作伙伴的独立发展能力，获取未来可持续合作的最大收益。一般来说，跨国公司通过示范效应、技术溢出效应为东道国企业营造符合自身发展的经营模式，通过就业、增值、创造出口和技术引进等构建影响企业长期发展的重要渠道，进行长期产业能力建设。另外，跨国公司通过股权安排建立本地子公司，相比非股权经营模式而言，股权模式要求对东道国经济承担的长期责任更为重大，在敏感的情况下，非股权模式可能比股权模式更为适宜。非股权模式不但为东道国创造大量的正式就业，而且对当地国内生产总值、出口贸易等方面具有促进作用。

非股权安排对东道国企业的技术能力提升、国内生产总值、就业等直接贡献有助于提供企业可持续发展所需的资源和进入全球价值链核心环节的机会。虽然非股权模式对东道国长期发展的潜在贡献十分明显，但是担心严重依赖非股权形式嵌入全球价值链可能使非股权安排的"接受方"永远处在全球价值链的边缘，为此，我们不得不重视东道国企业在全球价值链中的被"俘获"与"压榨"地位以及如何及时突围等问题。对于东道国企业在价值链任意环节中最终选择股权还是非股权投资模式，取决于其战略、相对成本和收益，这些也构成了东道国企业海外投资模式选择的难题。

自从"冷战"之后全球市场逐渐形成，传统的跨国公司已经或正在转型为全球公司，它们适应经济全球化潮流，调整了全球战略，完善了全球管理和治理结构，从而大大提高了全球运营和竞争能力①。在一个充分融入全球价值链的公司中，价值链的上述全部环节（如图 7 - 1 所示）都可以选择以各种非股权形式将活动外部化。例如，一个公司可以到资源或能源丰富的国

---

① 王志乐. 如何成功"走出去"［J］. 中国改革，2012 (6).

家和地区进行资源开发；到投资环境良好、市场经济完善、智力资源发达的国家和地区建立分销渠道和研发基地；到经济发展水平低于本国的国家和地区投资设厂，跨国企业可以不在东道国新建公司或并购，而将相应价值链非核心环节外包给合约制造商，间接完成对合约公司的控制。跨国公司在价值链任意环节中最终选择直接外资还是选择非股权形式（或贸易），要依据其战略、相对成本和效益、相关风险和可用备选方案的可行性。在价值链的某些部分，非股权形式可以替代直接外资，在其他部分，二者可以起到互补作用①。

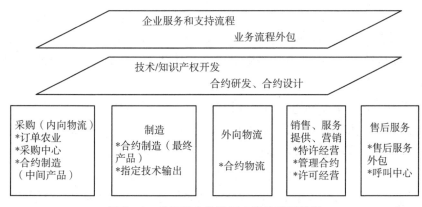

图 7 - 1　价值链中非股权安排的若干范例

资料来源：联合国贸发会议，《2011 年世界投资报告》。

第二节　企业海外投资风险与非股权安排

目前针对中国企业海外投资的负面报道不断增加，特别是西方国家有意识抹黑中国企业海外投资的正当目的，炮制了诸如"中国威胁论""中国企业社会责任缺失论""中国资源占有论"等不利于中国企业"走出去"的各种舆论，干扰了我国企业正常的对外投资活动。本节主要阐述中国企业海外投资面临的风险，为接下来分析"非股权安排"这一新型的海外投资模式选

① 联合国贸易和发展会议. 世界投资报告 2011 ［R］. 2011（7）.

择做铺垫，并分析了非股权安排对中国企业海外投资影响的理论基础。

一、中国企业海外投资面临的风险

随着中国企业海外投资步伐不断地加速，海外投资面临的风险也不可避免地在增加。从 2011 年开始实施的"十二五"，在对外投资方面，侧重点已经发生了重要变化，其中一个重要变化，就是提出了要加快实施走出去战略。正如杜建芳（2012）分析的那样，从"十五"时期，国家首次将"走出去"上升为一个国家战略的高度，到"十二五"提出了要加快实施走出去战略，显示出中国经济发展方式的重大转型，代表中国已经转向了注重经济的可持续、包容性、共享式发展的道路上来，即到了进口和出口并重、引进来和走出去并重的阶段①。企业海外投资的重点，从"十五"时期重点发展境外的加工贸易和合作开发国内短缺的资源，即为获得资源的"走出去"战略，转变到"十一五"重点利用中国企业拥有的"中间技术优势""低成本熟练劳工优势"和"资本优势"即为发挥要素优势的"走出去"战略，然后再把重点转到要创立国际化的营销渠道和品牌，强化合规经营、重视当地民生和履行社会责任等方面，即为优化资源配置和为产业升级的"走出去"战略（孟玉明，2012）②。《2012 年中国跨国企业调研》显示，中国跨国企业运营机构覆盖的地域广阔，其中 57% 的参调公司在尚未进军临近的亚洲新兴市场前，已打入北美或欧洲、中东和非洲市场。然而，中国的跨国企业毕竟刚刚"走出去"，快速成长令他们面临着一系列的严峻挑战。表 7 - 2 列举了中国在美国有争议的投资项目。

表 7 - 2　　　　　　中国在美国有争议的投资项目（1990 ~ 2011 年）

年度	中国企业	美国企业	争议概况
1990	中国航空技术进出口总公司	Mamco 制造有限公司	美国外国投资委员会调查此案并发现收购对国家安全构成威胁，交易随后被总统命令正式禁止

① 杜建芳. 中国企业"走出去"的形势、风险和对策 [J]. 中国经贸，2012（3）.

② 孟玉明. 中国企业"走出去"发展战略的制定与实施 [J]. 国际经济合作，2012（2）.

续表

年度	中国企业	美国企业	争议概况
1995	中国有色金属进出口总公司	Magnequench 公司	由于技术泄露和将工作转到中国引起美国公众广泛批评
1999	中国远洋运输（集团）公司	长期租赁加州长滩的前海军基地	国会采取临时立法行动，以国家安全为由阻止了把海军基地租赁给中远集团
2005	中国海洋石油总公司	优尼科（Unocal）	中海油在受到来自美国相关利益集团和国会议员巨大阻力后，被迫撤出竞价。国会威胁要制定一个修正案，会大大增加买方额外费用和风险
2005	联想	IBM 个人电脑部门	联想公布计划购买 IBM 个人电脑部门后，美国相关利益集团、安全部门人员和国会议员都表示了顾虑。在该公司签订了大量安全协议后，美国外资委批准了此项交易
2009	华为、贝恩资本	3COM 公司	华为本想与私人控股公司贝恩资本联合收购网络装置制造商 3Com，但因美国外资委对国家安全的风险考虑而受阻。外资委表示正式调查后的结果可能是否定后，华为和贝恩撤回了竞价
2010	唐山曹妃甸投资有限公司	安科（Emcore）	美外资委初步审议后认为存在国家安全问题。唐山不得不撤回对太阳能光伏发电和光纤技术供应商安科的投标
2010	鞍山钢铁	在密西西比州合作投资新建钢板厂项目	虽然绿地（新建）投资在法律上应不受美外资委审查，但此项目引起国会钢铁核心小组和美国钢铁游说集团的强烈反对。尽管该交易被高度政治化，鞍山钢铁仍坚持投资
2011	华为	三叶公司	美外资委要求华为补报收购加州破产的 IT 公司"三叶"资产的交易。当美外资委表示它会建议总统阻止该交易后，华为同意剥离三叶的专利和资产

资料来源：通过各公司网站和商务部有关资料整理而成。

　　伴随着中国企业全球战略的不断推进和跨国并购数量的迅猛增加，中国跨国企业在进行海外投资时面临诸如投资目的地政局动荡、政治审查、市场环境及管理经营等多重风险也在不断累积，环保标准、社会责任、合规反腐，特别是来自发达国家对中国企业不公平的"政治背景审查"已经对中国跨国企业的海外投资利益构成重大威胁。根据陶景洲（2012）的研究，近年来中国企业"走出去"的失败率在 60% 左右，主要是国际投资保护主义在不断升温，企业在海外投资时时常面临"高风险"。所谓"高风险"，不仅指中国企业达成境外投资交易的过程中可能面临种种困难和不确定性，还指交易达成后成功整合目标公司并稳定运营的概率低。就交易过程而言，除了前面提到的政治风险（国际关系、东道国政局稳定程度等），中国海外投资者在"走出去"之前要取得国内相关主管部门的全套审批、备案或登记，获准"走出去"后还可能面临东道国在市场准入、国家安全、反垄断等方面的重重审查①。

（一）各类风险的整体评估

参照刘宏、汪段泳（2010）的研究，中国企业在各个大洲的风险指数，如表7-3所示。

表7-3 中国在各大洲投资的风险指数

地区	亚洲	非洲	欧洲	北美洲	拉丁美洲	大洋洲
风险指数	3.49	3.61	3.78	3.65	3.37	3.67

资料来源：刘宏，汪段泳."走出去"战略实施及对外直接投资的国家风险评估［J］.国际贸易，2010（10）.

中国在欧洲的风险指数最高，主要是因为中国企业在欧洲面临的制度距离较远，对欧洲成熟的市场经济仍显得准备不充分。中国企业在拉丁美洲的投资其风险指数最低，主要原因可能是企业发展阶段的相似性以及在某些制度层面的兼容性较高。针对中国企业海外投资目标国的不同，依据世界银行标准对160个东道国和地区划分为五类：经合组织经济体、高收入的非经合组织经济体、较高水平的中等收入经济体、较低水平的中等收入经济体、低收入经济体，分别计算各类型经济体面临不同风险的值，如表7-4所示。对于政治风险而言，较低水平的中等收入经济体的风险最高，而在经合组织经济体国家的投资面临的风险最低；对于安全风险，中国企业面临最大的威胁是来自低收入经济体，在主要由恐怖主义和疫病等原因造成的人身安全风险方面，风险程度是严格地与人均收入水平成反比的。从总体上来看，中国企

---

① 陶景洲.中国企业"走出去"：做好功课为先［N］.金融时报，2012-12-21.

业海外投资所面临的风险主要是由于制度不匹配不相容引起的，制度不匹配的主要原因是中国企业独特的母国制度特性，即政府干预过多和频繁的非市场因素干扰。

表 7 - 4　　　　　　　　不同类别国家/地区的七类风险指数

指数	政治风险	主权风险	安全风险	法律风险	文化风险	工会风险	环保风险
经合组织经济体	2.46	3.58	2.12	3.91	3.59	4.04	4.64
高收入的非经合组织经济体	3.2	3.5	3	3.29	3.46	3.41	3.93
较高水平的中等收入经济体	3.71	4.06	3.45	3.61	2.89	4.06	4.15
较低水平的中等收入经济体	3.84	3.7	3.5	3.92	3.18	4.03	3.48
低收入经济体	3.56	3.56	3.7	3.69	2.62	3.56	3.61

　　资料来源：刘宏，汪段泳．"走出去"战略实施及对外直接投资的国家风险评估 [J]. 国际贸易，2010（10）.

（二）来自下层的风险剧增

　　金融危机之后，全球经济危机进一步深化，在亚洲、非洲等一些内部冲突激烈的集权国家，曾是中国企业海外投资的首选和比较集中的地区，此时也出现了针对中国海外投资的争议。由于中国在与这些高风险地区国家的交往中，高度依赖当局政府的上层路线，利用彼此业已建立起来的传统友谊关系，不仅在联合国系统团结了发展中国家政府并获得投票支持，也为中国企业在这些高风险地区投资提供了保护力量，但是，中国企业在海外投资的过程中，越来越发现企业正在面临着不熟悉的外交和安全风险，特别是来自下层的风险加剧。许多在国内经营和实践过程中已经被证明是有效的策略，可能在跨境投资中显得水土不服。

（三）针对中国海外投资的争议密集出现

　　近年来特别是始于美国的金融危机出现以来，中国海外投资步伐明显加快，中国企业主导的一系列跨国并购吸引了国际眼球，尤其对发达国家战略性资产以及涉及所谓"国家安全"的敏感性企业或敏感资产的收购，造成了这些国家和民众的心理落差，国际社会比较密集地出现了针对中国企业海外投资行为的争议。目前出现的争议主要有以下几种类型。

从目前出现的争议来看，有的是基于对意识形态和军事安全的关注，有的是基于商业利益和经济因素的考虑，有的反映了国际投资保护主义的一系列新的表现形式，也有的则折射了中国企业自身存在的困境。

第一类是关于意识形态和军事安全的争议。中国在意识形态、政治体制与文明起源方面都与西方世界显著不同，这种差异使得西方世界对中国政府普遍有着固化的偏见，对中国崛起的现实怀有不安的心态，加之中国改革开放以来的经济高速增长，特别是2008年金融危机以后中国经济的一枝独秀，逆势增长，反映了以中国为代表的新兴经济体地位的上升，这种利益格局重构在所难免的局面令西方世界充满疑虑。中国企业对外投资主要还是以国有企业为主导，因此在国外引起争议不断。张永生（2012）通过分析中国国有企业对外直接投资的策略，发现中国的国有企业的海外直接投资在中国的经济发展中扮演着非常重要的角色，但这也增加了对国家资本主义的担忧。中国发展模式的转变为中国海外直接投资提供新的发展模式。中国的海外直接投资更应该服务于我国的经济增长和经济转型，进而为最大化国家利益服务。从中国海外直接投资的国际影响来看，中国的海外直接投资应该以促进国际市场的公平竞争，以形成一个共赢的格局，这与最大化我国效益是相一致的。

第二类是基于商业利益和经济因素的争议。从中国企业海外并购的行业分布来看，能源及矿产行业近些年一直处于主导地位。2008～2011年中国企业十大海外并购案全部来自能源及矿产行业，并且全部由国企发动，这除了源自中国经济快速增长对资源的强劲需求外，也表明了国有企业更易受"政策效应"的激发。2012年，这种格局变化并不大。根据清科研究最新数据显示，2012年上半年中国企业在能源及矿产行业共完成12起海外并购交易，涉及金额达128.87亿美元，创下自2010年以来的新高，占同期海外并购交易总金额的66.4%。在2012年1～8月中国企业十大跨国并购案中，并购方80%来源于能源矿产及相近行业。中国企业对海外资源的并购案通常涉及的金额较大，而且大多数是所在国的敏感性资产，这些国家怀疑中国企业购买海外资产的真正意图，担心中国政府通过大型国有企业来控制东道国的资源和能源，从而影响该国资源和能源安全。为此中国政府在未来的海外投资实践活动中，要加强对大型海外并购的协调，尽量避免在敏感时期收购东道国的敏感性企业或资产，特别是关乎一国民族自尊的资产及企业①。

第三类是基于国际投资保护主义的影响。近年来，国际投资保护主义形式多样，手段层出不穷。具体来讲，主要体现在国家安全审查、市场垄断调查和国有企业歧视等方面。正如张燕生（2012）所指出的那样，中国企业海外投资要密切关心西方主要国家像美国和欧洲的贸易和投资保护主义的一些新变化。目前美国政府提出"再工业化"战略，鼓励投资中国的一些企业撤资回归本土，而这种战略的转变很大程度上也是利用保护的方式来推动美国制造业的发展，为此中国企业在"走出去"战略中要及时关注国际投资保护主义的一些新动向。

当前以国家安全为理由对来自中国企业进行国家安全审查最为频繁的国家是美国，目前激增的中国投资在美国引发的不单是兴奋，而且还有焦虑。根据《2011 年世界投资报告》的数据，2010 年世界各国共出台了 149 项与投资有关的政策措施，而保护主义措施占了近 1/3，这一数字在十年前仅为 2%②。在经济不确定性增强、金融市场混乱和经济下行压力等因素叠加的影响下，2011 年全球各主要经济体继续对外商投资采取自由化和促进政策以支持经济增长。

第四类是中国企业自身存在的问题而产生的争议。

二、利用非股权安排规避海外投资风险的优势

自从 2000 年"走出去"战略正式公开提出以来，我国对外投资一直呈现高速增长势头，企业"走出去"的主要方式是新建投资和跨国并购两种形式。目前这两种方式频频遭遇各种市场和非市场风险的困扰，鉴于非股权模式更具灵活性和选择性，我们不妨更加积极地采用非股权对外投资模式，以

---

① 赵昌文等. 中国企业"走出去"正面临各种越来越多的争议：怎么看？怎么办？［J］. 宏观经济研究，2012.

② 卢进勇，李锋. 国际投资保护主义新发展及中国的对策［J］. 国际经济合作，2012（3）.

维护和实现我国海外投资可持续的发展利益。

当前，中国企业对外直接投资一般都偏爱绝对控股的方式。这一方式的优点是，不涉及外部利益团体，决策相对简单，跨国公司作为唯一的出资人，独立承担海外经营的风险和获取收益，因此海外子公司的经营协调相对简单，产权也比较稳定。另外，跨国公司通过全面控制海外子公司，可以更好地维护垄断技术、经营诀窍、商标信誉等无形资产，降低机会主义成本。但其缺点也相当明显，由于不熟悉被投资国的政策法规和商业运作环境，往往会遇到本土运营特有的问题，导致后期运营管理困难加大。采取控股方式的跨国投资也会引致各种各样的阻力。

企业海外投资的方式有很多，诸如自主新建、合资新建、占多数股权的并购、占少数股权的并购、战略联盟等，企业应根据投资地的政治环境、商业惯例、文化氛围等因素，审慎、灵活地选择投资地可能接受的投资方式。例如，在对中国投资还存有戒心的国家和地区，如果能考虑参股，或寻找当地的合作伙伴结成联盟，通过合作的方式实现共赢的局面，可能会减少项目面对的阻力。引入财务投资者也是一个选择。目前大多数中国企业的对外投资模式并不十分成熟，仍在尝试和探索中，而与当地有实力的企业集团、海内外私募基金等金融机构合作也不失为一种好的选择。赴海外投资的中国企业不仅需要资金支持，更希望得到一个好的伙伴，协助其应对在"走出去"各阶段所遇到的问题。虽然机构的财务性投资会稀释股权和控制权，但其丰富的跨国投资经验，对国际市场环境和商业规则的深入理解，以及广泛的信息网络和深厚的人脉资源，可以弥补企业在跨国运营能力上的不足[1]。

在海外投资时，中国企业不一定要寻求股权上的控股或者收购，有时候换一种交易模式或方式即非股权安排，也许能够达到更好的效果，还更易被当地政府和民众所接受。在这方面，中国应向日韩企业在海外的投资模式学习，更多地扮演雪中送炭的角色在一些有潜力的公司困难时期进入，以双方取长补短、各取所需的目标搭建合作方式。

---

① 徐钢. 改变中国对外矿业投资的困境 [N]. 金融时报，2013 - 01 - 08.

第三节　利用非股权安排优化对外
投资模式选择的路径

由于中国企业的异质性，其驱动力和采取的模式也应该有所不同，如何根据不同企业所有制形式制定不同的海外投资具体路线图，是确保海外投资利益的关键一环。根据2012年国际贸易促进委员会的实际调查数据显示：企业对外直接投资的目的是提高在全球范围内实现最佳资源配置的能力，开拓国际、国内两大市场。我国在海外投资方面具有潜力的企业主要分为三类：一是国有能源、资源企业，这些企业海外投资的主要目标是稳定国内资源供应，通过掌握上游资源，从相关原料的价格上升中获益；二是高新技术企业，主要包括通信和IT等行业的企业，这类企业"走出去"是为了参与全球竞争，获得技术资源；三是具有比较优势的企业，主要包括纺织、成衣、家电等，这些企业"走出去"是为了接近市场，缓和对外贸易摩擦。这三类企业的投资动机可以进一步分为两类：寻求海外市场机会和获取海外资源。

前文提到的一些企业海外投资面临的各种风险，例如政治风险、文化融合风险、制度距离等，这些"陌生的负担"对任何外来投资者来说其影响基本差不多，关键看如何降低这种潜在的或已经存在的各种经营风险，例如，国际投资保护主义大多针对跨国并购而设立的，而新建投资仍是各国所普遍欢迎的投资方式。为此要构建适合中国企业的新型对外投资模式就必须把股权安排和非股权安排结合起来进行研究，为此未来的政策取向应该从构建"多层次的同时并进"模式为突破口，即针对不同性质、不同驱动力的投资企业采取多层次的海外投资组合模式，到底是以股权安排为主体还是以非股权安排为主要投资模式？政策如何响应这种互为补充的新型的跨国企业FDI模式？本小节将对这些问题进行剖析。

一、"多层次同时并进"海外投资模式的提出

（一）"顺梯度FDI"的基本观点

根据传统的对外投资理论，企业对外投资须拥有一定的所有权优势，只

有这些"私有"的且"垄断性"的资源和能力，才可能进行自然资源、市场和效率寻求型的海外投资活动，这是传统的对外投资理论的核心观点①。这些传统理论是建立在发达国家跨国企业海外投资实践基础之上的。根据企业海外投资的三要素理论，即企业海外投资须拥有所有权优势、内部化优势和区位优势三种优势才可以进行对外投资活动，据此来推论，只要 FDI 投资国与 FDI 被投资国之间具有基于企业核心竞争能力的"正向"势差，对外投资就具备发生的条件。因此 FDI 应该是处于核心竞争优势的发达国家企业的专有权利，因为这些企业可以凭借其独特的"专有优势"向欠发达国家（或一些发展中国家的落后产业）进行海外投资，从而获取垄断租金。相应地，处于"中等"发展水平的国家中的跨国企业也可以向比自己相对落后的国家进行海外投资活动，从而分享一定的垄断利润。我们可以把这种从优势企业到劣势企业的投资称为"顺梯度 FDI"。

中国作为一个处于中等发展水平的发展中国家，在国际分工体系中的位置仍处于中等偏上位置。根据"顺梯度 FDI"的观点，中国跨国企业的投资目的地应该流向经济技术发展水平更低的国家或地区，或者与中国经济发展水平相当的但某些更落后的产业，只有这种利用本身比较优势的顺流向的投资才可能获取海外投资有利的竞争条件。从中国企业海外投资的区位分布来看，似乎验证了这种投资流向的存在。

（二）"逆梯度 FDI"的基本观点

跨国企业进行战略性资产寻求型投资的动机在发展中国家企业海外投资的主要驱动力中日益占有一定的地位。参照 Makino 等（2002）提出的"探索性 FDI"概念，即指跨国企业通过海外投资而获得有形和无形的具有增值能力的战略性资产，以服务于母国企业的所有权优势的培育。杜群阳（2006）认为企业为了追求技术、品牌等无形资产的战略性资产寻求型投资行为主要以获取目标国和目标企业的研发机构、智力要素、信息等研发资源为目标，以新建或并购海外优质资产为手段，旨在提升企业技术竞争力为宗旨的海外投资行为。之所以跨国企业通过"逆梯度 FDI"的方式从拥有所有

---

① 具体的对外投资理论在文献综述中已经阐述，在此就不再赘述。

权优势的一方获取战略性资产为我所用，不论这种途径能否达到预期效果，但这种模式是有一定学理依据的。根据 Asmussen 等（2009）的研究，跨国企业的全球竞争力并不是全部可以在一个单一国家即母国的基础上建立起来的，不同企业拥有的产品价值链的低端和高端要素是不同的，跨国企业所在的母国的环境并不是平衡的、完备的，一些经济发展的要素可能是当时特定发展阶段所不具有的、欠缺的，作为一种补充，跨国企业可以利用自身优良的特定要素优势积极参与全球产品内分工，把比较劣势的产业外包或通过非股权的合约方式进行转移，通过这种方式可以从不同的东道国中汲取与其母国互补的要素，从而培育母公司欠缺的资产优势。

　　中国企业寻求战略性资产的方法通常是采取海外并购的方式，通过收购国外企业的关键技术、品牌和营销渠道来增强母公司的所有权优势。中国的这种逆向投资模式是大多数具有一定吸收能力的跨国企业较为实用的战略选择。最新的一些数据显示，中国企业海外并购获取战略性资产的强烈动机已经使得中国海外并购日益呈现高溢价的特点，为了成功收购目标公司的关键性资产，中国企业特别是国有企业在跨国并购交易中，所报出的价格远远高于目标公司市场价值的正常水平。根据美国哥伦比亚大学 2012 年的研究报告，2008 年"中国溢价"的平均值仅为 10%，到 2011 年，平均值跃升至近50%。在 2012 年的能源方面的并购案例中，三峡集团收购葡电集团的报价相当于葡电股份当日股市收盘价加 53.6% 的溢价。中海油对尼克森的要约收购价较尼克森的股价溢价 61%，更是创造了"中国溢价"2012 年的纪录①。

（三）"多层次同时并进"的海外投资模式

　　根据上述的分析，基于中国在国际分工体系中的处于"中游"位置的现实，中国跨国企业在进行海外投资时，一方面，要设法找到整合全球创新要素的路径，改变过去那种以低端要素加入全球价值链，靠仅专注于卖劳力和拼消耗的生产加工环节的做法，抢占全球价值链高端的研发和设计、市场营销和品牌网络等制高点，为培育中国企业作为价值链"链主"的巨型跨国公司而探索寻找国外战略性资产的"逆梯度 FDI"的可行方式。也就是说要在

---

　　① 张钰函. 对中国企业海外并购的建议［EB/OL］. FT 中文网，2013.

拥有价值链高端环节的国家或地区进行学习型 FDI，以获取互补的战略性资产，从而形成合力，提升母国企业的全球竞争力，即遵循"逆梯度 FDI"的逻辑。另一方面，是在比母国企业发展水平低的国家或地区进行优势利用型 FDI，把企业所有权优势保留在企业内部，通过股权控制的方式在利用现有的核心优势中攫取利润，即遵循"顺梯度 FDI"的逻辑。

由于中国跨国企业在进行海外投资区位选择时，同时面临着发达与欠发达两类不同发展水平的国家，因此在进行跨国经营时必须同时兼顾这两种在竞争环境和投资驱动力等方面具有显著差异性的投资区域，所以在投资模式选择方面不能进行排他性的选择，而应该设法将"顺梯度 FDI"和"逆梯度 FDI"两种模式结合起来进行规划。具体来说，要针对企业海外投资驱动力的不同和企业异质性设计"多层次同时并进"的海外投资战略。不论是哪一类型的企业，其海外投资策略通常包括以下三组具体的海外投资模式，即 Y 投资模式、联合投资模式和价值链联盟投资模式。

(1) Y 投资模式。所谓 Y 投资模式是指国有企业与民营企业的互补模式，即结合国有企业的资本优势与民营企业的效率和管理优势，如图 7-2 所示。

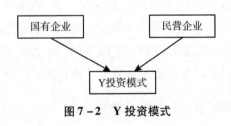

图 7-2　Y 投资模式

(2) 联合投资模式。所谓联合投资模式是一种由行业领导者主导的一组中小企业联合走出去，取代了单个行业的个体行为。这种模式能够充分利用规模经济和集体学习带来的正的外部性，从而使每个成员企业受益。例如，由商务部批准建立起来的海外产业园区，便是由大型民营企业牵头主导的其他小型企业提供配套服务的一种典型的联合海外投资模式。这种联合投资模式规避了过去中国企业单打独斗势单力薄，缺乏各相关部门协调而带来的整体产业配套能力与协调能力松散的不足，如图 7-3 所示。

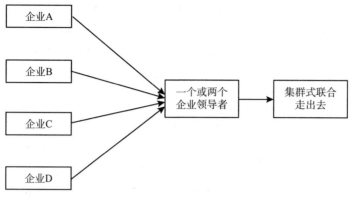

图7-3　联合投资模式

（3）非股权的价值链联盟投资模式。这种模式是基于为核心企业配套的上下游的资源、技术、销售等环节的联合体。价值链各个环节紧密联系，分享信息和资源，有着共同的战略愿景，由国家银行信贷和海外投资保险支持。这种模式类似于日本综合商社模式①。例如，日本汽车产业在国际化早期所运用的那样，即由主要汽车制造商与关联供应商联合的方式共同"走出去"，如图7-4所示。

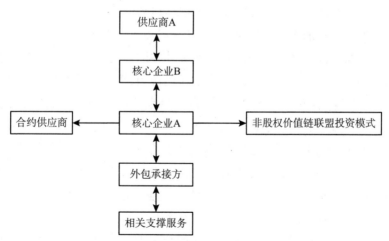

图7-4　非股权的价值链联盟投资模式

---

① 日本综合商社是集贸易、产业、金融及信息等于一体的，具备为客户提供综合服务的大型跨国公司，综合商社将贸易功能、产业功能、金融功能和信息功能融合起来，形成一种大型经营综合体。

二、对外投资模式选择的路径设计

以下根据 2012 年国际贸易促进委员会对中国在海外投资方面具有潜力的三类企业的划分进行相应的海外投资路径设计。

（1）针对大型国有能源企业。获取中国经济发展所需的能源一直是中国企业海外投资的热点领域，中国庞大的国内需求，国内资源已经远远无法支撑经济的长期发展，加之能源利用率较低，导致中国大型的国有能源企业奔赴海外从事规模较大的收购兼并业务。由于优质的能源矿产资源大多数被来自发达国家的跨国企业捷足先登，因而中国不得不参与一些风险极高、开发难度大的项目。鉴于此，中国国有能源企业应该采取股权安排与非股权安排相结合的投资方式，尽量规避投资风险。具体来说，就是针对发达国家的矿产资源的投资采取并购方式，由于在发达国家投资的投资面临的制度壁垒较低，投资环境较好，所以采取并购方式可以获取除了能源之外的一些优质的战略性资产，可以对母国企业的资源禀赋形成互补，这也就是"逆梯度 FDI"的逻辑。

中国公司在能源领域的并购规模，基本在数十亿美元到上百亿美元这个区间。例如，中海油 2012 年底收购加拿大尼克森（Nexen）的交易高达 180亿美元。在新能源方面，中国国企开始海外并购成为一个新的亮点。世界依然依赖石油等传统能源，然而 21 世纪新能源可能将引领第四次产业革命。2012 年底，三峡集团的子公司三峡国际在并购后期投资 3.59 亿欧元（近 5亿美元）购买葡电集团新能源公司（风电业务）49% 的股权。这些案例说明了大型国有企业如果针对发达国家的能源企业采取并购方式是合意的方式。但在一些高风险的国家或地区则要采取新建投资和非股权的方式。因为在这些高风险地区进行投资活动，不确定因素增强，企业的制度成本增加，为此采取新建投资方式可以充分利用中国国有企业的所有权优势，也可以雇用当地的工人，增加当地就业，这也就是"顺梯度 FDI"的逻辑。按照发达国家能源企业的做法，例如，必和必拓（BHP）、英国石油公司（BP）等欧美国际能源企业在经营中非常重视下层民众的需求，在意向投资确定以后，直到最后做出最终决策一般要花一年的时间开展当地社区调研和风险评估。为此中国企业应该借鉴欧美发达国家企业的做法，采取柔性的投资模式，针对不同东道国采取股权与非股权安排相结合的"多层次同时并进"的投资方式。

（2）为获取技术和管理经验的高新技术企业。根据以往的国际经验，一个国家综合实力最重要的体现是在世界经济中是否有富有竞争力的处于全球价值链高端地位的跨国公司，尤其是一些高新技术企业。中国高新技术企业的发展早期主要为欧美公司进行一些加工组装业务，基本上是处于打工者的角色，积累了一定的技术诀窍，但事实证明当初的引进、消化、吸收、再创新这条道路并不是很成功，因为一些核心关键技术是买不到的，因此解决自主技术创新问题，才是高新技术企业做大做强的根本出路所在。中国的高新技术企业海外投资应该选择探索和利用并行的海外投资模式。

首先，要充分利用中国已经累积的小规模技术优势。根据 Wells（1983）的理论，发展中国家企业虽不具备发达国家企业拥有垄断优势的核心技术，但拥有 FDI 方面的小规模优势，即相对竞争优势。中国可以利用这样相对竞争优势对比中国更低发展水平的国家或地区进行"顺梯度 FDI"，同时也要对欧美发达国家的高端技术增强其吸收再创新能力，即同时进行"逆梯度 FDI"活动。

其次，中国拥有一定垄断优势的高新技术企业在进行"顺梯度 FDI"时可以采取非股权安排的方式，即对投资目标企业不采取直接的控股方式，而进行合约制造、服务外包等非股权形式。在基于非股权模式基础上形成的以中国高新技术企业为价值链主导者，可以根据国内外市场需求和本身主导的研发设计向国外企业发包，利用全球产品内分工衍生的新的工序环节，尽量把这些新的工序环节分配在具有比较优势的国家或地区，使全球生产要素供给企业成为中国企业的全球战略联盟或供应商。这种基于非股权模式的投资模式一方面把具有垄断优势的价值链环节与国外的创新型要素进行整合，形成合力，占据利润制高点，另一方面也可以把自己不擅长的环节同时外包出去，利用逆向外包行为产生的知识溢出来激励母国企业相应技术的提升。因此结合了"顺梯度 FDI"和"逆梯度 FDI"的对外投资非股权安排是一种较为优化的资源配置方式。

（3）为获得市场规模效应的具有比较优势的企业。这种类型的企业为追求规模经济效益，当国内企业运营成本上升，投资环境已经不如以前的情况下，开辟海外市场不失为一个明智的选择。由于中国这些具有比较优势的企业仅是因为在中国具有一定的优势，如果简单地把在国内的优势复制到海外市场，未必就是一个互利双赢的局面。具体来说应该采取以下几种"多层次同时并进"的海外投资模式。

相比较来自发达国家的跨国企业，中国拥有比较优势的企业由于在产品、技术、信息、品牌和渠道等方面与发达国家同类型跨国企业相比差距仍然明显，加之中国大多数企业所拥有的比较优势仍集中在利润微薄的制造环节中的加工、组装区段上。为此在发达国家投资，应该采取"逆梯度 FDI"的方式，通过股权收购外商企业的研发、设计、重要原材料和零部件生产、销售和服务环节，从而实现对西方跨国企业价值链高端的环节进行有效整合的目标，进而倒逼母国企业转移到高利润产品和环节上，即进行产品升级和产业链升级。

相比较投资于发展中国家的企业而言，中国这些拥有一定比较优势的企业可以采取非股权安排的方式。采取外包和合约制造、特许经营等非股权经营方式对同一个产品的处于比较劣势的工序进行剥离，主要目的是为了更加充分地利用其他国家的低端生产要素优势。为了使我国拥有一定比较优势的产业进行高端化发展，可以学习发达国家跨国企业的做法，利用和借鉴产品内国际分工方式，利用中国内需强大的大国优势各种创新平台，或向前文提到的向发达国家逆向外包的"逆梯度 FDI"方式，获取发达国家的高级要素尤其是技术和人力资本要素；也可以在现代信息技术高度发达、物流成本大幅降低、交易成本日益缩小的背景下，通过舍弃没有比较优势的生产和工艺环节，集中把母公司在某个工序、区段、环节的比较优势充分放大，并以此为基础组织起全球产业链和生产网络，实现全球研发、全球生产、全球营销。但这种全球价值链的形成并不意味着中国就一定要彻底放弃低端产业的生产，而盲目地去做全球价值链的"链主"。现实情况是，逐步实现从代工生产和自主品牌的发展飞跃，存在着一系列的阻力和障碍。中国的纺织、成衣、家电等劳动密集型企业不能盲目地撇开眼前利益，抛开原先的品牌而一味迷信西方跨国企业的技术与管理，因为每个企业都有它自己的核心资源和发展基础，传统上一些低端产业的未来也不一定要朝一个方向发展。因此未来的产业政策不仅仅是为了通过股权收购方式寻求"整条产业链"各环节的竞争优势，而更要懂得对部分缺乏比较优势的环节通过合约制造、外包等非股权安排的方式主动"放弃"，懂得采取差异化同时并进的海外投资战略是最优化的资源配置方式，把企业的竞争优势"集中于一点"，懂得在传统产业上实现产业转型升级不是仅仅为了规模的扩大和市场份额的增加，懂得"所失是为了所得"，这样即使是为发达经济体充当打工者的厂商，也可以在国际产品内分工的某个区段获得竞争优势。

中国企业对外投资模式
选择研究：基于
非股权安排视角
Chapter 8

第八章 投资风险与非股权安排选择
——以中国投资非洲为例

第一节　中国对非洲直接投资风险

本节在分析中国对非洲直接投资特点的基础上，将中国对非洲投资划分为三个阶段。辅以地理集中指数的计算，分析中非直接投资的地域分布现状，总结中国对非洲直接投资的特点。通过横向和纵向比较分析对非投资的发展状况。

一、中国对非洲直接投资发展阶段

20世纪50年代以来，中非经贸关系发展表现出显著的阶段性特点，大致可划分为政治投资、投资起步和投资发展三个阶段。

第一阶段为政治投资阶段（1956～1978年）。该阶段中国对非洲投资表现为以政治外交为目的的非营利性投资。1956年，中非展开政治合作，中国开始对非洲进行无偿援助。这一阶段投资的主体是中国政府机关而非企业，是国家意志的体现，且投资目的是非营利性的国际援助。

第二阶段为投资起步阶段（1978～1999年）。该阶段中非经贸关系快速发展，这一阶段中国实行改革开放，经济快速发展，非洲的经济结构转型和调整也逐步展开，两国经济的快速发展和综合国力的逐步提升推动了中国企业在非洲的工程承包和劳务合作。中非经贸关系的快速发展推动了中非投资的起步，这一阶段投资模式以合资和独资企业为主，投资目的逐步转变为营利性，但该阶段投资流量和存量均不大。

第三阶段为投资快速发展阶段（2000年至今）。该阶段中非合作论坛的成立，推动中非经贸关系向新型战略伙伴关系转变，在巩固传统政治外交关系和经贸援助关系基础上，进一步向文化和安全等领域延伸，逐步形成了全方位、多层次、立体化的投资经贸格局。这一阶段投资目的表现为中非双方互利共赢，投资主体由政府转变为企业。

二、中国对非洲直接投资特点

（一）投资增长态势显著

2003 年之前，中国商务部投资数据统计口径与联合国贸易和发展会议不一致，统计数据差异较大。2003 年后中国商务部对统计口径进行调整，统计数据与联合国贸易和发展会议、经济合作与发展组织和国际货币基金组织差异不再显著。因此，为保证数据的可对比性，本章采用 2003 年之后的数据进行比较分析。截至 2014 年，中国对非洲非金融类投资金额达 3235007 百万美元，环比增长 23.54%。2003～2008 年，中国对非洲直接投资的增长率保持在 60% 以上。2008 年后受金融危机影响，全球对外直接投资态势低迷，但中国对非洲直接投资逆势增长表现抢眼，保持了 20% 以上的增长速度，且增长速度逐渐趋于稳定状态。2003～2014 年，中国对非洲直接投资的平均增长速度为 46.33%，增长态势显著。2003～2014 年中国对非洲直接投资存量变动状况及环比增长速度具体见图 8–1。

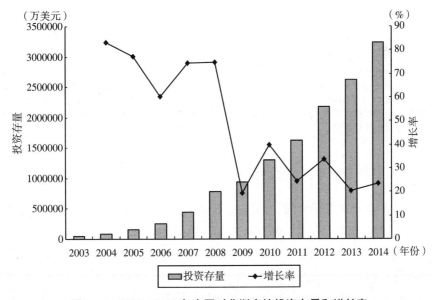

图 8–1　2003～2014 年中国对非洲直接投资存量和增长率

资料来源：根据 2003～2015 年中国对外直接投资统计公报整理绘制。

同时，中国对非洲直接投资流量占非洲吸引外商直接投资流量的比例是逐年递增的，由 2006 年的不足 1% 逐步攀升至 4.5%。虽然与美国的存量还存在较大差距，但将中国对非洲直接投资的时间因素纳入之后，其存量数据与美国的差距也就相对合理。从表 8-1 数据可知，美国对非洲直接投资是在波动中趋于平稳的，而中国对非洲直接投资是逐年上升的，其增长潜力是巨大的。

表 8-1　　　　　　　　　　美国与中国对非洲投资存量投资占比

年份	非洲吸引外商直接投资存量（百万美元）	美国对非洲		中国对非洲	
		投资存量（百万美元）	占比（%）	投资存量（百万美元）	占比（%）
2006	334254.69	28158	8.42	2556.82	0.76
2007	412463.44	32607	7.91	4461.83	1.08
2008	403877.66	36746	9.10	7803.83	1.93
2009	509505.56	43941	8.62	9332.27	1.83
2010	586498.56	54816	9.35	13042.12	2.22
2011	599143.92	56996	9.51	16344.32	2.73
2012	644147.29	55849	8.67	21729.71	3.37
2013	678999.76	59569	8.77	26185.77	3.86
2014	709174.04	64233	9.06	32350.07	4.56

资料来源：非洲吸引外商直接投资存量数据来自 UNCTAD 数据库，中国对非洲直接投资存量数据来自 2007~2015 年中国对外直接投资统计公报，美国对非洲直接投资存量数据来自美国 DEA 网站，占比数据由笔者根据非洲吸引外商直接投资存量数据、中国对非洲直接投资存量数据和美国对非洲直接投资存量数据计算得到。

（二）投资企业规模逐渐增大

中国对非洲直接投资的快速发展不仅表现为投资总量的增加，同时表现为投资覆盖率的逐年递增，即数量增长与范围延伸双管齐下。中国对非洲直接投资范围延伸表现为覆盖国家（地区）数量增加，中国走出去到非洲的企业数量逐年递增。从表 8-2 可以看出，不论是境外企业国家（地区）覆盖率还是投资企业数量占比，中国对亚洲的投资均居于首位，且保持持续增长势头。这一现象的发生可能与地缘政治、地理距离和文化风俗差异相关，这一现象与邓宁的投资发展阶段理论研究结论相一致。同时，中国对非洲直接投资企业覆盖的国家数逐渐增加，投资覆盖率呈现逐年上升趋势。此外，中国对非洲投资企业数量增加与企业数量占比下降现象并存。对比表8-3可见，中国对亚洲国家投资流量占比逐年下降，这说明中国对亚洲投资企业的规模逐渐减小，随着中国对亚洲国家投资的增多，投资环境逐渐成熟，中小企业投资逐渐增加，引致企业数量增加与投资流量下降双重现象并存。相比之下，中国对非洲投资流量表现出波动上升趋势，对比投资企业数量占比下降的事实，表明中国对非洲直接投资企业规模呈增大趋势，这可能与非洲国家投资风险较高相关。一般认为，大型企业在资金供应链和管理经验上较之中小型企业更具有优势，其抗击风险的能力相对较强。故而，出现对非洲直接投资主体以大型企业为主的现象，使得企业数量占比下降与投资流量上升现象并存。

表8-2　　　　　　　　2012~2014年中国投资企业数量与覆盖率

年份	地区	国家总数（个）	企业覆盖国家数（个）	投资覆盖率（%）	企业数量（个）	企业数量占比（%）
2012	亚洲	48	45	95.7	11906	54.5
	欧洲	49	42	85.7	3023	13.8
	非洲	60	51	85	2629	12
	北美洲	4	3	75	2529	11.6
	拉丁美洲	48	27	56.3	1088	5
	大洋洲	24	11	45.8	685	3.1
	合计	233	179	76.8	21860	100
2013	亚洲	48	46	97.9	14131	55.6
	欧洲	49	42	85.7	3133	12.3
	非洲	60	52	86.7	3073	12.1
	北美洲	4	3	75	2955	11.6
	拉丁美洲	48	29	60.4	1331	5.3
	大洋洲	24	12	50	790	3.1
	合计	233	184	79	25413	100

续表

年份	地区	国家总数（个）	企业覆盖国家数（个）	投资覆盖率（%）	企业数量（个）	企业数量占比（%）
2014	亚洲	48	46	97.9	16955	57.1
	欧洲	49	42	85.7	3765	12.7
	非洲	60	52	86.7	3330	11.2
	北美洲	4	3	75	3152	10.6
	拉丁美洲	48	31	64.6	1578	5.3
	大洋洲	24	12	50	919	3.1
	合计	233	186	79.8	29699	100

资料来源：根据 2012～2014 年中国对外直接投资统计公报数据整理得到。

表 8-3　　　　　　　　　　2012～2014 年中国投资流量和比重

地区	2012 年		2013 年		2014 年	
	流量（百万美元）	比重（%）	流量（百万美元）	比重（%）	流量（百万美元）	比重（%）
亚洲	647.85	73.8	756	70.1	849.9	69
欧洲	70.35	8	143.6	13.3	108.4	8.8
非洲	61.7	7	59.5	5.5	105.4	8.6
北美洲	48.82	5.6	49	4.5	92.1	7.5
拉丁美洲	25.17	2.9	36.6	3.4	43.4	3.5
大洋洲	24.15	2.7	33.7	3.2	32	2.6
合计	878.04	100	1078.4	100	1231.2	100

资料来源：根据 2012～2014 年中国对外直接投资统计公报数据整理得到。

（三）建筑行业投资存量最高

中国对非洲直接投资被冠以"资源掠夺"的帽子，特别是中国国有企业资源类投资在非洲的争议较大。但就中国在非洲投资的行业分布而言，采矿业的投资占比位居第二并且呈现出逐年下降的趋势。从表 8-4 数据显示的结果来看，中国对非洲资源类投资占总投资的比重不足 1/4，在非洲投资行业分布的事实与"资源掠夺"的"初衷"无疑是背道而驰的，这也是有力反驳"殖民非洲"和"资源掠夺"的证据。同时，将中国对非洲和大洋洲的投资状况进行对比分析后发现，中国对非洲采矿业的投资相对较少，可见对非洲"资源掠夺"传言的真实性存在一定疑问。相比而言，建筑业投资居于中国对非洲直接投资行业榜首，这与援助非洲计划的初衷是相吻合的。辅助非洲完善基础设施建设，增加非洲经济发展潜力，助力非洲经济持续快速增长，一直是中国与非洲友好合作的体现。行业投资集中于建筑业的现象，在一定程度上反映出，当前国际上关于中国对非洲直接投资的舆论寻求弱化了援助的正向作用，虚夸了资源开发的负面舆论效应。相对于其他各洲而言，中国对非洲直接投资前五位行业的投资总量占比较低，说明中国对非洲投资的集中度相对偏低，相对于亚洲、拉丁美洲和大洋洲的行业分布状况来说，中国对非洲投资前五位的行业相对均匀，没有典型偏向的行业类型。此外，对比2013年和2014年数据，投资行业分布相对稳定，并且集中于前五位的行业占比有所下降。从表8-4数据可以看出，2013年和2014年中国对非洲直接投资存量前五位的行业分别是建筑业、采矿业、金融业、制造业与科学研究和技术服务业，投资存量占比分别为24.7%、24.5%、16.4%、13.6%和4.2%。

表8-4　　　　　　　2013年和2014年中国对各洲直接投资存量前五位的行业

地区	行业名称	2014年		2013年	
		金额（百万美元）	占比（%）	金额（百万美元）	占比（%）
非洲	建筑业	79.8	24.7	68.4	26.1
	采矿业	79.2	24.5	69.2	26.4
	金融业	53.2	16.4	36.6	14
	制造业	44.1	13.6	35.1	13.4
	科学研究技术服务业	13.5	4.2	13.4	5.1
	小计	269.8	83.4	222.7	85
欧洲	租赁和行业服务	161.8	24.7	113.1	21.3
	金融业	137.5	24.5	89	16.7
	制造业	117.2	16.4	108.6	20.4
	采矿业	107.9	13.6	93.3	17.6
	批发和零售业	54.7	4.2	45.1	8.5
	小计	579.1	83.4	449.1	84.5

续表

地区	行业名称	2014 年		2013 年	
		金额 （百万美元）	占比（%）	金额 （百万美元）	占比（%）
拉丁美洲	租赁和商业服务	161.8	57	410.8	47.7
	金融业	137.5	18.3	120.7	14.1
	制造业	117.2	8	85.6	9.9
	采矿业	107.9	5.1	149.3	17.3
	交通运输、仓储和邮政业	54.7	3.2	22.6	2.6
	小计	579.1	91.6	789	91.6
北美洲	金融业	162.6	33.9	75	26.2
	采矿业	83.8	17.5	61.3	21.4
	制造业	71.7	15	49.7	17.4
	租赁和商业服务	31.6	6.6	19.5	6.8
	房地产业	31.2	6.5	19.7	6.9
	小计	380.9	79.5	225.2	78.7
大洋洲	采矿业	169.4	65.5	116.9	61.5
	金融业	19.3	7.5	11.5	10
	房地产业	18.5	7.2	19	6
	农林牧渔业	10.7	4.1	8.4	4.4
	制造业	9.5	3.7	8.3	4.4
	小计	227.4	88	164.1	86.3
亚洲	租赁和商业服务	2408	40.1	1398	31.2
	批发和零售业	812.9	13.5	709.8	15.9
	金融业	809.6	13.5	838.1	18.7
	采矿业	742.7	12.4	571.7	12.8
	交通运输、仓储和邮政业	283.5	4.7	277.2	6.2
	小计	5056	84.2	3795	84.8

资料来源：根据 2013 年和 2014 年中国对外直接投资统计公报数据整理得到。

（四）投资地域分布相对均匀

本章使用地理集中指数 S 来衡量中国对非洲投资的地域分布状况，并使用美国对非洲投资数据进行比较分析。地理集中指数 S 取值介于 0 ~ 100 之间，且地理集中指数 S 趋于 100，表示 FDI 地域分布越集中，反之，地理集中指数 S 越趋于 0，表明投资地域分布越均衡。地理集中指数 S 计算方法为：

$$S = 100 \times \sqrt{\sum_{i=1}^{n} (X_i/X)^2}, \quad i = 1, 2, 3, \cdots, n$$

其中，X_i 表示非洲第 i 个国家吸收中国（美国）的外商直接投资金额，X 表示整个非洲吸收中国（美国）的外商直接投资总额。从图 8 - 2 可以看出，中国对非洲直接投资的地域分布相对均衡，但 2008 年存在极值，地理集中指数达 76.83。2008 年特殊值出现源自两方面原因。一方面，受国际金融危机影响，对外直接投资不景气，投资风险激增，撤资和减资现象频繁发生，使得非洲各国吸纳投资量上呈现出参差不齐的状况；另一方面，2008 年中国工商银行以 56 亿美元收购了南非标准银行 20% 的股份，占据了当年中国对非洲直接投资的 87.45%。撇开 2008 年因一次性投资过大引发的极值，再看中国与美国在非洲共同投资国家的集中度数据，我们发现较之美国，中国对非洲直接投资的地理集中度均偏低，且中国地理集中度指数在波动中呈现平稳趋势，而美国地理集中指数呈现出一定上升趋势。这在一定程度上说明，中国对非洲直接投资地域分布相对均衡，不存在特殊偏好。

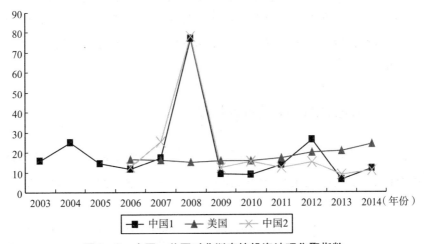

图 8 - 2　中国、美国对非洲直接投资地理集聚指数

注："中国 1"表示根据中国对非洲 52 个国家投资流量计算的地理集中指数，"中国 2"表示中国对美国投资非洲国家的流量数据计算的地理集中指数。"美国"表示美国对非洲直接投资流量计算的地理集聚指数。

资料来源：中国对非洲直接投资流量数据来自 2003～2015 年中国对外直接投资统计公报，美国对非洲直接投资流量数据来自美国经济分析局（Bureau of Economic Analysis，BEA）网站，网址为 http：//www. bea. gov/international/factsheet/factsheet. cfm？ Area = 499。

（五）投资集聚于多样化经济体

中国对非洲直接投资主要集聚于南非、阿尔及利亚、埃及、苏丹、埃塞俄比亚、刚果（布）、刚果（金）、坦桑尼亚、肯尼亚、埃塞俄比亚、赞比亚、津巴布韦、安哥拉和纳米比亚。这14个国家经济发展、基础设施建设和资源丰裕程度相对较好。为了更好地反映中国对非洲直接投资特征。本章根据麦肯锡的分类方法①，将非洲划分为五大类型，分别是对多样化经济体、转型市场前经济体、石油出口型经济体、转型经济体和其他经济体。多样化经济体特点是市场规模大、政局稳定和经济发展平稳；转型前经济体表现为基础设施建设不完善，但经济发展速度快；石油出口型经济体特点是资源储量丰裕、经济发展主要依靠资源出口且基础设施相对落后；转型经济体基础设施相对完善、具有相对较好的农业基础；其他经济体经济发展相对落后。中国对非洲直接投资集中于多样化经济体，这表明中国对非洲直接投资动机为市场寻求型，同时具备风险规避性特征。其次，中非直接投资集中于转型前经济体，辅助其完善基础设施建设，这与投资集中于建筑行业是不谋而合的。最后，中国对非洲直接投资集中于石油出口型经济体，分布结果表明中国对非洲直接投资不完全是寻求非洲丰富的资源，资源寻求动机不是中非直接投资的首要动机。

三、中国对非洲直接投资的风险

中非合作论坛成立以来，中国对非洲直接投资进入全方位、宽领域阶段，经贸合作更加紧密。但随着经贸合作的深入开展，投资面临的风险和制约因

---

① Acemoglu, Daron, Simon Johnson, and James A. Robinson. Lions on the move：The progress and potential of African economies ［R］. McKinsey Global Institution. 2010：1 – 82. 石油出口型经济体国家：阿尔及利亚、安哥拉、乍得、刚果（布）、赤道几内亚、加蓬、利比亚和尼日利亚；转型前经济体国家：刚果（金）、埃塞俄比亚、马里、塞拉利昂；转型经济体国家：喀麦隆、科特迪瓦、加纳、肯尼亚、莫桑比克、塞内加尔、坦桑尼亚、乌干达、赞比亚；多样化型经济体国家：埃及、摩洛哥、纳米比亚、南非、突尼斯；其他经济体：贝宁、博茨瓦纳、马达加斯加、毛里求斯、卢旺达、苏丹、布基法索、布隆迪、佛得角、中非、科摩罗、吉布提、厄立特里亚、冈比亚、几内亚、几内亚比绍、莱索托、利比亚、马拉维、毛利坦利亚、尼日尔、塞舌尔、索马里、斯威士兰、多哥、津巴布韦。

素逐步凸显，本章基于中非经贸合作过程中存在的问题角度展开中国对非洲直接投资风险现状的描述。

（一）国家政治风险和安全风险突出

非洲是一个多党制国家，其选举方式是民选政府，政体和选举方式具有任期短、不稳定和选举功利性强等特点。此外，非洲各国间出于资源争夺和利益分配问题，引发社会动荡和骚乱也相对频繁。总的来说，非洲政局总体稳定，局部混乱。此外，中国对非洲直接投资还受到诸多非传统因素的影响，特别是威胁投资者生命安全因素突出。

（二）投资外部竞争加剧

随着非洲经济的快速发展和基础设施的不断完善，大量投资涌入非洲，加剧了对非洲直接投资的竞争。国际商业律师事务所统计研究表明2003～2012年期间法国和德国在非洲均完成305亿美元并购投资，远超中国的208亿美元。2013年，日本在第五届非洲开发会议上表示将援助非洲320亿美元。同年美国推出"电力非洲"计划，并利用"贸易非洲"渠道增加对非洲的直接投资。2014年，第四届欧盟非洲峰会上，欧盟表示未来拟提供280亿欧元用于支持非洲的发展。同年美国总统宣布将向非洲信息技术、建筑和银行等项目投资140亿美元。

（三）经济摩擦增多

随着中非合作的深度开展，经济摩擦渐多，经贸关系问题突出。大量投资涌入非洲，对非洲本土企业产生排挤效应，增加了非洲"去工业化"风险。因此，非洲对于经济合作的态度越加谨慎。2004年，赞比亚等13个非洲国家为约束中国纺织品出口，同美国等国家呼吁共同发起《伊斯坦布尔宣言》，延迟全球纺织品配额的取缔。南非（2014年）、埃塞俄比亚（2015年）先后将签证政策收紧，减少外资吸引力度。2015年，埃及对中国电焊条产品发起反倾销调查，同时对中国纤毯制品征收反倾销税，赞比亚对中国部分钢铁产品发起反倾销调查。

（四）资源类投资风险增加

近年来非洲国家的投资安全意识逐渐加强，加之非洲政治上对中国的认同感呈下降趋势。经济上特别是资源投资类上对中国戒备心理加重，对中国投资政策收紧。博茨瓦纳总统伊恩卡马号召降低中国在非洲基础设施建设中的参与程度。中非安哥拉合作模式（中国以基础设施、技术和贷款换非洲市场和资源）遭遇挑战。南非和津巴布韦受资源安全和民族主义影响，提高矿业领域各项交易费用。2014年，赞比亚政府以保护环境为由叫停中石油投资项目。

第二节　实证分析设计

一、变量选取和数据来源

（一）被解释变量

现有文献使用存量或流量数据表示投资状况，本章使用中国对非洲各国直接投资存量作为被解释变量，主要原因有以下三点：第一，流量数据选取研究对象的时间段较之存量数据而言较短，而中国对非洲直接投资的波动较大，流量数据变动大，不利于解释；第二，对外直接投资流量数据抗随机因素影响能力弱，易波动，影响模型的稳定性；第三，流量数据较多出现零值和负值，不便于实证过程中的数据处理。

（二）投资动机变量

现有文献通常使用东道国 GDP、人均 GDP 或 GDP 增长率表示市场寻求型投资动机强弱，本章选取非洲各国 GDP 和人均 GDP 表示中国对非洲直接投资的市场寻求动机。此外，《非洲增长与机会法案》实施后，非洲增长与机会（以下简称为 AGOA）成员享受美国单方面的贸易优惠政策，依赖贸易优惠条件，投资 AGOA 成员国以规避美国的贸易壁垒，增加对美国的出口。因此，本章同时选取是否为 AGOA 成员哑变量表示中国对非洲直接投资动机。资源寻求动机通常使用东道国资源丰裕程度来衡量，本章选取原油和金属出口占比指标表示东道国资源开发和利用状况。技术寻求型动机通常使用东道国技术水平来衡量，本章选取非洲各国全要素生产率（TFP）指标表示学习先进技术驱动中非投资状况。

（三）投资风险变量

经济风险取决于一国经济运行的平稳状况，经济平稳表现为物价稳定、营商环境自由和币值稳定。因此，本章选取通货膨胀率指标表示物价波动状况，选取投资自由度指标和贸易自由度指标表示营商环境质量，选取官方汇率指标衡量币值波动状况。政治风险取决于政治稳定性、动荡频率、双边关系和政府清廉程度，政治稳定性直接决定征收风险高低，双边关系衡量投资受保护程度，政府清廉程度与投资交易成本息息相关。因此，本章选取 ICRG 数据库中政治稳定性、内部冲突和外部冲突数据表示非洲各国的政治稳定性。选取双边投资协定（以下简称 BIT）签订时间哑变量衡量中非投资的双边关系（BIT 签订之前取 0，签订之后取 1）。选取 ICRG 数据库中非洲各国政府清廉指数衡量政府质量。文化风险衡量两国文化差异引致商业惯例相异引发的风险，一般认为受教育程度越高越能接受文化差异，符合世界商务惯例。因此，本章选取初等教育普及率表示文化风险。法律风险是由一国法律系统不完善引致的，本章选取 PRS Group 中法律法规完备程度衡量一国法律风险的大小。

（四）控制变量

本章选取非洲吸引除中国外世界其他国家的投资金额衡量投资的集聚效应，选取中国对非洲各国进出口总额数据研究投资与贸易的关系，选取每百人拥有的电话线里数衡量非洲各国的基础设施建设。因为非洲各国对外开放度计算时涉及非洲对外贸易总额指标，这使得对外开放度可能与非洲对中国的贸易总额指标相关，为避免多重共线性对实证结果准确性的影响，故未加入对外开放度变量。

（五）数据来源

本章首先剔除数据缺失严重的国家，最后选定非洲 36 个国家① 2003 ~ 2014 年的面板数据作为本章实证分析的对象。对于存在少量数据缺失的变量，本章使用 SPSS 21.0 中 EM 填充方法将缺失变量补全，EM 填充方法相对于回归填充法和均值填充法更符合随机填充的规则。变量名称、数据来源和预期符号见表 8 - 5。

表 8 - 5　　　　　　　　　　　　变量来源与说明

变量类型	变量名称	变量含义	数据来源	预期符号
被解释变量	中国对非洲直接投资	中国对非洲直接投资存量 Y	对外直接投资统计公报	
解释变量	市场寻求型	GDP 总量 V1	世界发展银行	+
		人均 GDP V2	世界发展银行	+
		是否 AGOA 成员 V3	AGOA 网站	+
	资源寻求型	原油和金属出口占比 V4	世界发展银行	+
	技术寻求型	TFP V5	世界发展银行	+
	经济风险	通货膨胀率 V6	世界发展银行	-
		汇率 V7	世界发展银行	+/-
		贸易自由度 V8	自由之家	+/-
		投资自由度 V9	自由之家	+/-
	政治风险	政治稳定性 V10	ICRG	+
		内部冲突 V11	ICRG	-
		双边贸易协定 V12	贸发会	+
		腐败 V13	ICRG	+/-
	文化风险	教育普及率 V14	世界教科文组织	+
	法律风险	法律法规完备程度 V15	PRS Group	+
控制变量	集聚效应	非洲吸引他国（除中国外）的投资额 V16	世界发展银行	+/-
	贸易效应	中非进出口总额 V17	国家统计年鉴	+
	基础设施	每百人电话线里数 V18	世界发展银行	+

---

① 36 个国家分别是布基纳法索、博茨瓦纳、科特迪瓦、喀麦隆、刚果（布）、阿尔及利亚、埃及、埃塞俄比亚、加蓬、加纳、几内亚、冈比亚、几内亚比绍、肯尼亚、利比里亚、利比亚、摩洛哥、马达加斯加、马里、莫桑比克、马拉维、纳米比亚、尼日尔、尼日利亚、苏丹、塞内加尔、塞拉利昂、多哥、突尼斯、坦桑尼亚、乌干达、南非、刚果（金）、赞比亚、津巴布韦。

二、TFP 变量计算

本章采用传统的索罗残差法测定企业的 TFP 水平。假定一国的生产函数为中性技术进步的 Cobb – Douglas 函数：

$$Y_{it} = A_{it}F\ (K_{it},\ L_{it}) = A_{it}K_{it}^{\alpha}L_{it}^{\beta} \tag{8.1}$$

等式两边同取自然对数，得：

$$\ln Y_{it} = \ln A_{it} + \alpha \ln K_{it} + \beta \ln L_{it} \tag{8.2}$$

两边同对 t 求倒数，并令 t 取值为 1，移项得：

$$TFP_{it} = \frac{\dot{A}_{it}}{A_{it}} = \frac{\dot{Y}_{it}}{Y_{it}} - \alpha\frac{\dot{K}_{it}}{K_{it}} - \beta\frac{\dot{L}_{it}}{L_{it}} \tag{8.3}$$

其中，Y、K、L 分别表示企业的总收入、总资本、总劳动数。参数 A、α、β 分别表示技术水平、资本的产出弹性和劳动的产出弹性。利用公式（8.2）我们可根据 OLS 法求解出资本的产出弹性 α 和 β 的大小，为了消除异方差的影响，本章采用的是 OLS 回归的稳健方式，回归结果见方程（8.4）。

$$\ln Y_{it} = 0.5669 + 0.0567\ln K_{it} + 1.3737\ln L_{it}$$

$$t \quad (0.75) \quad (4.66^{***}) \qquad (23.42^{***}) \tag{8.4}$$

$$R^2 = 0.7697 \qquad\qquad F = 658.39$$

注：***、**、* 分别表示在 1%、5% 和 10% 的水平上显著，下同

因此，根据方程（8.3）和方程（8.4），TFP 的大小为

$$TFP_{it} = \frac{\dot{A}_{it}}{A_{it}} = \frac{\dot{Y}_{it}}{Y_{it}} - 0.0567\frac{\dot{K}_{it}}{K_{it}} - 1.3737\frac{\dot{L}_{it}}{L_{it}} \tag{8.5}$$

三、变量的描述性统计和数据处理

表 8 – 6 变量的描述性统计结果显示，变量之间量纲和极差较大，会在一定程度上降低模型的拟合优度，影响回归结果的准确性。因此，本章利用 Stata 软件，对所有变量进行标准化处理，Y 标准化处理后用 YY 表示，V1、V2 至 V18 标准化处理后分别用 VV1、VV2 至 VV18 表示。同时，为避免解释变量之间存在多重共线性，本章利用 Stata 进行了变量间的相关性检验，检验结果显示变量之间相关系数均低于 0.5。因此，可推断变量之间不存在显著

的多重共线性关系。

表 8 - 6　　　　　　　　　　变量的描述性统计

变量	观察值个数	均值	标准差	最小值	最大值
Y	432	27893. 10	65321. 87	0. 00	595402. 00
V1	43	30254. 94	66372. 30	317. 56	568508. 30
V2	432	1956. 46	2533. 83	106. 02	14231. 60
V3	432	0. 72	0. 45	0. 00	1. 00
V4	432	9. 31	18. 58	0. 00	82. 70
V5	432	0. 00	0. 08	- 0. 62	1. 06
V6	432	8. 06	7. 65	- 3. 50	44. 39
V7	432	599. 62	1088. 97	0. 70	7014. 12
V8	432	64. 18	10. 96	19. 00	90. 00
V9	432	44. 47	15. 95	0. 00	104. 47
V10	432	8. 59	1. 57	4. 92	11. 50
V11	432	0. 27	0. 45	0. 00	1. 00
V12	432	2. 01	0. 72	0. 00	4. 00
V13	432	8. 70	1. 51	4. 50	12. 00
V14	432	102. 20	20. 19	43. 30	149. 95
V15	432	3. 15	1. 07	0. 50	6. 00
V16	432	1098. 25	1740. 44	- 549. 45	11553. 12
V17	432	232323. 70	614192. 20	513. 00	6521921. 00
V18	432	2. 96	4. 07	0. 01	20. 33

四、模型设定

本章实证研究共计分为三个模块：第一模块，基于全样本数据研究中国对非洲直接投资动机状况；第二模块，基于全样本数据研究中国对非洲直接投资面临的风险状况；第三模块，在聚类分析方法基础上，基于分样本数据研究不同投资动机下，中国对非洲直接投资面临的风险状况，并将结果与全样本数据实证结果进行比对。

　　第一部分，基于全样本数据，研究中国对非洲直接投资动机，主要变量为投资动机指标。通过对市场规模、资源状况和技术水平变量的显著性，判定投资动机为市场寻求型、资源寻求型和技术寻求型，具体模型如下：

$$Y_{it} = C_{it} + \partial_1 V1_{it} + \partial_2 V2_{it} + \partial_3 V3_{it} + \partial_4 V4_{it} + \partial_5 V5_{it} + \beta_{it} V_{it} \qquad (8.6)$$

其中，Y_{it} 表示中国对非洲直接投资存量，$V1_{it}$ 表示非洲各国 GDP，$V2_{it}$ 表示非洲各国人均 GDP，$V3_{it}$ 表示是否为 AGOA 成员，$V4_{it}$ 表示非洲各国原油和金属出口占比，$V5_{it}$ 表示非洲各国全要素生产率，V_{it} 为控制变量集合。

　　第二部分，基于全样本数据，研究中国对非洲综合投资动机下面临的风险，主要变量为投资风险指标。通过对经济、政治、文化和法律方面指标的显著性、符号和系数大小，判定中国对非洲投资面临的风险类型、影响方向和程度，具体模型如下：

$$Y_{it} = C_{it} + \beta_1 V6_{it} + \beta_2 V7_{it} + \cdots + \beta_9 V14_{it} + \beta_{10} V15_{it} + \beta_{it} V_{it} \qquad (8.7)$$

其中，$V6_{it}$ 表示非洲各国通货膨胀率，$V7_{it}$ 表示人民币与非洲各国货币汇率，$V8_{it}$ 表示非洲各国贸易自由度，$V9_{it}$ 表示非洲各国投资自由度，$V10_{it}$ 表示非洲各国政治稳定性，$V11_{it}$ 表示非洲各国内部冲突，$V12_{it}$ 表示中非双边贸易协定，$V13_{it}$ 表示非洲各国政府腐败程度，$V14_{it}$ 表示非洲各国教育普及率，$V15_{it}$ 表示非洲各国法律法规完备程度。

　　第三部分，基于分样本数据，研究不同投资动机下中国对非洲直接投资面临的风险状况，主要变量为投资动机和投资风险变量。通过不同动机下，各种风险指标的显著性程度和方向，判定市场寻求型、资源寻求型和技术寻求型投资下面临的风险种类和方向，具体模型分为以下 3 个：

$$Y_{it} = C_{it} + \gamma_1 V1_{it} + \gamma_2 V2_{it} + \gamma_3 V3_{it} + \beta_1 V6_{it} + \cdots + \beta_{10} V15_{it} + \beta_{it} V_{it}$$
$$(8.8)$$

$$Y_{it} = C_{it} + \gamma_4 V4_{it} + \beta_1 V6_{it} + \cdots + \beta_{10} V15_{it} + \beta_{it} V_{it} \qquad (8.9)$$

$$Y_{it} = C_{it} + \gamma_5 V5_{it} + \beta_1 V6_{it} + \cdots + \beta_{10} V15_{it} + \beta_{it} V_{it} \qquad (8.10)$$

第三节　中国对非洲直接投资动机

　　基于模型（8.6）的构建，本章通过逐步引入解释变量研究中国对非洲直接投资动机。霍斯曼检验结果表明固定效应模型更为合理，实证结果见表 8 - 7。

表 8 - 7　　　　　　　　　中国对非洲直接投资动机实证结果

变量名	模型 1	模型 2	模型 3	模型 4
VV1	0.3016 (6.59 ***)	0.3020 (6.60 ***)	0.2974 (6.52 ***)	0.2968 (6.51 ***)
VV2	0.0038 (0.05)	0.094 (0.13)	-0.0043 (-0.06)	-0.0040 (-0.06)
VV3		-0.9236 (-1.36)	-0.0947 (-1.4)	-0.0938 (-1.39)
VV4			0.0659 (2.08 **)	0.0661 (2.09 **)
VV5				-0.0236 (0.28)
VV16	0.0936 (2.46 **)	0.0921 (2.42 **)	0.0913 (2.41 **)	0.0920 (2.43 **)
VV17	0.8193 (23.08 ***)	0.8167 (23.00 ***)	0.8139 (23.00 ***)	0.8134 (22.99 ***)
VV18	-0.0988 (-0.97)	-0.1034 (-1.01)	-0.0917 (-0.90)	-0.0972 (-0.96)
Cons	-1.90e-9 (-0.00)	-2.98e-9 (-0.00)	-3.09e-9	-3.08e-9 (-0.00)
R^2	0.6744	0.6759	0.6795	0.6805
F 统计量	161.97	135.57	117.82	103.28

　　根据表 8 - 7 的实证结果来看，中国对非洲直接投资动机分为两种，分别是市场寻求型和资源寻求型，且市场寻求动机中不包含依靠 AGOA 法规优惠条件增加对美国出口引致的投资。同时通过模型 4 结果来看，较之资源寻求型投资而言，中国对非洲直接投资存量受市场规模影响更大，且市场需求指标显著性更优，这与非洲巨大的市场潜力能够消化当前中国过剩产能存在较强的联系。原因可能是技术寻求型投资倾向于技术水平比母国更高的东道国，而非洲各国技术水平相对低下，无法实现通过直接投资方式提升母国技术水

平的企业愿景。

为研究不同投资动机下，中国对非洲直接投资面临的风险种类和程度的差异，本章运用 SPSS 21.0 的系统聚类分析方法，将中国对非洲各国直接投资动机进行划分。中国对非洲国家直接投资动机的实证结果表明，中国对非洲直接投资动机为市场寻求型和资源寻求型。因此，本章选取市场和资源的代表性指标 GDP、人均 GDP、是否为 AGOA 成员、原油和金属出口占比四项指标对非洲 36 个国家进行聚类分析。根据 Ward 聚类分析法的树状图结果（见图 8 - 3），我们可以将非洲 36 个国家划分为两大类①。将第一类国家与第二类国家经济发展状况和资源储备状况相对比，我们发现第一类国家经济发展水平相对较低，但资源储备相对丰富。例如，冈比亚和苏丹被联合国列入最不发达国家的行列，经济发展水平低，但苏丹自然资源丰富，其铁、银、铬、铜、锰、金、铝、铅、铀、锌、钨、石棉、石膏、云母、滑石、钻石、石油、天然气和木材等储备量高，苏丹钛、锆、金红石混生矿储量约 150 万吨。阿尔及利亚依靠石油与天然气两大支柱产业，经济得以发展，多年来石油和天然气两大产业产值均占其国内 GDP 的 30% 以上，两个产业的出口占国家总出口额的 97%。加蓬森林面积占其国内土地面积的 85% 以上，有"绿金之国"的美誉。肯尼亚矿物资源丰富，主要有纯碱、盐、萤石、石灰石、重晶石、金、银、铜、铝、锌及铌、钍等。几内亚比绍渔业资源丰富，其外汇收入主要依靠发放捕鱼许可证和渔产品出口。刚果（布）自然资源丰富，素有"世界原料仓库""中非宝石"和"地质奇迹"之称。纳米比亚矿产资源丰富，主要矿藏有钻石、铀、铜、铅、锌、金等，其中铀、钻石等矿产资源和产量居非洲前列，素有"战略金属储备库"的美称，其海洋渔业资源居世界前列，捕鱼量居世界前十，国家传统的三大支柱产业分别是矿业、渔业和农牧业。因此，本书认为对第一类国家的直接投资动机为资源寻求型，对第二类国家的直接投资动机为市场寻求型。为进一步验证聚类分析结果的准确

---

① 第一类包含的国家有：加蓬、肯尼亚、刚果（布）、马里、纳米比亚、阿尔及利亚、冈比亚、几内亚比绍、苏丹和尼日尔 10 个国家，第二类包含的国家有布基纳法索、博茨瓦纳、科特迪瓦、喀麦隆、埃及、埃塞俄比亚、加纳、几内亚、利比里亚、利比亚、摩洛哥、马达加斯加、莫桑比克、马拉维、尼日利亚、塞内加尔、塞拉利昂、多哥、突尼斯、坦桑尼亚、乌干达、南非、刚果（金）、赞比亚、津巴布韦、马拉维 26 个国家。

性，本书将中国对非洲两个分样本国家的直接投资动机分别进行实证分析，具体实证结果见表 8 – 8。

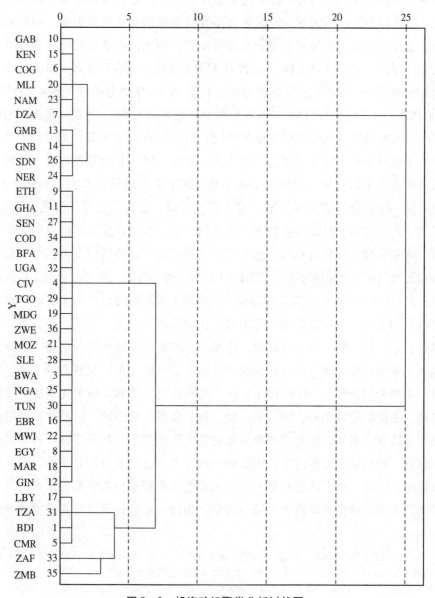

图 8 – 3　投资动机聚类分析树状图

表 8-8   分样本直接投资动机实证结果

变量名	分样本 1	分样本 2
VV1	0.0694 (0.41)	0.2977 (6.78 ***)
VV2	0.0962 (0.51)	0.0415 (0.50)
VV3	-0.0312 (-0.46)	-0.0142 (-0.57)
VV4	0.1496 (2.33 **)	0.0297 (0.82)
VV5	-0.0608 (-0.95)	-0.0218 (-0.93)
VV16	-0.0131 (-0.14)	0.0940 (2.31 **)
VV17	0.7631 (6.52 ***)	0.8206 (21.23 ***)
VV18	0.1756 (0.45)	-0.1306 (-1.23)
Cons	$3.32e-9$ (0.00)	$-4.95e-9$ (-0.00)
R^2	0.4830	0.7287
F 统计量	11.91	93.33

　　表 8-8 的实证结果表明，分样本 1 中 GDP 指标不显著而原油和金属出口占比指标显著为正，这表明中国对第一类国家的直接投资动机为资源寻求型。分样本 2 中 GDP 指标显著为正，而原油和金属出口占比则不显著，这表明中国对第二类国家的直接投资动机为市场寻求型。实证检验结果与基于资源和经济发展现状的理论猜想是一致的，这表明系统聚类方法的分类结果具有合理性。

第四节 投资风险影响中国对非洲
直接投资的实证分析

一、投资风险影响中国对非洲直接投资的全样本检验

表8-9投资风险影响中国对非洲直接投资的全样本的实证结果表明，中非直接投资对政治风险敏感，对经济风险、法律风险和文化风险均不敏感，且投资的集聚效应和贸易引致效应显著。变量VV6、VV7、VV8和VV9的实证结果表明，经济风险对中非直接投资的影响是不显著的，可能的原因是非洲相对低下的经济发展水平扭曲了其正式制度环境质量对吸引外商直接投资的影响。变量VV10、VV11和VV13的实证结果表明，中国对非洲直接投资受政治风险影响较大，并且投资偏向于政治稳定性低、冲突频发和腐败程度高的国家，这说明中国对非洲直接投资具有政治风险偏好特征。杨娇辉、王伟等（2015）[①] 对于政治风险偏好现象给出了合理的解释，他们认为该现象的发生与东道国经济发展水平扭曲和自然资源丰裕程度息息相关。而非洲国家经济发展水平相对低下且自然资源储量丰富，完全符合政治风险偏好的形成的两个基础条件。

表8-9　　　　　　投资风险影响中国对非洲直接投资的全样本实证结果

变量名	模型1	模型2	模型3	模型4
VV6	0.0223 (0.66)	0.0250 (0.76)	0.0247 (0.75)	0.0227 (0.69)
VV7	0.1293 (1.63)	0.0708 (0.88)	0.0697 (0.86)	0.0706 (0.87)

① 杨娇辉，王伟，王曦. 我国对外直接投资区位分布的风险偏好：悖论还是假象 [J]. 国际贸易问题，2015（5）：133-144.

续表

变量名	模型 1	模型 2	模型 3	模型 4
VV8	0.0498 (1.60)	0.0266 (0.82)	0.0259 (0.79)	0.0276 (0.84)
VV9	-0.0179 (-0.46)	-0.0143 (-0.38)	-0.0141 (-0.37)	-0.0143 (-0.38)
VV10		-0.1182 (-4.75***)	-0.1811 (-4.69***)	-0.1800 (-4.67***)
VV11		0.1053 (1.90*)	0.1053 (1.90*)	0.1005 (1.81*)
VV12		0.0863 (1.99**)	0.0861 (1.98**)	0.0914 (2.09**)
VV13		0.1626 (3.34***)	0.1628 (3.34***)	0.1448 (2.87***)
VV14			0.0113 (0.18)	0.0161 (0.25)
VV15				0.1286 (1.33)
VV16	0.1063 (2.63***)	0.1026 (2.61***)	0.1024 (2.60***)	0.0957 (2.41**)
VV17	0.8215 (22.09***)	0.7690 (20.62***)	0.7692 (20.59***)	0.7689 (20.60***)
VV18	-0.1414 (-1.28)	-0.0932 (-0.85)	-0.0941 (-0.85)	-0.0884 (-0.80)
Cons	-2.52e-9 (-0.00)	3.27e-11 (0.00)	2.69e-11 (0.00)	1.09e-9 (0.00)
R^2	0.6363	0.6652	0.6653	0.6668
F 统计量	97.21	69.55	63.6	58.96

　　对非洲直接投资政治风险偏好形成的原因可能有以下四点：第一，高风险国家倾向于降低资源获取成本换取外国直接投资注入本国，推动本国产业和经济的发展；第二，中国"世界加工厂"的地位使得中国工业发展对资源需求日益增加，而中国长期的粗放型经济使得自有资源日益紧俏，因此寻求资源是中国对外直接投资的首要目标之一；第三，质量制度优良的投资地被

具有先发优势的发达国家基本瓜分完毕，优质的投资地竞争激烈；第四，中国企业长期在市场机制不完善的环境中运营，对"非市场行为"讳莫如深，使其在国外市场上贿赂的道德成本和经济成本更低。在四者的综合作用下，中国对外直接投资倾向于流入制度质量差、政治风险高的自然资源丰富的国家。同时，变量 VV12 的实证结果表明中国对非洲的直接投资倾向于流入订立双边贸易协定的国家，表现出一定的政治风险规避特征。VV14 变量的实证结果表明，中国对非洲直接投资与文化风险不相关，可能的原因是由于中非之间文化、工作观念等的差异，促使中国对非洲直接投资通常实行"非本土化"的经营与管理，雇佣母国工人，避免文化差异引致的冲突。VV15 变量的实证结果表明，中国对非洲直接投资不受非洲法律制度影响，可能的原因是我国市场化不完全与法制不健全现象并存，促使我国企业深谙"非市场规则"，这在一定程度上将东道国政治制度劣势转化为我国投资企业的竞争优势。因而，法律制度完善程度对中非直接投资影响不显著。VV16 变量的实证结果表明，投资的集聚效应是存在且成立的。VV17 的实证结果表明，中国对非洲的直接投资倾向于贸易关系密切的国家。VV18 变量的实证结果表明，中国对非洲直接投资与非洲国家基础设施不相关，可能的原因是信息全球化的飞速发展，削弱了传统电话在商业运作过程中的作用，因而每百人拥有的电话线里数在一定程度上不足以代表一国的基础设施建设，又因非洲其他基础设施数据（如道路里程数、铁轨里程数等指标）缺失严重，因此无法寻求相关的替代变量，这也是本书的一个不足之处。

二、投资风险影响中国对非洲资源寻求型投资的分样本检验

表 8 – 10 投资风险影响中国对非洲资源寻求型投资的分样本的实证结果表明，中国对非洲资源寻求型投资对经济风险、政治风险和文化风险均比较敏感，对法律风险不敏感。VV6 的实证结果表明，中国对非洲的直接投资更多依赖于通货膨胀率高的国家。可能的原因是中国对非洲资源型投资，主要投资于资源丰裕的国家，而非洲资源型国家经济相对落后，经济发展长期依靠资源出口和投资，经济结构单一，经济风险相对较高。VV7 的实证结果表明，人民币升值推动了中国对非洲直接投资。VV8 和 VV9 的实证结果表明，

中国对非洲直接投资与贸易自由度和投资自由度不相关。VV10 的实证结果表明，中国对非洲直接投资与政治稳定性呈负相关，呈现出一定的政治风险偏好特征。VV11、VV12、VV13 的实证结果表明中非资源型投资与内部冲突、双边投资协定和政府腐败程度不相关。VV14 实证结果表明，中非资源型投资倾向于文化风险程度低的国家。VV15 的实证结果表明中国对非洲直接投资与法律风险不相关，可能的原因是非洲资源型国家法律制度不完善，法律对于外来投资保护力度不足，加之政治不稳定，法律变更较为频繁。VV16 的实证结果表明，中国对非洲资源型投资不存在集聚效应。VV17 实证结果表明，贸易对中非资源型投资存在拉动作用。VV18 实证结果表明，中国对非洲资源型投资不受基础设施建设的影响。

表 8－10　　　投资风险影响中国对非洲资源寻求型投资的分样本实证结果

变量名	模型 1	模型 2	模型 3	模型 4
VV6	0. 3949 (5. 36 ***)	0. 3454 (4. 56 ***)	0. 3172 (4. 23 ***)	0. 3191 (4. 23 ***)
VV7	1. 1055 (1. 99 **)	0. 9778 (1. 55)	1. 1746 (1. 88 *)	1. 1666 (1. 86 *)
VV8	0. 0905 (1. 16)	0. 0543 (0. 69)	0. 0332 (0. 43)	0. 0278 (0. 35)
VV9	− 0. 0803 (− 1. 31)	− 0. 0649 (− 1. 06)	− 0. 0442 (− 0. 73)	− 0. 0453 (− 0. 75)
VV10		− 0. 2369 (− 2. 44 **)	− 0. 2477 (− 2. 61 **)	− 0. 2461 (− 2. 58 **)
VV11		0. 1185 (1. 05)	0. 1032 (0. 93)	0. 1079 (0. 97)
VV12		0. 0534 (0. 73)	0. 0590 (0. 83)	0. 0530 (0. 73)
VV13		0. 0279 (0. 25)	0. 1363 (1. 16)	0. 1535 (1. 24)
VV14			0. 7993 (2. 36 **)	0. 8445 (2. 37 **)
VV15				− 0. 0936 (− 0. 43)

续表

变量名	模型 1	模型 2	模型 3	模型 4
VV16	0.0240 (0.27)	0.0167 (0.19)	0.0176 (0.2)	0.0172 (0.2)
VV17	0.8491 (9.01 ***)	0.7614 (7.62 ***)	0.6981 (6.89 ***)	0.7076 (6.79 ***)
VV18	0.0036 (0.01)	0.1276 (0.37)	0.0024 (0.01)	0.0016 (0.00)
Cons	7.39e-9 (0.00)	8.09e-9 (0.00)	6.78e-9 (0.00)	6.06e-9 (0.00)
R^2	0.5713	0.6045	0.6258	0.6264
F 统计量	19.61	13.75	13.65	12.51

三、投资风险影响中国对非洲市场寻求型投资的分样本检验

表 8-11 投资风险影响中国对非洲市场寻求型投资的分样本的实证结果表明，中国对非洲市场寻求型投资对政治风险的敏感程度较高，而对经济风险、文化风险和法律风险不敏感。同时市场寻求型投资集聚效应存在，且正向作用于直接投资存量。贸易对于市场寻求型投资的牵引作用较强，先贸易后投资的模式具有一定的合理性，其对于熟悉高投资风险的非洲国家的投资环境相对有利。同时，将表 8-9 与表 8-10 的实证结果进行对比，我们发现变量 VV10 和变量 VV13 的系数显著变小，这表明市场寻求型投资的政治风险偏好程度更低。此外，变量 VV6 显著性虽然未发生改变，但变量系数符号发生反转，这表明市场寻求型投资相对整体投资而言呈现出较弱的经济风险规避特征。

表 8-11　　投资风险影响中国对非洲市场寻求型投资的分样本实证结果

变量名	模型 1	模型 2	模型 3	模型 4
VV6	-0.0527 (-1.42)	-0.0465 (-1.30)	-0.0452 (-1.26)	-0.0455 (-1.27)
VV7	0.0946 (1.09)	0.0631 (0.70)	0.0678 (0.75)	0.0680 (0.75)

续表

变量名	模型 1	模型 2	模型 3	模型 4
VV8	0.0426 (1.26)	0.0374 (1.03)	0.0426 (1.16)	0.0425 (1.15)
VV9	-0.0183 (-0.35)	-0.0413 (-0.81)	-0.0427 (-0.83)	-0.0410 (-0.79)
VV10		-0.1317 (-3.09***)	-0.1382 (-3.20***)	-0.1376 (-3.18***)
VV11		0.1226 (1.79*)	0.1188 (1.73*)	0.1180 (1.72*)
VV12		0.0976 (1.77*)	0.0976 (1.77*)	0.0979 (1.79*)
VV13		0.2081 (3.47***)	0.2149 (3.56***)	0.2076 (3.25***)
VV14			-0.0553 (-0.96)	-0.0520 (-0.89)
VV15				0.0391 (0.35)
VV16	0.1066 (2.41**)	0.0938 (2.17**)	0.0950 (2.20**)	0.0928 (2.12**)
VV17	0.8340 (20.41***)	0.7862 (19.14***)	0.7836 (19.03***)	0.7842 (20.60***)
VV18	-0.1434 (-1.22)	-0.1248 (-1.05)	-0.1218 (-1.03)	-0.1193 (-1.00)
Cons	$-4.65e-9$ (-0.00)	$-3.47e-9$ (0.00)	$-3.32e-9$ (0.00)	$-3.23e-9$ (0.00)
R^2	0.6785	0.7062	0.7072	0.7073
F 统计量	84.13	60.10	55.13	50.76

第五节　化解投资风险与不同非股权模式的选择

　　合约制造、订单农业、服务外包、特许经营和许可经营等不断扩大的多种非股权安排为中国企业对非洲投资提供了规避风险的契机。针对因为不同的投资动机引致的投资风险，选择适当的非股权模式不失为一种较优的策略。随着全球价值链的深入推进，价值链不同环节的增值能力是一些发展中国家微观主体和政府首先考虑的问题。为了增强自身的经济可持续发展的能力，发展中国家希望外来投资者采取非股权安排的模式，因为非股权安排可以产生大量的直接增值，并对当地产生技术溢出和管理与激励等示范效应。非股权安排的主要发展影响，如表8-12所示。

表8-12　　　　　　　　　　非股权安排的主要发展影响

影响范畴	主要发展影响
创造就业机会和工作条件	1. 非股权安排拥有创造就业的巨大潜力；在合约制造、服务外包和特许经营十分普遍的国家，这几种形式在总就业中所占比例很大 2. 在一些监管环境相对较弱的国家，基于低成本劳动力的合约制造业的工作条件引发了关切 3. 就业的稳定性，主要是合约制造和外包情况下就业的稳定性，是一个令人关切的问题
本地增值和联系	1. 非股权安排产生大量的直接增值，对单个形式形成一定规模的发展中国家的国内生产总值做出重要贡献 2. 在承包流程仅占整个价值链或最终产品一小部分的情况下，合约制造增值常常有限，各方对此存在关切 3. 非股权形式通过本地采购，有时通过"二级"非股权关系，产生额外增值
技能和技术转让	1. 大多数非股权安排关系本质上是向本地非股权伙伴转让知识产权的一种受合约保护的形式 2. 特许经营、许可经营、管理合约等非股权形式涉及技术、商业模式或技术的转让，常常伴有对本地员工和管理层的培训
长期产业能力建设	1. 非股权安排能够支持发展中国家加速发展本地现代生产能力 2. 非股权安排尤其能够鼓励本国企业发展，刺激投资生产性资产，并鼓励此类本国经济活动融入全球价值链 3. 需要处理令人关切的问题，特别是长期依赖外国技术；过度依赖跨国公司掌控下的全球价值链，从事增值有限的活动
扩大出口	1. 非股权安排意味着本地的非股权安排伙伴可以进入跨国公司的国际网络；在依赖外国市场的形式（例如，合约制造、外包、旅游业管理合约）中，这创造了大量出口，并使出口销售额更为稳定 2. 在寻求市场的非股权形式（例如，特许经营、品牌许可经营、管理合约）下，非股权形式可以增加进口
合规和环境影响	1. 非股权形式可以作为转让企业在经营活动中包括全流程各环节的合规行为和强化对外投资企业的社会、环境责任的机制 2. 非股权安排的行为同样引起关切，担心这可能成为跨国公司规避此类做法的机制

资料来源：《2011年世界投资报告》，联合国贸发会议。

对于跨国公司的母公司来说，采取非股权安排可以作为直接投资的补充形式，在风险大和投资不确定的东道国，也可以作为直接投资的替代形式，从而有效应对海外市场的波动，增强自身的抗风险能力，提升全球化运营的水平。为了化解投资风险，接下来从以下几个方面分析中国和非洲在进行投资合作过程中采取非股权安排的可能性以及具体策略。

一、非股权安排的主要发展影响

中国对非洲直接投资动机为资源寻求型和市场寻求型综合型的，投资行为是利益驱动型。市场寻求型投资是实现转移中国过剩产能和完善非洲基础设施建设双赢的方式。资源寻求型投资是达成降低中国国际资源依赖和促进非洲资源型国家经济发展双重目标的途径。

中非直接投资对政治风险的态度是模糊的。一方面，中国对非洲直接投资表现出政治风险偏好特征，更多地依赖于政治稳定性低、内部冲突频发和腐败程度高的国家；另一方面，中国投资倾向于流入签订双边投资协定的国家，表现出政治风险规避特征。形成政治风险偏好的原因可能有四点，第一，资源丰富、经济基础薄弱和资金缺乏的非洲国家，会以降低资源获取成本方式吸引外资流入，促进经济发展；第二，伴随着中国经济快速发展，资源需求日益增加，中国需通过资源寻求型投资方式突破资源约束瓶颈，实现经济持续发展；第三，制度质量优良的投资地基本被发达国家瓜分完毕，中国不得不转向高风险的国家进行投资；第四，中国企业长期在市场机制不完善的环境中运营，对"非市场行为"讳莫如深，形成在正式制度不完全市场上的特定优势。且中非直接投资对经济风险、法律风险和文化风险均不敏感。同时，中国对非洲整体投资集聚效应和贸易引致效应均显著。

中国对非洲资源寻求型投资对经济风险、政治风险和文化风险较为敏感，对法律风险不敏感。资源寻求型投资表现出经济风险偏好、政治风险偏好和文化风险规避的特征，资源寻求型投资更多地依赖通货膨胀率高和政治稳定性低的国家。风险偏好悖论出现的原因可能是，资源型投资的东道国自身丰裕的自然资源扭曲了其经济发展水平和正式制度环境。非洲资源型国家经济相对落后，经济发展长期依靠资源出口和投资，经济结构单一，经济风险相对较高。长期的资源争夺，使得政治风险频发，政治稳定性相对较低。且人民币升值推动了中国对非洲资源寻求性投资的发生。同时，中国对非洲资源类投资的贸易引致效应显著。

中国对非洲市场寻求型投资对政治风险更敏感，对经济风险、文化风险和法律风险不敏感。市场寻求型依赖于政治稳定性低、内部冲突频发和腐败程度高的国家，呈现出风险偏好的特征。但寻求双边投资协定保护的特点映射出其政治风险规避性的特征。相对于整体投资而言，市场寻求型投资的政治风险偏好更弱，且其表现出较弱的经济风险规避倾向。

中国对非洲整体投资和市场寻求型投资的投资集聚效应显著，而资源类投资的集聚效应不显著。同时，中国对非洲整体投资、市场寻求型投资和资源寻求型投资的贸易引致效应均较为显著。

二、利用非股权安排化解投资风险的举措

（一）加快与非洲国家签订保障非股权安排顺利进行的协定

非股权安排协定一方面直接保护投资者资产所有权，可降低投资的征收和国有化风险，另一方面维护投资者在合法权益受到侵害时寻求索赔的权力。因此，双边非股权协定是跨境投资寻求保护的有效工具，协定条款的合理性和及时性至关重要。鉴于此，政府工作应同时兼顾两个方面。一方面，中国政府要积极新增与非洲各国双边投资协定谈判，增加与非洲国家签订的双边投资协定数量，扩大双边投资协定在非洲的辐射范围。另一方面，中国政府也应注重及时更新双边投资条款，拓展双边投资协定保护范围，增强双边投资的保护力度。根据中国企业对非洲各国投资状况和反馈情况及时调整双边投资协定条例内容和范围，保证双边投资协定的及时性和有效性，防止双边投资协定名存实亡现象的发生。

（二）通过非股权引致型贸易增加与非洲各国的经济联系

利用非股权对投资较为强劲的牵引作用，通过大幅度对非洲合约制造引

致的贸易逐步提升投资总量和扩大投资辐射范围。同时，先非股权安排后股权投资这种渐进且柔和的方式对于投资企业熟悉东道国制度和风险状况具有积极意义。经由非股权安排了解东道国市场需求和风险状况，一方面，可有效降低投资市场调查和市场评估成本，另一方面，对于投资规避市场壁垒、降低不确定性风险具有重要意义。此外，经贸关系也是衡量两国政治经济关系的重要指标，经贸关系积极发展，能够促进双边政治关系的友好发展，进一步降低投资的政治风险，降低投资企业国有化风险。

（三）灵活利用非股权安排逐步实现非洲的"本土化"投资

非股权安排的"本土化"投资和经营最大的优势在于可显著降低文化风险。由于工作观念和商务习惯等文化差异，中国在非洲直接投资通常采用"非本地化"经营和管理模式，但这对于解决非洲就业和经济发展问题毫无裨益。特别是资源类投资，大部分采用资源输出的形式，且资源开采行业常伴随重污染。"非本土化"经营方式无法直接惠及当地居民，无法改善其生活水平。因而，中国对非洲资源类投资被冠以"资源掠夺"的帽子，无法得到非洲民众和政府的支持。鉴于此，企业应通过培养跨国管理人才，融合与非洲文化差异，加强与当地居民的交流沟通，实现"本土化"经营，直接惠及当地居民，实现投资双方互利共赢，降低文化风险和非洲国家对投资的抵触情绪。

（四）逐步实现企业抱团"走出去"

集聚效应显著的投资，抱团可切实提高投资效率，实现"1＋1＞2"的效用。市场寻求型投资企业抱团"走出去"，可在企业间实现资源共享，降低资源和信息的搜寻成本。同时，抱团"走出去"可有效降低本国企业间的恶性竞争，避免盲目投资和逐底竞争。抱团"走出去"可大幅度增加各企业对东道国市场的影响力，企业的话语权亦逐步增强。因此，可由中国政府搭建平台，成立"走出去"的华商会，增加各地投资企业间的信息交流和沟通，分享企业海外成活和成长的经验，组成对外直接投资的智囊团，共同解决投资中遇到的难题。

（五）在非洲国家灵活运用订单农业和管理合约等多样化非股权投资

资源类投资通常伴随着高污染问题，中国对非洲投资过程中应利用订单农业和管理合约等非股权安排的方式加强绿色环保观念，切实保护非洲人民生活环境，防止因污染问题被叫停投资项目的事件频繁发生。同时，伴随着非洲国家引进投资力度的加大，资源类项目投资集聚效应逐渐降低，投资竞争逐步加剧，而绿色投资作为重要的优势，企业应高度重视并逐步实现绿色投资。

第九章　政策建议

在当前世界经济不稳定、不确定性增加的大环境下，我国企业海外投资面临多种挑战：一是部分国家实施种类繁多的投资保护主义；二是地区不稳定；三是企业海外投资金融汇兑风险加大。通过前面章节的分析，可知中国企业海外投资模式的选择主要受到母国与东道国制度因素差异、企业本身因素、市场与非市场因素、全球化战略等变量的影响，为此本章提出的政策建议应围绕上述影响中国企业对外投资模式选择的各种制约因素而展开。政府及相关部门应制定有利于非股权模式顺利实施的法律和政策框架，结合当前我国企业"走出去"的形势和存在的问题，制定合适的国内促进政策，确保非股权安排的政策与现有海外投资的相关政策协调发展，形成"你中有我，我中有你"的良性互动机制。同时从战略高度探寻新形势下中国企业海外投资模式选择的实施路径。

第一节　利用非股权安排保障
企业投资利益的路径

随着中国企业走出去步伐的加快，遇到的挑战可能愈发密集，各种风险日益突出，为了保障合法投资收益，真正做到精准发力，重塑投资环境，提高中小企业海外生存的能力，更好地开拓国际市场，多多从非股权视角去思考投资方式显得尤为重要。针对投资目的国和投资行业的不同，中国企业可以组合运用合约制造、特许经营、许可经营、服务外包等非股权投资模式，协调利用股权投资和非股权投资，突出各自优势，实现差异化、错位化发展，避免对外投资方式单一化对企业声誉及项目推进造成不利影响。政府也要出台有针对性的政策措施，在顶层设计上确保非股权安排在实际运行中的优势和潜力得以发挥。具体来说，要对接投资目的国的发展规划和吸引外资的诉求，努力挖掘利益交汇点，寻求双方合作的最大公约数。从股权安排角度来看，可能体现的是投资母国对东道国一步到位的强烈控制欲望，单纯追求强化"一国获利"和"母公司获利"，而非股权投资方式的运用在某种程度上重在"两国互利"和"两公司互利"。

"讲互利"，顺应投资东道国产业竞争力现状。在产业竞争力不强的国家，鼓励企业扩大非股权安排模式的使用，利用目标国在某个工序上的比较优势，采取合约方式进行合作。中国企业可以灵活运用境外经贸合作区、跨境经济合作区等载体深化合作，这样既满足了东道国比较优势的发挥，也满足了企业自身发展的需求。通过非股权合约的方式，比如承接中国企业的外包可用增强东道国企业自主发展的能力，同时也促进了我国相关产业即一些优势产能的顺利转移，为中国企业腾笼换鸟，开辟空间攀升附加值更高的产业，从而实现"互利共赢"，当然在合约执行过程中彼此存在的误解和投资合作的风险也会大大降低。

"树典范"，切实推进中小企业关键项目落地，加大非股权投资安排提升合作空间和合作利益共享的可信度，让更多国家在敏感产业领域越来越欢迎中国企业投资。比如在非洲国家，要以资源类行业为重点项目，消除对中国企业投资行为可能带有"新殖民主义"的顾虑，打通关键节点，采取管理合约或订单农业的资源利用模式，充分调动当地人的积极性，分享经济利益，为当地人提供更多的就业岗位和更高的工资待遇。构建全产业链战略联盟，尽量让敏感部门和全产业链捆绑，一旦成为价值增值的一个环节，目标国家的某些敏感产业在获得经济利益的同时也维护了国家利益和经济安全。非股权投资良好的外部氛围一旦形成，中国企业可以加大整合资源的步伐，在周边国家慢慢推广成功经验，树立非股权投资合作的典范，引导国内中小企业抱团出海，集群式走出去。

"防风险"，积极关注东道国发展规划，最大限度地通过非股权安排融入目标国的经济与社会发展进程中。近年来，中国对非洲对外直接投资的风险，诸如政变、政府政策单方面调整、绑架恐怖袭击等政治风险有增多趋势，防范各种市场和非市场风险，首当其冲要处理好企业对外投资模式的选择。以非股权安排为抓手，统筹使用合约制造、特许经营、许可经营和服务外包等非股权形式，与非洲国家在产能、原材料、能源、农业等多方面展开合作。增强风险意识，投资前需要谨慎选择投资方式，股权投资与非股权投资各有优缺点，因此要认真评估拟投资行业的非市场风险，了解西方跨国公司在这些国家惯用的投资方式，找出现有投资模式存在的问题，从而找到适合中国企业投资的最佳方式。针对中国企业内生的某些控股情结和管理问题，当与合作伙伴发生冲突时，最有效的应对策略是实施当地化战略，比如新建投资抑或采取各种非股权投资方式，最大限度地照顾合作伙伴的诉求，注重保护当地员工的合法权益，保护当地的环境，慢慢获得当地人的好感，寻找长期合作机会。力争使中国投资项目嵌入当地国家自身发展规划与方案中，精准找到不同产业、不同合作伙伴风险相对较小的投资方式，鼓励大型国企和央企灵活使用非股权安排，暂时放弃一部分股权控制，通过合约的方式让当地合作伙伴早日尝到合作共赢的甜头，利用当地资源，实现"借力发展"，支持在国际市场屡屡碰壁的企业充分利用非股权安排实现"墙外开花"，小试牛刀后寻找投资模式差异化带来的巨大收益。

当前中国企业在海外投资过程中面临的问题和挑战很多（具体问题在前面的章节中已经论述），但总体来说是机遇大于挑战。企业所属的产业类型不同，其海外投资的路径选择也就不同，需要的政策支持差别较大。通过研究发现，中国的企业通常分为三种类型，即退出型产业、追赶型产业和战略型扶持产业。对不同类型的产业，需要安排不同的对外投资路线图。

第一，退出型产业。一些在国内面临要素成本上升、资源和环境约束条件趋紧而无法有效调整的企业在丧失比较优势之后，如何通过对外投资找到突围之路，如何利用整合外部因素为契机引致要素积累从而形成比较优势转换重现焕发活力，是企业不得不处理的紧迫课题。这些企业可以借鉴20世纪60年代以后的日本和80年代以后的"亚洲四小龙"等做法，利用管理和技术优势到海外寻求低劳动力成本优势创造"第二春"（林毅夫，2016）。但问题是中国的很多企业目前还不具备突出的竞争优势，也不具备技术、管理和市场渠道等优势。鉴于此，在进入海外市场过程中，退出型企业可以采取抱团出海的策略，充分利用工业园区，发挥集聚效应。目前中国在非洲已经建立6个国家级经贸合作区，这些园区基础设施较好，退出型企业可以主动进入，利用更加开放的投资政策降低企业的交易成本。利用工业园区的正的外部性，在当地采取合约的方式积极寻找合作伙伴，暂时可以不考虑直接采取股权投资方式进入周边市场，利用管理合约和特许经营的方式慢慢在当地社区赢得口碑和当地化管理的经验。

第二，追赶型产业。即掌握一定的核心技术，但发展水平仍低于发达国家的同类产业，如我国的高铁、企业等产业。对于追赶型的产业，政府在提供扶持的同时，需要考虑不能给其他发达国家找到中国违背市场经济规律的证据。也就是说，这些企业在海外投资时，发达国家非常关注，因为一旦通过并购获得优质资产时必然对发达国家同类产业造成冲击，为此发达国家针对这类企业的对外投资行为采取的干预措施较多。2008 年以来，很多全球知名公司低价出售资产，给很多中国追赶型企业提供并购机会，并购浪潮之后中国企业成功的案例并不多，并没有完成预期的设想。反而很多企业在购买了技术和品牌之后一蹶不振，究其原因，投资模式选择不当可能是一个必须正视的因素。其实在国际并购领域，险象环生，并购设计和过程的复杂程度可想而知，很多中国企业想当然认为购买核心技术就可以让自己处于国际领先地位，牢牢占据创新制高点，殊不知，关键的核心技术还是要依靠自主创新，别无其他选择。针对追赶型产业可以采取股权投资与非股权投资相结合的方式进行。

第三，战略型产业。这类产业通常投入巨大，资本密集，研发周期长，在中国是属于比较劣势产业，但其发展关系到国家安全和长远发展（林毅夫，2016）。既然是战略型产业，自然要求有为政府制定政策因势利导，通过各种扶持措施帮助其发展。具体来说，政府要制定清晰的非股权管理制度来保障合约关系的顺利执行，包括知识产权的保护和透明度。针对战略型产业，发达国家的优势明显，可以把技术和知识产权开发环节通过非股权安排的合约研发和合约设计来完成。在合约履行过程中，要确保发达国家合作伙伴在技术分享过程中严格保护其知识产权，并努力保护其品牌和形象。一般来说非股权合约的承接方大多数来自发展中国家的企业，承接来自发达国家的非股权安排主要动机是获得长期产业能力建设和技术技能转让。一旦中国作为非股权安排的发包方，把发达国家纳入其合约的承接方，其动机很显然是为了技术和知识的逆向转移，溢出效应多寡取决于中国战略型产业的技术吸收能力。解决这种受制于人的被动局面需要政府提前谋划，给予企业更多的扶持。

第二节　中国企业选择非股权模式的战略保障

制定合适的国内促进政策，将非股权安排正确纳入产业发展战略，真正成为非股权形式的发起者，是中国企业海外投资能否取得关键性突破的核心所在。要使非股权形式的发展能够为中国企业获取更大的商业利益，最大限度地降低中国企业在整合非股权合约资源方面可能产生的各种风险，正确的战略选择显得至关重要。

一、战略目标

第一，形成一个适应第二波"海外投资红利"的新的产业发展理念和为其服务的战略与政策，其中最为关键的行动是将非股权形式政策纳入产业发展战略，在第一波取得"海外投资红利"的基础上深化获取国外优质要素的针对性，要在构建国内价值链为目标的基础上，反复酝酿构建国内价值链所需的核心部件，并以此为契机去获取国内高端价值链发展所需的国外互补性资产。本阶段的在国外获取互补性汽车与第一阶段的明显区别是构建基于"以我为主，实现非股权合约的发包方为主要目标"的格局，并确保非股权形式与贸易、投资和技术政策的一致性。发展具有自主知识产权品牌，直接到海外市场采用"顺梯度 FDI"方式，形成全球要素为我所用的良性格局，顺利实现从非股权安排的"接受方"到"发起方"的角色转变。

第二，为了构建强有力的处于价值链高端地位的海外投资企业，关键是要营造适合中国高端跨国公司发展的环境和配套政策支持服务体系。由于西方提供的"技术和管理技能外溢效应"有限，为了确保中国企业在下一轮的国际竞争中与世界的平衡，中国就必须启动基于内需的第二波全球化战略，类似刘志彪（2012）对第二波全球化的特征归纳的那样，即中国企业若要在海外投资中进一步获取全球化的红利，就应该尽快在扩大内需条件下实施深度全球化战略，或者发展基于内需的全球化经济。其特征可以概括为"利用本国的市场用足国外的高级生产要素，尤其是利用其创新要素来发展母国的创新型产业的发展"①。鉴于此，一方面要发展创新精神、培育大批具有全球视野的高端人才、提供融资机会等一系列支撑国内生产能力建设的保障措施。另一方面要建立一个扶持非股权安排的法律框架、通过投资促进机构例如中

---

① 刘志彪. 基于内需的经济全球化：中国分享第二波全球化红利的战略选择 [J]. 南京大学学报，2012（2）.

国的国际贸易投资促进委员会等机构来推动非股权安排相关专题的培训，同时也要学习西方发达国家的跨国公司在非股权经营方面的实践经验，多样化确保母国公司在价值链以内和不同价值链之间从事多种非股权形式活动，并与广泛的非股权合约伙伴保持联系。从长远来看，通过非股权形式攀升价值链高端也要采取切实措施帮助非股权合约的"接受方"提高合约承接能力，增强合约伙伴参与非股权安排的能力，最终实现过去单纯以技术、产品优势竞争为主上升到以公司责任理念及道德标准为核心，通过负责任的商业行为整合全球资源的模式，增强中国企业在海外投资过程中利用股权安排与非股权安排进行差异化但同时并进的系统化、协调性发展能力。

二、战略选择

实施路径主要立足于以下战略构想，即研究政府相关部门如何将非股权模式纳入国家总体战略规划，在"十二五"中后期制定具体的对外投资战略规划时如何以非股权模式为突破口，把非股权经营模式与我国开放型经济发展方式的转型有机结合。

中国企业"走出去"发展是中国经济社会发展到更高阶段和改革开放达到更高水平时的需要，也是在新的时代背景下主动应对国内外形势变化的需要（孟玉明，2012）[1]。我国以产品内分工为基础，抓住了国际产业转移调整的机会，吸引了大量的外资，而目前依托与市场总体规模即将位居世界前列的巨大优势，如何通过非股权投资方式将产业链条伸到海外，在全球配置资源，建立海外生产、经营基地，形成中国独特的产业竞争优势，是"走出去"战略能否取得成功的关键所在。尽管中国对外投资模式与发达国家有所不同，但从长期发展趋势来看，我国对外投资模式仍要回归到邓宁所强调的三种优势即所有权优势、内部化优势和区位优势。虽然我国对外直接投资现在面临的国际分工环境有所改变，但获得三种优势的目标仍是既定的。如果把2001年中国加入世界贸易组织作为一个分水岭，那么直到"十一五"末这一段时间中国的"走出去"实践可以概括为基于低端要素嵌入全球价值

---

[1]　孟玉明. 中国企业"走出去"发展战略的制定与实施［J］. 国际经济合作，2012（2）.

链、以股权投资为导向的第一波"海外投资红利"。中国参与的第一波"海外投资红利"主要得益于经过30多年的改革开放，通过全面融入全球经济化大潮，吸收FDI在全球价值链底部进行国际代工，积极利用其廉价劳动力的优势迅速成为世界工厂等一系列战略选择。这一波海外投资可以归纳为中国海外投资的初级阶段，这一阶段海外投资的主要特征以国外市场为载体，通过获取母国所需的能源、技术、市场，大多数企业是为了响应政府号召而被动"走出去"。跨国企业海外经营缺乏的不仅是风险控制与管理，更缺乏的是海外投资的全局战略，不仅在规模上没有形成体量，在产业链整合方面也没有形成一定的优势，因此海外投资的成功率较低。

第三节　促进企业理性选择对外投资模式的措施

一、国家层面

实施路径主要立足于以下战略构想，即研究政府相关部门如何将非股权模式纳入国家总体战略规划，在"十二五"中后期制定具体的对外投资战略规划时如何以非股权模式为突破口，把非股权经营模式与我国开放型经济发展方式的转型有机结合。

企业"走出去"战略是一项系统的复杂工程，除了需要企业具备自身的竞争能力之外，政府的政策支持和制度引导对企业投资模式的合理选择也至关重要。当企业进入某个国家时，有多种路径可供选择，但任何选择都是在特定约束条件下的最优化行为。企业的最优投资模式选择从本质上讲就是内部能力提升与外部制度优化的协调匹配过程。在当前形势下，除了企业要权衡各种海外投资模式的内在特性外，政府在相关法律法规的制定、风险保障机制的完善、综合服务水平的提升等方面更有必要加大制度供给的广度和深度。

（一）加快对外投资促进和管理的立法进度

目前我国已经制定和实施了一批促进企业海外投资的政策法规，且体系相对完善，但层次有待提升。随着中国海外投资规模的扩大，海外投资面临新的投资壁垒和歧视，海外投资利益得不到应有的保障，而目前我们已经颁布实施的政策法规基本上属于部门规章制度层面，属于全国人大常委会颁布的法律层面的和属于国务院颁布的条例层面的基本上还没有（卢进勇，2012）。从发达国家和一部分新兴发展中国家的对外直接投资历史来看，这些国家通过加强企业海外投资立法、母国投资促进措施等鼓励本国企业在全球寻找收益最大化项目，维护本国投资者利益（姜建清，2013）。为此我国应借鉴国外经验，从对外经济合作与援助促进、海外保险、金融服务、扶持民营企业、简化审批程序、税收优惠等方面加快对外投资立法的进度。为使中国企业的对外投资活动有具体的法律保障，建议制定海外投资安全法，具体包括规范国有企业和民营企业等各类型企业海外投资的责权利的界定，确保各类型企业在投资模式选择方面有专门的机构予以协调指导。如针对中央国企和地方国企、不同规模的民营企业、对外投资不同驱动力的企业制定相应的海外投资战略规划，并就各类型企业在投资程序、投资论证、投资范围流程规章制度等层面做出相应规定，尽量将企业海外投资活动纳入法制化轨道。目前颁布诸如《中国对外投资法》《中国对外投资保险法》《中国对外投资金融法》等法规的呼声日益高涨，共识正在形成。正如中国社科院法学所（2013）在一份报告中发出警示的那样："政府有必要从法律视角认真审视中国海外投资的发展，加大立法的保护与支持。"目前针对中国对外投资立法的必要性已经随着2012年我国非金融类对外直接投资总金额772.2亿美元的惊人数据变得愈发迫切。

（二）强化对外投资促进综合服务体系的建设

对外投资促进综合服务体系的建设很显然是个系统工程，需要在涉及企业海外投资的不同阶段提供高水平的服务。对于处于国际化初级阶段向中级阶段过渡的中国企业而言，面对国内国际经济环境的急速变化，中国企业不论是处于主动出击的有利地位还是被动还击的不利地位，积极形成一个适应第二波"海外投资红利"的新的产业发展理念和为其服务的战略和政策是所有企业必须直面的现实问题。基于非股权安排的对外投资模式选择与企业通过新建投资和跨国并购的股权安排选择并不冲突，它是经济全球化转型升级的一种高级形式和发展阶段。本书研究所强调的对外投资促进综合服务体系的建设，主要立足点在于如何突破企业创新能力不足，从宏观层面探寻基于非股权安排对外投资模式选择的第二波对外投资战略的结构性改革以及支撑要素。目前大多数企业仍停留于新建投资和并购这种初级的海外市场进入方式，与企业僵化的海外投资模式选择逻辑不无关系。因此，为提高中国跨国企业海外投资运营的绩效，有必要推广科学、多元化、包容性强的对外投资模式决策方式。中国企业对外投资模式从"股权安排"转向"非股权安排"，进而逐步转向"股权—非股权有机联动"的格局，这种发展战略之间的转换和衔接，需要宏观层面为其提供综合配套服务，诸如非股权安排所需的法律、审计、会计、投行、信息、公关等各种服务。

（三）建立风险防范机制

正如在前面章节分析的那样，中国企业在海外投资过程中面临的复杂局面日益增多，海外投资经营活动受到来自诸如政治风险、文化距离等正式制度距离和非正式制度距离的负面干扰增强。因此构建完善的海外投资风险管控模式显得尤为重要。为此政府可以委托国内外中介结构专门给海外投资企业提供项目风险评估服务，并给予这些机构专项经费资助。2012 年，国资委对中央国有企业在境外进行非主业投资也提出了明确的要求，必须进行项目的风险评估，可见海外投资风险业已成为企业海外投资战略能否顺利实施的重要制约因素。至于具体的风险防范措施应针对海外投资经营活动常见风险和新出现的市场与非市场风险建立综合性的防范机制和预案，从国别风险、技术、环保、劳工、宗教、企业社会责任履行等技术类风险与非技术类风险入手进行专门研究，提出可行性专项研究报告，作为企业海外投资战略实施的决策依据。在中国海外投资企业遇到的风险与歧视日益增多的背景下，中国政府应主动出击，尝试推动建立全球性多边投资协议框架，切实保障中国企业海外投资权益（林念，2013）①。

---

① 林念. 从企业扬帆到政府起航——关于国际投资协定的讨论 [J]. 国际经济评论, 2013 (1).

二、企业层面

中国企业"走出去"发展是中国经济社会发展到更高阶段和改革开放达到更高水平时的需要，也是在新的时代背景下主动应对国内外形势变化的需要（孟玉明，2012）①。我国以产品内分工为基础，抓住了国际产业转移调整的机会，吸引了大量的外资，而目前依托与市场总体规模即将位居世界前列的巨大优势，如何通过非股权投资方式将产业链条伸到海外，在全球配置资源，建立海外生产、经营基地，形成中国独特的产业竞争优势，是"走出去"战略能否取得成功的关键所在。

尽管中国对外投资模式与发达国家有所不同，但从长期发展趋势来看，我国对外投资模式仍要回归到邓宁所强调的三种优势即所有权优势、内部化优势和区位优势。虽然我国对外直接投资现在面临的国际分工环境有所改变，但获得三种优势的目标仍是既定的。如果把 2001 年中国加入世界贸易组织作为一个分水岭，那么直到"十一五"末这一段时间中国的"走出去"实践可以概括为基于低端要素嵌入全球价值链、以股权投资为导向的第一波"海外投资红利"。中国参与的第一波"海外投资红利"主要得益于经过 30 多年的改革开放，通过全面融入全球经济化大潮，吸收 FDI 在全球价值链底部进行国际代工，积极利用其廉价劳动力的优势迅速成为世界工厂等一系列战略选择。这一波海外投资可以归纳为中国海外投资的初级阶段，这一阶段海外投资的主要特征以国外市场为载体，通过获取母国所需的能源、技术、市场，大多数企业是为了响应政府号召而被动"走出去"，不仅在规模上没有形成体量，在产业链整合方面也没有形成一定的优势，因此海外投资的成功率较低。

那么下一步中国海外投资的战略选择应该是在分享第一波"海外投资红利"的基础上，基于非股权安排模式，以国家价值链构建为主要途径，实现国家价值链②与全球价值链的协调发展的第二波"海外投资红利"。中国构建

---

① 孟玉明. 中国企业"走出去"发展战略的制定与实施［J］. 国际经济合作，2012（2）.

② 刘志彪、张杰（2009）从产业升级的角度提出构建中国国家价值链的构想。按照孙建波、张志鹏（2011）的解释，所谓国家价值链，是基于国内本土市场需求发育而成的，有本土企业掌握的品牌、销售终端渠道以及自主研发创新能力等产品价值链的核心环节。

国家价值链的最终目的还是为了主导全球价值链，不论主导国内价值链还是全球价值链，其主体还要归结到企业这一微观主体上，中国目前最缺乏的还是具有全球竞争力的大型民营跨国公司，为了提升中国跨国企业的经营绩效，最为关键的是要鼓励民营企业进入相关垄断行业，从而打破国有企业在行业上的垄断性。具体路径应该立足国内巨大的市场，形成对产品终端需求市场的控制力；利用技术、管理、金融的广泛创新，推动产业持续升级；让服务业成为公司不断革新转型的驱动力。非股权安排给我国企业产业结构升级带来契机，但须跳出在全球价值链中重新被"俘获"的风险。目前我国企业海外投资模式比较单一，政策驱动型投资仍占有很重要地地位，企业整合价值链的能力有限，因此非股权模式的选择为企业产业结构调整和培育核心竞争力提供机会。但非股权安排模式并不能必然引致企业跨国经营能力的提升，如果单纯利用企业海外投资的逆向技术溢出，而不拥有非制造环节的核心竞争力，企业有可能难逃被全球价值链重复"压榨"的厄运。

　　未来中国企业海外投资的主体将是民营企业。截至 2011 年年底，中国民营企业对外直接投资的比重达 44%，在一些领域已经超过国有企业，成为对外投资的一股不容忽视的新兴力量。中国民营企业海外投资的方式仍以新建投资为主，但未来企业在投资模式的选择上应该更加多元化，民企应当由"单兵作战"转向"抱团共赢"（保育钧，2011）①。当前实现国家价值链与全球价值链的协调发展的第二波"海外投资红利"的主体应该是民营企业，政府在政策选择上应该倾向于为民企提供更多的公共服务，为走出去的企业在海外履行环境社会责任，与东道国互利共赢、开展属地化经营等方面提供政策指导。在对外投资模式的选择上以重构国家价值链为契机，在股权投资模式的基础上，利用自有品牌、自主知识产权和产业链，参与多种对外投资的合作方式，建立以非股权安排为主导、国家价值链为核心的具有可持续性的对外投资模式。

---

① 保育钧. 民企投资必将成为今后的主体 [J]. 当代经济，2011 (11).

参考文献

［1］ Acemoglu Daron, Simon Johnson, James A. Robinson. Lions on the move: The progress and potential of African economies ［R］. McKinsey Global Institution, 2010: 1 - 82.

［2］ Cuervo - Cazurra, Alvaro. Who Cares About Cor ruption? ［J］. Journal of International Business Studies, 2006, 37: 803 - 822.

［3］ Godinez Jose R. Ling Liu. Corruption Distance and FDI Flows into Latin America ［J］. International Business Review, 2015, 24: 33 - 42.

［4］ Hajzler C. , Resource-based FDI and Expropriation in Developing Economies ［J］. Journal of International Economics, 2014, 92 (1): 124 - 146.

［5］ Hofstede. Cultures and organizations. McGraw - Hill International (UK) limited 1991: 28.

［6］ Marco, Sanfilippo. Chinese FDI to Africa: What Is the Nexus with Foreign Economic Cooperation? ［J］. Article in African Development Review, 2010 (22): 599 - 614.

［7］ Yang X. , Jiang Y. , Kang, R. , Ke, Y. . A Comparative Analysis of the Internationalization of Chinese and Japanese Firms ［J］. Asia Pacific Journal of Management, 2009 (1): 141 - 162.

［8］ Yamakawa Y. , Peng M. W. , Deeds D. L. . What Drives New Ventures to Internationalize From Emerging Economics? ［J］. Entrepreneurship Theory and Practice, 2008 (1): 59 - 82.

［9］ Arslan A. , Larimo J. Ownership Strategy of Multinational Enterprises and the Impacts of Regulative and Normative Institutional Distance: Evidence from Finnish Foreign Direct Investments in Central and Eastern Europe ［J］. Journal of East – West Business, 2010, 16: 3, 179 – 200.

［10］ Berger M. , J. Murugi, E. Buch, C. Ijsselmuiden, M. Moran, J. Guzman, M. Devlin, B. Kubata. Strengthening pharmaceutical innovation in Africa. Geneva: Council on Health Research for Development (COHRED) ［J］. Johannesburg: New Partnership for Africa's Development, 2010.

［11］ Blecker Robert, Gerardo Esquivel. NAFTA, trade and development ［J］. CESi forum, 2010, 11 (4): 17 – 30.

［12］ Brouthers K. D, Hennart J. F. Boundaries of the firm: Insights from international entry mode research ［J］. Manage, 2007, 33 (3).

［13］ Brouthers K. D. Institutional, cultural and transaction cost influences on entry mode choice and performance ［J］. Journal of International Business Studies, 2002, 33: 203 – 221.

［14］ Buckley P. J. , Casson M. Analyzing foreign market entry strategies: Extending the internalization approach ［J］. Journal of International Business Studies 1998, 29: 3, 539 – 564.

［15］ Chan C. M. , Makino S. Legitimacy & multi-level institutional environments: Implications forforeign subsidiary ownership structure ［J］. Journal of International Business Studies, 2007, 38 (4): 621 – 638.

［16］ Chao M. C. , Kumar V. The Impacts of institutional distance on international diversity-performance relationship ［J］. Journal of World Business, 2010, 45 (1): 93 – 103.

［17］ Chen S. F. S. , Hennart J. F. Japanese investors' choice of joint ventures versus wholly-owned subsidiaries in the US: The role of market barriers & firm capabilities ［J］. Journal of International Business Studies, 2002, 33 (1): 1 – 18.

［18］ Contractor F. J. , Kundu S. K. Modal choice in a world of alliances: Analyzing organizational forms in the international hotel sector ［J］. Journal of International Business Studies, 1998, 29 (2): 325 – 358.

[19] Cui L., Jiang F. FDI entry mode choice of Chinese firms: A strategic behavior perspective [J]. Journal of World Business, 2009 (44): 434 – 444.

[20] Cui L., Jiang F. Behind ownership decision of Chinese outward FDI: Resources and institutions, [J]. Asia Pac J Manag, 2010: 751 – 774.

[21] Deeg R., Jackson G. Comparing capitalisms: underst&ing institu-tional diversity & its implications for international business [J]. Journal of Interna-tional Business Studies, 2008.

[22] Dunning J. H., Lundan S. Institutions & the OLI paradigm of the multi-national enterprise [J]. Asia Pacific Journal of Management, 2008b (25): 573 – 593.

[23] Dunning J. H. An evolving paradigm of the economic determinants of in-ternational business activity. In J. L. C. Cheng, & A. Hitt (Eds.), Managing Mul-tinationals in a Knowledge Economy: Economics, Culture & Human Re-sources [J]. Amsterdam: Elsevier, 2004: 3 – 28.

[24] Dunning J. H. Location and the multinational enterprise: retrospective thoughts [J]. Journal of Inter-national Business Studies, 2009 (40): 5 – 19.

[25] Dunning J. H., Lundan S. Multinational Enterprises and the Global Economy, 2nd ed. Cheltenham: Edward Elgar, 2008.

[26] Erramilli M. K. The experience factor in foreign market entry behavior of service firms [J]. Journal of International Business Studies, 1991, 22 (3): 479 – 501.

[27] Estrin S. Baghdasaryan, D. & Meyer, K. E. The Impact of Institutional & Human Resource Distance on International Entry Strategies [J]. Journal of Man-agement Studies, 2009: 1171 – 1196.

[28] Fey C. F., Morgulis – Yakushev S., Park H. J., Bjorkman I. Open-ing the black box of the relationship between HRM practices & firm performance: a comparison of MNC subsidiaries in the USA, Finl&, & Russia [J]. Journal of In-ternational Business Studies, forthcoming, 2009.

[29] Gaur A. S., Lu J. W. Ownership strategies & survival of foreign subsid-

iaries: impacts of institutional distance & experience [J]. Journal of Management, 2007, 33: 84 – 110.

[30] Gerefi Gary, Frederick Stacey. The global apparel value chain, trade & the crisis: challenges & opportunities for developing countries, World Bank Policy Research Working Paper. Washington, DC: World Bank, 2010.

[31] Gray C. Legal Process & Economic Development: A Case Study of Indonesia [J]. World Development, 1991, 19 (7): 763 – 777.

[32] Hayakawa, Kimura, Lee. How Does Country Risk Matter for Foreign Direct Investment? [J]. ERIA Discussion Paper Series, 2012.

[33] Helpman E., Melitz M. J., Yeaple S. R. Export versus FDI with Heterogeneous Firms [J]. American Economic Review, 2004.

[34] Hennart J. – F., Park Y. – R. Greenfield vs. acquisition: The strategy of Japanese investors in the United States [J]. Manage. Sci, 1993, 39 (9).

[35] Jung J. C., Beamish P. W., Goerzen A. FDI ownership strategy: A Japanese – US MNE comparison [J]. Management International Review, 2008, 48: 5.

[36] Kindleberger C. P. American Business Abroad: Six Lectures on Direct Investment. Yale University Press: New Haven, CT, 1969.

[37] Kobrin S. J. Political risk: A review & reconsideration [J]. Journal of International Business Studies, 1979, 10 (1): 67 – 80.

[38] Kogut B., Chang S. J. Technological capabilities & Japanese foreign direct investment in the United States [J]. Review of Economics & Statistics, 1991, 73: 401 – 413.

[39] Kogut B., Singh H. The effect of national culture on the choice of entry mode [J]. Journal of International Business Studies 1988, 19 (3): 411 – 432.

[40] Lado A., Wilson M. Human resource systems & sustained competitive advantage: a compe-tency based perspective' [J]. Academy of Management Review, 1994, 19: 699 – 727.

[41] Luo Y. Determinants of Entry in an Emerging EcoApproach [J]. Jour-

nal of Management Studies, 2007, 38 (3): 443 –472.

[42] Markusen J. R., A. J. Venables, D. E. Konan, K. Zhang. A United Treatment of Horizontal Direct Investment, Vertical Direct Investment, & the Pattern of Trade in Goods & Services. NBER Working Paper, 1996.

[43] Makino S., Neupert K. E. National culture, transaction costs, & the choice between joint venture & wholly-owned subsidiary [J]. Journal of International Business Studies, 2000.

[44] Mathews J. Dragon multinationals: New players in 21st century globalization [J]. Asia Pacific Journal of Management, 2006, 23 (1): 5 –27.

[45] Meyer K. E. Institutions, transaction costs and entry mode choice in Eastern Europe [J]. Journal of International Business Studies, 2001, 31 (2): 357 –367.

[46] Meyer K. E. Perspectives on multinational enterprises in emerging economies [J]. Journal of International Business Studies 2004, 35 (4): 259 – 276.

[47] Meyer K. E., Estrin S., Bhaumik S. K., Peng M. W. Institutions, resources and entry strategies in emerging economies [J]. Strategic Management Journal, 2009, 31: 61 –80.

[48] Narula Rajneesh, John H. Dunning. Multinational enterprises, development and globalization: some clariications and a research agenda [J]. Oxford Development Studies, 2010, 38 (3): 263 –287.

[49] Pak Y. S., Park Y. R. Global ownership strategy of Japanese multinational enterprises: a test of internationalization theory [J]. Management International Review, 2004, 44 (1): 3 –21.

[50] 陈菲琼, 钟芳芳, 陈珧. 基于海外投资商与东道国动态博弈的税收风险研究 [J]. 审计与经济研究, 2014 (4): 4 –13.

[51] 陈继勇, 计飞. 双边投资协定有助于美国的对外直接投资吗? ——基于能源行业的实证研究 [J]. 亚太经济, 2016 (3): 97 –104.

[52] 邓沛然. 跨国并购企业文化风险评价研究 [J]. 河北经贸大学学报, 2009 (6): 47 –51.

［53］杜群阳，邓丹青．中国对非洲直接投资的空间分布及其影响因素研究［J］．地理科学，2015（4）：396－401．

［54］韩国高．政策不确定性对企业投资的影响：理论与实证研究［J］．经济管理，2014（12）：62－71．

［55］胡兵，邓富华．腐败距离与中国对外直接投资——制度观和行为学的整合视角［J］．财贸经济，2014（4）：82－92．

［56］胡翠平．中国企业顺向与逆向OFDI的动因及影响因素对比分析［J］．国际经贸探索，2015（5）：86－98．

［57］黄驰，陈瑛．2000年以来中国对美国直接投资的时空演变［J］．世界地理研究，2016（2）：40－49．

［58］黄晓梅．中国对非洲直接投资的区位选择研究［J］．甘肃社会科学，2015（5）：220－223．

［59］蒋冠宏．制度差异、文化距离与中国企业对外直接投资风险［J］．世界经济研究，2015（8）：37－47＋127－128．

［60］蒋冠宏，蒋殿春．中国企业对外直接投资的"出口效应"［J］．经济研究，2014（5）：160－173．

［61］蒋冠宏，蒋殿春．中国对发展中国家的投资——东道国制度重要吗？［J］．管理世界，2012（11）：45－56．

［62］黎轲．对外投资动因、政治风险、制度距离与区位选择［D］．北京邮电大学，2014．

［63］李磊，郑昭阳．议中国对外直接投资是否为资源寻求型［J］．国际贸易问题，2012（2）：146－157．

［64］刘海云，聂飞．中国OFDI动机及其双向技术溢出——基于二元边际的实证研究［J］．世界经济研究，2015（6）：102－110＋129．

［65］刘军．基于不同投资动机的跨国服务企业FDI学习效应研究［J］．财经研究，2015（4）：66－77＋89．

［66］刘凯，彭小雨．母国特征、FDI投资动机与东道国全要素生产率——基于中国制造业行业面板数据的实证分析［J］．中南财经政法大学学报，2015（6）：118－126．

［67］刘敏，刘金山，李雨培．母国投资动机、东道国制度与企业对外

直接投资区位选择 [J]. 经济问题探索，2016（8）：100 - 112.

[68] 刘敏惠，崔文林，熊磊. 对外投资动机对国际技术许可的影响——跨国公司在中国技术许可的实证研究 [J]. 经济问题探索，2015（10）：142 - 149.

[69] 毛其淋，许家云. 中国对外直接投资促进抑或抑制了企业出口？[J]. 数量经济技术经济研究，2014（9）：3 - 21.

[70] 孟醒，董有德. 社会政治风险与我国企业对外直接投资的区位选择 [J]. 国际贸易问题，2015（4）：106 - 115.

[71] 潘素昆，袁然. 不同投资动机 OFDI 促进产业升级的理论与实证研究 [J]. 经济学家，2014（9）：69 - 76.

[72] 潘镇，金中坤. 双边政治关系、东道国制度风险与中国对外直接投资 [J]. 财贸经济，2015（6）：85 - 97.

[73] 苏杭. "巧"投资：中国对非洲直接投资的新思维 [J]. 国际贸易，2014（3）：26 - 29.

[74] 宋丽丽，李梦晓. 分布状况、流量规模与发展趋势：解析我国企业对非洲投资 [J]. 改革，2013（12）：136 - 143.

[75] 沈军，包小玲. 中国对非洲直接投资的影响因素——基于金融发展与国家风险因素的实证研究 [J]. 国际金融研究，2013（9）：64 - 74.

[76] 王海军，高明. 国家经济风险与中国企业对外直接投资：基于结构效应的实证分析 [J]. 经济体制改革，2012（2）：113 - 117.

[77] 王恕立，向姣姣. 制度质量、投资动机与中国对外直接投资的区位选择 [J]. 财经研究，2015（5）：134 - 144.

[78] 王恕立，向姣姣. 对外直接投资逆向技术溢出与全要素生产率：基于不同投资动机的经验分析 [J]. 国际贸易问题，2014（9）：109 - 119.

[79] 吴斌. 国外矿业开发投资风险及对策 [J]. 资源与产业，2014（1）：13 - 17.

[80] 吴先明，黄春桃. 中国企业对外直接投资的动因：逆向投资与顺向投资的比较研究 [J]. 中国工业经济，2016（1）：99 - 113.

[81] 肖文，周君芝. 国家特定优势下的中国 OFDI 区位选择偏好——基于企业投资动机和能力的实证检验 [J]. 浙江大学学报（人文社会科学版），

2014（1）：184－196.

[82] 谢孟军，郭艳茹. 法律制度质量对中国对外直接投资区位选择影响研究——基于投资动机视角的面板数据实证检验 [J]. 国际经贸探索，2013（6）：107－118.

[83] 徐莉. 中国企业对外直接投资风险影响因素及控制策略研究 [D]. 山东大学，2012.

[84] 阎大颖. 中国企业对外直接投资的区位选择及其决定因素 [J]. 国际贸易问题，2013（7）：128－135.

[85] 杨娇辉，王伟，王曦. 我国对外直接投资区位分布的风险偏好：悖论还是假象 [J]. 国际贸易问题，2015（5）：133－144.

[86] 姚桂梅. 中国在非洲投资的新挑战及战略筹划 [J]. 国际经济合作，2015（5）：39－45.

[87] 余官胜，林俐. 民营企业因何动机进行对外直接投资？——基于温州微观企业数据的二值选择模型实证研究 [J]. 国际经贸探索，2014（2）：74－84.

[88] 宗芳宇，路江涌，武常岐. 双边投资协定、制度环境和企业对外直接投资区位选择 [J]. 经济研究，2012（5）：71－82＋146.

[89] 岳意定，李岱. 区域经济投资风险多层次灰色评价研究 [J]. 经济地理，2014（1）：42－46.

[90] 张瑜，石腊梅. 汇率、外商直接投资与我国的贸易结构 [J]. 经济问题探索，2014（2）：86－94.

[91] 张娟，刘钻石. 中国对非洲直接投资与资源寻求战略 [J]. 世界经济研究，2012（3）：75－80＋89.

[92] 朱华. 基于区位拉动因素的中国企业 OFDI 动机的实证研究 [J]. 科研管理，2014（1）：139－149.

后　记

　　记得在读博的第一学期，我偶然在南京大学安中楼图书馆看到师兄师姐的博士论文。当我翻开几页，看到那么多复杂的数学公式和模型推导时，我顿时感受到了难以言表的压力。那时的我无数次地在畅想，如果我也能写出这么深奥的博士论文该有多好啊！

　　时间飞快，转眼间博士毕业已经四年了，在博士论文即将出版之际，我却没有任何成功的喜悦，因为在书稿修订过程中，发现了很多问题，心中不免感慨万千。因为我知道未来的学术生涯漫长而崎岖，尽管书稿仍然有很多有待完善之处，或许正是这些不足给予了我跨越更高目标的契机。

　　导师刘厚俊教授，德学双馨、细致严谨、诲人不倦。博士三年的时间里，我有幸师从刘老师名下，实乃幸事。记得当我第一次关注刘老师的信息是从南京大学商学院师资力量介绍一栏，刘老师获得的荣誉令我敬佩不已。刘老师获得的荣誉有：全国高等学校教学名师、全国优秀博士论文指导老师、国家优秀教学成果二等奖、宝钢优秀教师特等奖、江苏省哲学社会科学优秀成果二等奖、南京大学教学标兵、南京大学优秀党员（获南京大学"七一"奖章）、南京大学先进工作者、江苏省"红杉树银奖"等。主编的《世贸组织与中国》一书被《中国图书报》评为2000年全国经济类十大优秀畅销书的第六位。在此，衷心感谢恩师的悉心教诲，对老师的感激和感恩，我将永远铭记于心。

　　同样要感谢的还有张二震教授、赵曙东教授、于津平教授、谢建国教授、黄繁华教授、柴忠东副教授、裴平教授、郑江淮教授、沈坤荣教授，等等。

在南京大学的三年求学生涯中，他们崇高的人格、严谨的治学态度和渊博的知识深深地感染着我，欢乐宽松的研究氛围让我回味。在此，对如此多的好老师再说一次：谢谢你们！

感谢我的同窗李思慧博士、张月友博士、任保全博士、谭洪波博士、刘浩博士、丁宋涛博士、李萍博士、蒋佩晔博士、高静博士、李猛博士、金莹博士、刘向丽博士、熊俊博士、张燕博士。特别要感谢蔡冬青博士、丁平博士、张多蕾博士，与你们交流、讨论，让我充分体验到了知识外溢的价值。感谢朱江丽博士出色的英文翻译。

我要特别感谢我的家人。我的妻子葛瑶女士一直支持着我，为我这几年的学业付出了很多，并默默地承担了全部家务，从没有半点怨言，为此，我深表感谢和歉意。同时，我还要衷心地感谢我的父母、姐妹、岳父、岳母等亲人的关心和鼓励，只要想到他们，我的心中就分外踏实，充满了温暖与力量。

再一次感谢我的父母，你们是我人生奋斗源源不断的动力，在这些年的求学之路上，好多次在二老需要我的时候，我常常缺席。在未来的岁月里，我将更加珍惜，好好地照顾你们！衷心祝福二老永远健康、开心、长寿！

周 经
2017 年 4 月 18 日于蚌埠龙子湖畔